DOAT
200

Recueil

De divers Titres et Memoires concernant les affaires des Comtes de Foix et Vicomtes de Castelbon, des Vicomtes de Bearn, de Bigorre, de Marsan et de Gauardan, des Comtes de Rodex et d'Armagnac, des Seig.rs d'Albret, des Roys de Nauarre & celles de divers particuliers qui ont possedé des terres dans les païs appartenans aux Seigneurs susd.ts ou qui ont eu quelques alliances auec eux.

Tome xxxvi.

Depuis le 20. May 1377.
Jusqu'à la fin de 1379.

Table des pieces contenues en ce volume

Ac.

Acromonte.

1377. Hommage fait par Oddo de Montaut seigneur de Acromonte a Jean Comte d'Armagnac pour le lieu de Acromonte, du 29.e Novembre 1377, f. 43.

Al.

Albret.

1377. Lettre de commission de Louis Duc d'anjou a Berard d'albret Sire de Langoiran de se transporter au pais d'entre deux mers pour le maintenir en l'obeissance du Roy, du 24 sept. 1377, f. 23.

Don fait par led. Duc d'anjou aud. Berard d'albret, de 2000 francs de rente, du 7.e octobre 1377, f. 32.

A

Albret.

1377. Lettres de Commission de Louis Duc d'Anjou en faveur d'Arnaud Amanieu d'Albret, pour une Compagnie de 150 hōes d'armes et 100 arbalestriers, du 16 février 1377, f. 60.

1379. Deux Lettres du Roy Charles 5. pour faire payer au seigneur d'Albret les sōes qui luy estoient deües, du 6 juillet 1379, f. 220. 224.

Am

Ambrex.

1377. Transport fait par Jean Comte d'Astarac en faveur de Gaston Comte de Foix de tout le droit qu'il avoit sur le Chasteau d'Ambrex pour la sōe de 2000 francs, du 1.er octobre 1377, f. 28. 29.

Ar

Arblada.

1379. Hommage fait à Jean Comte d'Armagnac par Geraldus de Arblada, du 5.e avril 1379, f. 194.

de Armo.

1378. Hommage fait par Armand d'Armo à Jean Comte d'Armagnac, du lieu de Papania, du 27 mars 1378, f. 174.

Ar.
Armagnac.

1377 Lettres de Louis Duc d'Anjou, par lesquelles il permet la chasse dans les forests du Roy au Comte d'Armagnac, a Jean son fils, et a Menon Sgr. de Castelpers, du 27.e mars 1377, f. 87.

1378 Lettres de grace dud.t Duc d'Anjou, en faueur dud.t Comte d'Armagnac et ses amis pour l'enleuement par eux fait de Jeanne Vefue de Pierre Raymond Comte de Comenge, du 6.e Juillet 1378, f. 89.

Lettres dud.t Comte d'Armagnac, par lesquelles il pardonne a Pasquerius de Prato l'inuasion faite par luy et ses adherans du fort de St. Eulalie, du 22.e Juillet 1378, f. 99.

Procuration dud.t Comte d'Armagnac, pour retirer du Comte de Foix quelques joyaux qui luy auoient esté baillez en gage, du 30 juillet 1378, f. 110. 112.

Autre Procuration dud.t Comte d'Armagnac pour faire ligues, alliance, et Confederation auec Henry Roy de Castille, et L'Infant, du 1.er feurier 1378, f. 114.

1379 Traitté de paix entre les Comtes d'Armagnac et de Foix, du 3.e auril 1379, f. 127. 143. et du 24.e mars 1378, f. 158. 163.

Ar.

Armagnac.

1379. Contract de mariage de Gaston de foix fils de Gaston Comte de foix, et de Beatrix d'armagnac fille de Jean Comte d'armagnac, du 5.e Avril 1379, f. 196.

Lettre de dispense pour le mariage de Gerard d'armagnac fils du vicomte de fesensaguet, et d'anne de Montlezun parens au 4.e degré, du 30.e may 1379, f. 216.

Articles faits entre le Comte d'armagnac, et Garsernad de Carpene Capitaine de Carlat pour les Anglois, du 29.e aoust 1379, f. 249.

Supplications du Comte d'armagnac et de Comenge au Roy et au Duc de Berry pour le payement des sommes a luy deües, f. 260.

Memoire des asseurances que le Seigneur de Manhaut devoit bailler de la part du Comte d'armagnac au Comte de foix pour quelque entreprise de guerre, du 8.e decemb. 1379, f. 295. 297.

As.

Astarac.

Jean Comte d'astarac 1377, V. ambree.

Au.

Aurillac.

1379. Quittance du Comte d'Armagnac Lieutenant du Duc de Berry aux Consuls de la ville d'Aurillac de mil francs d'or, en déduction des 1500, ausquels ils estoient obligez pour la delivrance de l'Estat, du 6.e decembre 1379, f. 290.

Ba.

de Bastita Rollandi.

1377. Acte de la surceance baillée par Jean Comte d'Armagnac a Branchevieux de Bastita Rollandi Prieur de Cholose de l'ordre de S.t Jean de Jerusalem, pour l'hommage qu'il luy devoit de la Commanderie de Gimbrede, de Caumont, et de Rossinhol, du 19.e mars 1377, f. 78.

Bl.

Blanquet, 1377, v. Preyssac.

Bo.

Bonafon.

1377. Hommage fait par Arnaud de Bonafon a Jean Comte d'Armagnac pour la 4.e partie du lieu de S.te Anilo, du 29.e Nov. 1377, f. 31.

Ca.

Cabrera.

Bernard de Cabrera, 1377, v. Castelbon.

Carlat.

1379. Article entre le Comte d'Armagnac, et Garsardiad de Caupene Capne de Carlat, du 29 aoust 1379, f. 250.

de Casamonte.

1379. Hommage fait a Jean Comte d'Armagnac par Bernard de ..... Conseigneur de Casamonte, du 12e avril 1379, f. 194.

Castelbon.

1377. Sentence arbitrale sur les differenda qui estoient entre Roger Bernard de foix vicomte de Castelbon, et Marguerite de foix mere de Bernard de Cabrera Comte d'ausone, pour raison de la moitie de la ville de Vic, du 8e aoust 1377, f. 9.

Quittance dud. Bernard de Cabrera au Roc.r dud. vicomte de Castelbon de 5000 florins d'or d'aragon, en deduction de 89100 ₶ Barcelonois adiugez a lad. Marguerite de foix sa mere par lad. sentence arbitrale, du 29 aoust 1377, f. 20.

Castillon.

1378. Hommage fait par Bernard de Castillon a Jean Comte d'Armagnac, pour le Chasteau de Castillon, et autres choses y exprimees, du 27 mars 1378, f. 177.

Ca

Castres.

Différend du Comte de Foix avec l'Evesque de Castres, 1377, v. foix.

Co

Comenge.

1378. Procès verbal du viguier de Thoulouse sur l'execution des lettres de Commission y inserées de Loüis Duc d'Anjou, en consequence desquelles il donne la Tutelle de la personne de Marguerite de Comenge, et l'administration de la Comté de Comenge a viguier de Golardo, du 28.e Juillet 1378, f. 103.

Corbarieu.

1379. Vente du Chasteau de Corbarieu et de ses appartenances, faite par Jean de Castronouo Sgr. de Terminée a Jean Comte d'armagnac, pour la s.me de 600 francs, du 18 octobre 1379, f. 266.

Fo

Foix.

1377. Lettres de Gaston Comte de foix, par lesquelles il confirme l. sentence arbitraire sur son differend avec l'Evesque de Castres, qui avoit fait une Eglise dans la ville de Lautrec d'une maison qui luy appartenoit, du 20.e may 1377, f. 1.5.

Foix.

1377. Transport fait par Jean Comte d'astarac en faueur de Gaston Comte de foix de tout le droit qu'il auoit sur le Chau d'ambrus, pour la 𝔰𝔬𝔪 de 2000 francs, du 1.ᵉʳ octobre 1377, f. 28. 29.

1378.
1379. Traitté de paix entre les Comtes de foix et d'armagnac, des 20 mars 1378, et 3.ᵉ auril 1379, f. 127. 143. 158. 165.

Contract de mariage de Gaston de foix fils de Gaston Comte de foix, et de Beatrix d'armagnac fille de Jean Comte d'armagnac, du 5.ᵉ auril 1379, f. 196.

Marguerite de foix, 1377, V. Castelbon.

Gardia.

1377. Hommage fait par Soncius seigneur de Gardia a Jean Comte d'armagnac pour led: lieu de Gardia, et la tour de Las Moscas, du 29 nouembre 1377, f. 10.

Giuaudan.

1379. Accord entre les Estats de Giuaudan, et Jean Comte d'armagnac, qui s'oblige de chasser les Anglois des lieux de Carlat, Castel d'anze, et Beneuent, pour 6000 ₶, du 14 Juillet 1379, f. 226. 235.

Go.

Gordon.

Vente du Chasteau de Gordon, 1379, V. Ceminer.

La

Langoiran.

Bernard d'albret sgr de Langoiran, 1377, V. albret.

Larea.

1378. Abolition accordée par Jean Comte d'armagnac a Jean seigneur de Larea, lequel contre ses defenses estoit sorti de sa terre a cheval et en armes pour aller servir le Roy de Navarre Ennemy du Roy de france, et led. Comte luy avoit confisqué le lieu de Larea, mars 1378, f. 190.

Lauardac.

1378. Hommage fait a Jean Comte d'armagnac par divinus de Lauardac sgr de Omensano pour lad. terre et autres y mentionnées, du 29 mars 1378, f. 180.

Lu.

de Lucomonte.

1377. Hommage fait par Piliforña de Lucomonte a Jean Comte d'armagnac pour les Conseigneuries de Maurisio, d'Estreuraco, et de Tessolenchis, du 29. Novembre 1377, f. 47.

Meillan.

1378. Hommage fait par Arnaud Guillaume de Monteluedune seigneur de Meillan a Jean Comte d'Armagnac, pour led. lieu de Meillan, du 25 mars 1378, f. 171.

Montaut.

1377. Hommage fait par Gualin de Montaut a Jean Comte d'Armagnac, du terroir de Bodioheuro, et autres y exprimez, du 29.e novembre 1377, f. 53.

Oddo de Montaut, 1377, V. Acromonte.

Montesquieu.

1377. Hommage fait par Ayssinus de Montesquieu Conseigneur de S.t Martin a Jean Comte d'Armagnac, pour la moitié par indivis dud. lieu, du 24.e mars 1377, f. 83.

Montlezun.

1379. Lettres de dispense pour le mariage de Gerard d'Armagnac fils du vicomte de Fesensaguet, avec Anne de Montlezun, parens au 4.e degré, du 30 may 1379, f. 216.

Pardiac.

1379. Acte par lequel les Executeurs du Testament d'Arnaud Guillaume de Montlezun Comte de Pardiac baillent la possession de

La.

lieux de Marciac et de Beaumarchés à Gerard d'Armagnac Comte de Pardiac, pour en joüir jusques a ce qu'il fust payé de 4000 francs d'or a luy promis par son Contract de mariage auec Anne de Montlezun, du 19.e Janvier 1379, f.° 299.

Lausadesium.

1377. Hommage fait a Jean Comte d'Armagnac par Meneduc de Lausadesio sgr. Castellarii Latrezii, pour le d. lieu de Castellario Latrezio, du 15.e mars 1377, f.° 75.

Pr.

de Prato.

Pasquerius de Prato, 1378, v. Armagnac.

Preyssac.

1377. Hommage fait par Aymeric de Preyssac a Jean Comte d'Armagnac et de Rodez, pour la Conseigneurie de Blanquet, et autres terres y exprimées, du 29.e Nou.re 1377, f.° 30.

Puyloaut. Pu.

1379. Jugement des Commissaires du Roy d'Angleterre, par lequel Thibaut de Puyloaut est absous de l'accusation du crime de leze majesté, du 22 aoust 1379, f.° 245.

Re.

Renesech.

1379. Quittance de la s[omm]e de 3000 francs, faite par Jean Renesech de Chiparel Capitaine d'une rotte de Gens d'armes, en faveur du seneschal de Rodez, du 28.e may 1379, f. 214.

Ro.

Rodez.

1378. Sauvegarde donnée par le Juge de la ville de Rodés et Cour Commune du Comte et de l'Euesque, du 12.e feurier 1378, f. 118.

1379. Instruction du Comte d'armagnac et de Rodés au seneschal de Rodés pour le recouurement de ce qui luy estoit deu par les gens de Rouergue, pour les traittez qu'il auoit fait auec les anglois, du 2.e sept. 1379, f. 253.

Exploit de la signification faite par le Procureur dud. Comte de Rodés, d'une bulle de Clement 5.e au Chapitre de Cahors auec la responce, sur la contribution qui deuoit estre faite pour l'euacuation des places tenues par les anglois en Rouergue, du 16. Nouembre 1379, f. 286.

Sa.

Saint-martin.

1377. Hommage fait par Bernard de ferrerüs s.r de St. Martin de Lebret a Jean Comte d'armagnac pour led. lieu de St. Martin et autres terres, du 23.e decembre 1377, f. 56.

Te

Teminée.

1379. Contract par lequel Marques sgr. de Teminée confesse auoir receu de Jean Comte d'armagnac 4000 francs d'or pour la vente du Chasteau de Gordon, du 9.e may 1379, f. 210.

Va.

Valence.

1377. Contract sur la prise de la ville de valence en la Comté de fesensac par les anglois, du 18.e feurier 1377, f. 62.

1378. Hommage fait par les Consuls et sindics dud.t lieu de valence a Jean Comte de fesensac, pour led.t lieu de valence, du 29.e mars 1377, f. 183.

Ve

Verteüil.

1378. Deux accords et appointemens entre les Cap.nes françois et anglois sur la deliurance du lieu et chau de verteüil, du 1.er mars 1378, f. 123. 125.

Vic.

La ville de vic, 1377, V. Castelbon.

Vmes.

1377. Hommage fait au Comte d'armagnac par Montesinus de Bodio Conseigneur des Vmes, pour led.t lieu, du 29.e noue.1377, f. 37.

Lettres de Gaston Comte de
foix par lesquelles il confirme
la sentence arbitraire sur son
different avec l'Euesque de Castres qui auoit fait vne eglise
en la ville de Lautrec d'vne maison qu'il luy appartenoit
Du 20 may 1377.
En Langue Bearnoise

Vniuersis et Singulis literas
Inspecturis Bernardus Molinerij Jurisperitus, et Judex ordinarius lautriej et
Lautergesij pro Egregijs et potentibus
Viris dominijs Dominijs Vicecomitibus dicti loci notum facimus quod
nos vidimus tenuimus palpabimus et
per notarium publicum coram nobis
per legi fecimus quosdam patentes et
apertas literas a' inclitæ memoriæ domino domino Gastone olim Comite
fuxi eiusque Sigillo cum cera rubea Impendenti Sigillatas non vitiatas non
cancellatas nec in aliqua' sui parte Suspectas sed prorsus omni vitio et

suspitione carentes quarum quidem
Literarum tenor talis est; Gaston
per la Gratie de Diu, Comte de foix
Senhor de Bearn vercomte de Marssan
et de Gauardan, a touts qui las presens
lettres veyran, fem saber, que cum sus lo
debat que ere en temps passat, Enter
nous d'une part, Et mossen Ramon de
Sentgenia l'adoucx Abesque de Castres
d'autre, per rason de l'aglisie nauere
de l'autrec que loudit Mossur L'abesque
aue fondade en prejudicy nostre, et part
nostre volontat en l'ostau deu
de Solomiac dens la vielle de Lautrec Loquoau hostau ere dauant prés a nostre
maa, que depart nous fossem mettuts et
comprometuts en lo Dict et ordenance
de L'abesque de Coserans, et de Mossen pé
gilbert doctor en leys, Losquoaus arbitres
y ayen dict et prononciat en certe forme
la tenor de Laquoau sensec en aqueste
maneyre, et Losdits Senhors arbitres
arbitradors

arbitradors et amigables composidors
per lo pouder a lour bailhat per las dittes
partides, An dit ordonnat et pronuntiat
que loudit Mossur L'abesque de castres si
enquoant et en presency de eligendors per
Mossur lo Comte de foix, se aye a'excusar
ab segrament et excusation a dignittat
spirituau apertenent, que eg en lo temps
que dedica et benedisco lostau deuquoau es
lo debat aqui esser et auer estat la maison
deudit Mossur lo Comte, et no ren auer feyt
en Injuria de luy ny diminution de son
dret ou de sa Juridiction comtal, mas per
necessitat et vtilitat deus homis et
hauitans de la vniuersitat deudit loc
— Item an pronontiat que en lodit hostau
consacrat et benedit sie et reuiengue
perpetuallements Glisie et capere per lodit
Mossur lo Comte et sous successours si lou
medix Mossur lo comte vol acquere asi ou a
sous successors apperthier et en aqueg cas
loudit Mossur lo Comte aie assignat autre

Locq a la vniuersitat ou su fresque que tots
cossols ne crompen en autre part dents las
clausures et fortalesses augun autre locq abte
per Glisie popular et de vniuersitat fa se dore
Item an pronontiat que outre las auant
dites causes loudit Mossur Laueique de
castres donne et pague audit mossur lou
Comte ou a son thesaurer per amortisation
deudit hostau dus cens floris daur, paga=
dours dents la feste de Sent miqueu de
septembre, Et aso Si loudit Mossur lo comte
aura ordonat chens autre vocation deudit
mossur Labesque, ou de tout autre voler
exigir losdits dus cens floris daur per amor=
tisation deudit hostau, Losquoals pagats
lodit Mossur lo comte aye portar Garentia
et far Indempnitat de nostre seignour Lou
Rey, et de tout autre arren demandant
eu futur audit Mossur Labesque ou a tout
autre per Laditte amortisation Item que
lo medix Mossur Labesque pague restituesque
et Satifasse audit Mossur lo Comte ou a
son

Son thesaurier per las despenses feytes
per luy en la persecution deu present ne=
gocy Cent francxs daur pagadours en la
festa de toussants, losquoaus pagats sie qui=
tis de mayor Domaine de despenses feytes
per la part deudit Mossur lo Comte, Item
an prononttiat que la clau de ladite Eglize
sie bailhade a Mossur B. orcolan prestre
qui desy en auant acquere Glizie tengue
per nom deudit Mossur lo Comte si la vol
rethier et daqui endreyt aquere aye bailhar
et render a daquets qui Mossur lo Comte orde=
nara, et si per auenture ladite Gleize no
vol rethier que daqui en la declarade per lo=
dit Mossur lo Comte sa volontat aye lhiurar
et bailhar ladite clau au cirat de ladite
Eglizie; Nous Comte et senhor dessusdit
de nostre bon grat et serte science tant
per reuerency de diau, et de nostre seignour
lo prince et per amor de labesque qui are es
de Castres loquoau es de nostre linatge quoant
a la supplication deus cossols et la vniuersi=
tat de la ville de lautrec hauem aboïat

approuat et Laudat, et per la thenor de
las presens aboam approuam et Laudam
lodit pronontiat receben a nos, et a nostres
hers et successors per touts temps laditte
capele cum a nostre propri ab la presentation
de quere, et ab las austres causes enseguens
adaquero toquants Juxte la forme deudit
pronuntiat, Dades de Gracy especiau do-
nam licencie a las dittes Gens de Lautrec
de far et construir la Maison de laditte capele
Et que per cas de Guerre ou autre necessitat
a nostre arbitre et no autrements que pusquen tenir fonds baptismals et lo corpus
christi, et aqui usar daquets et daustres se-
grements de sancte Eglize appertenens a
L'Eglize parrochial, Empero que no y pusquen
far nulle sepulture ny sepelir negun corps
ny negunes austres causes far ny usar quin hes
que sien part nostre volontat cum acquere ques
nostri propry cum dites, Dades a ortes de
Jus nostre propri sagel en pendent lo vingt
Jours de May lan mille tres cens septante et
sept

Sept, de mandament de Mossur lo Comte
B: de Luntz, In quarum quidem visionis-
tensionis Inspexsionis et per Lectionis-
testimonium nos Judex ante dictus sigil=
lum nostræ Judicature proprium in pendenti
his præsentibus duximus apponendum ac=
tum et datum Lauterÿ die vigesima ter=
tia mensis nouembris anno Domino millesimo trescentesimo nonagesimo primo
molinerius Judex. facta fuit Collatio cum
originalibus Litteris signé V. Fabri,
notarius

Le premier de Mars mil six cent soixante
six la presente copie a este bien et deument
vidimée et collationnee sur autre copie imprimée
en parchemin qui est au tresor de ceaurhil
du Roy au chasteau de pau. Inuantoriée en
linuantaire de N Brain Cité de lauter et
billomeu chapitre de Soutomeer ordonnançes
et autres piecus concernans procès seconde
liasse cote XLJ. Par noy conser. et Secretaire
de samaiesté en la chambre de comptes de
Nauarre Soubz signé de lordonnance de lad.
chambre.   Dusom

Lettres de Gaston Comte de
Foix par lesquelles il confirme
la sentence arbitraire sur son
different auec l'Euesque de Castres, qui auoit fait vne Eglise
en la ville de Lautrec d'vne
maison qui lay appartenoit
Du 20 may 1377
Traduit de L'original qui est
en Langue Bearnoise

Vniuersis, et singulis literas inspectu:
:ris, Bernardus Molinerij Jurisperitus, et Ju:
:dex ordinarius Lautricj, et Lautregesij, pro
Egregijs, et potentibus viris, dominijs dominijs
vicecomitibus, dicti locj, Notum facimus quod
Nos vidimus, tenuimus, palpabimus, et per
Notarium publicum coram nobis per legi, feci:
:mus quasdam patentes et apertas literas, a
inclitæ Memoriæ, domino domino Gastone,
olim Comite fuxi, eiusque sigillo cum cera
rubea impendentj sigillatas, non vitiatas, non
Cancellatas, Nec in aliqua suj parte suspectas,

sed prorsus omnj vitio et suspitione carentes, quarum quidem literarum, Tenor talis est. Gaston par la grace de dieu Comte de foix, seigneur de Bearn, viscomte de Marsan, et de Gauardan, A Tous Ceux qui les presentes lettres verront, faisons sçauoir que comme sur le different, qui estoit au temps passé Entre Nous d'une part, Et Messire Ramon de sainct-genia Cadouex, Euesque de Castres d'autre, pour raison de L'Eglise Nouuelle de Lautrec, que ledit Messire L'Euesque auoit fondée, a Nostre preiudice, et sans Nostre volonté en la Maison du . . . . . de Solomiac, dans la ville de Lautrec, laquelle Maison estoit auparauant a nostre Main, de chaque part nous ~~nous~~ feussions Mis et compromis au dire et ordonnance de L'Euesque de Coserans, et de Messire Pe Gilbert, docteur en Loix, lesquels arbitres y aient dit et prononcé, en ceste forme, la teneur de laquelle sensuit en ceste Maniere. Et lesdits seigneurs arbitres, arbitrateurs et amiables compositeurs, par le pouuoir a eux baillé par lesdites parties, ont dit, ordonné et prononcé et prononcé, que ledit Monsieur L'Euesque de Castres, toutesfois et quantes, et en presence de ceux qui seront choisis par Monsieur le Comte de foix, ait a s'excuser auec serment, et excusation conuenable a sa dignité Spirituele, que lors\qu'il dedia, et benit la Maison dont est question, il ne sçauoit a qui elle estoit, ny quelle eut apartenu audit Monsieur le Comte, et n'auoir rien fait pour Iniure de luy, ny diminution de son droit, ou de sa Iurisdiction Comtal, Mais par Necessité, et vtilité des hommes, et habitans de l'vniuersité dudit lieu, Item ont prononcé qu'en ladite Maison consacrée, et benite, sera et reuiendra perpetuellement Eglise, et chapelle pour ledit Monsieur le comte, et ses successeurs, si le Mesme Monsieur le comte la veut pour soi, ou ses successeurs, et en ce cas que ledit Monsieur le Comte aye a assigner autre lieu a l'vniuersité, ou qu'il souffre que les consuls acheptent en quelque autre part dans les enclos, et forteresses quelque autre lieu propre, et commode pour la construction de l'Eglise, et pour le peuple et vniuersité, Item ont prononcé que outre les choses susdites, ledit Monsieur

l'euesque de Castres donnera, et payera audit Monsieur le comte, ou a son thresorier,
pour amortissement de ladite Maison, deux
cens florins d'or, payables a la feste de sainct-
michel de septembre, et cé a l'ordonnance dudit
Monsieur le Comte, sans autre interpellation
dudit Monsieur l'Euesque, ou de tout autre, s'il
vouloit exiger lesdits deux cens florins d'or
par amortissement de ladite Maison, apres
le payement desquels ledit Monsieur le Comte
sera tenu porter garentie, et faire indempnité
de Nostre seigneur le Roy, et de tout autre, qu'il
ne sera rien demandé a l'aduenir audit Monsieur l'Euesque ou a tout autre pour ledit a-
mortissement, Item que le Mesme Monsieur
L'Euesque payera, restituera, et satisfaira,
audit Monsieur le Comte ou a son thresorier
pour les despances par luy faites a la poursui-
te du present affaire, cent florins d'or payables a la feste de toussaincts, apres le payement desquels, il demeurera quite de plus
grand desdomagement des despances pour la
part dudit Monsieur le Comte, Item ont
prononcé que la clef de ladite Eglise sera
baillée, a Monsieur B. orcolan prestre, qui
doresnauant

doresnauant tiendra icelle Eglise par nom
dudit Monsieur le Comte, sil la veut retenir,
lequel sera tenu vendre, et bailler icelle, à
ceux que Monsieur le Comte ordonnera, Et si
par aduanture il ne veut retenir ladite Eglise,
quaprés que ledit Monsieur le Comte aura de=
:claré sa vollonté, il aura a deliurer et bailler
ladite clefs au curé de ladite Eglise, Nous Com=
:te et seigneur dessusdit de Nostre bon gré, et
certaine science, tant par reuerence diuine,
et de nostre Seigneur le Pape, et pour lamour
de Leuesque de Castres, qui est a present, le:
:quel est de Nostre lignage, que a la suppli=
:cation des consuls et uniuersité de la ville
de Lautrec, auons adüoué, approuué et rattiffié,
Et par la teneur des presentes, aduouons
approuuons, et rattiffions, ledit pronontiat,
reuuant a Nous, et a Nos hoirs, et successeurs
pour tous temps ladite chapelle comme nos=
:tre propre, auec la presentation dicelle, et
auec les autres choses en dependantes, Et a
icelle apartenentes suiuant la forme dudit
pronontiat, donnees de grace specialle, Don=
:nons license ausdites gens de Lautrec de

faire, Et construire la Maison de ladite
chapelle, et qu'en cas de guerre ou autre necessité a Nostre arbitre, et non autrement, ils
puissent tenir fonds baptismal, et le corpus
Christi, et la user d'iceux, et d'autres sacremens
apartenens a la saincte eglise parroissielle,
sauf qu'ils ne puissent y faire aucune sepulture, nj ensevelir aucun corps, Nj faire, nj
user d'aucunes autres choses, quelles quelles
soient sans nostre volonté, comme estant ladite chapelle a Nous en propre, ainsj que dit
est, donnees A orthés dessous nostre propre
sceau en pendant, le vingtiesme Jour de
May l'an Mil trois cens septante sept de
Mandement de Monsieur le Comte B. de
Lunts, in quarum quidem visionis, tensionis, inspexionis, et perlectionis testimonium,
nos Judex ante dictus sigillum Nostra Judicaturæ proprium inpendenti his præsentibus
duximus apponendum, Actum et Datum
Lauterij, die vigesima tertia, mensis Novembris, anno domino millesimo trecentesimo Nonagesimo primo, molinerius Judex,
facta

facta fuit collatio cum originalibus literis
signé J Fabrj Notarius

Le premier de Mars Mil Six cent soixante dix
lapresent copie a esté bien et deuement traduicte en
langue francoise, verifiée bidimée et collationnee
sur autre copie escripte en parchemin en langue
bearnoise qui est au tresor dort aurhifs du Roy
au chasteau depau Inuantoriée en linuentaire
de braun Titre de lautrec et villemur chapré
de sentences ordonnances et autres pieces
concernant proces seconde liasse cote XLJ
par moy conser. et secretaire de Sa maiesté
en la chambre decomptes de nauarre soubsigné
de lordonnance de lad. chambre

Dulom

Sentence arbitrale rendüe par Hugues Comte de Cardonne arbitre choisi par Bernard de Cabrera fils de Bernard Comte d'Ausone au nom, et comme procureur de Marguerite de Foix sa Mere, et par Roger de Besora chevalier au nom de Roger Bernard vicomte de Castelbon pour raison de la moitié de la cité de Vic, dont ledit Bernard et Marguerite sa mere pretendoient Jouir pour 96000 sols Barcelonnois de reste de la dot a ladite Marguerite assignée sur la dite partie de Vic par ledit Vicomte.

Du 8º aoust 1377.
En langage Gascon Avec la traduction.

Noverint vniversi, quod cum questio verteretur Inter nobiles Dominam Margaritam de Fuxio vxorem nobilis viri Bernardi de Capraria quondam Comitis

Audientia, et Bernardinum de Capraria filium intelligens praedictum ex
una parte agentes, et nobilem virum Ro-
gerium Bernardi de Vicinis Dei gratia
Vicecomitem Castriboni, vel alium procuratorem ex altera, defendentem ratione, seu
pro eo quod dicti nobiles Margarita de
Fuxio et Bernardinus de Capraria eiusque
filius petebant ex causis in supplicationibus in Regia Audientia oblatis contentis possessionem, seu tenutam facti partis
Civitatis Urgi, et aliorum locorum sibi
obligatorum, seu iure pignoris traditorum
pro illis nonaginta sex mille solidis Bar-
chinonensibus debitis, seu restantibus ad
solvendum ex quantitate dotis pro dicta
nobili Domina Margarita promissa, et
constituta dicto nobili viro suo patri dicti Bernardini per nobilem vicecomitem
Castriboni praedictum, qua quantitas dotis fuit centum quinquaginta mille
solidorum barchinonensium, quorum pig-
norum possessio fuit realiter tradita
dicto Domino Comiti patri dicti Bernardini, et qua pignora dicti nobiles Domina
Margarita

Margarita de Fuxio, et Bernardinus filius eius asserebant esse apud nobilem vicecomitem Castriboni prædictum, et eis fore ex causis prædictis restituenda dicto tamen vicecomite, seu eius parte opponente exceptiones plurimas ad prædicta, prout in processu inde acitato latius continetur. Et postea Interveniente, et tractante nobili viro Domino hugone Dei gratia Comite Cardonæ fuisset de ipsa questione diutius extraiudicialiter altercatum, et ad finem concordiæ Inter ipsas partes pluries tractatum, in qua altercatione fuit pro parte dicti nobilis vicecomitis castriboni oppositum, quod cum Castrum de Tornamira, quod fuerat inter cætera pignori obligatum fuisset in Dominium Regem per partem attricem translatum ex qua translatione eadem pars attrix reportaverat cōmodum triginta mille solidorū, quod cōmodum debebat eidem parti attrici cedere in solutum restabant solum sexaginta sex mille solidi, ad soluendum, quas dicebat pars dicti vicecomitis Castribonj se fore paratam soluere, ex adverso autem

scilicet ea parte dictorum nobilium
Margaritæ, et Bernardini replicabatur,
quod cum de œtate pignorati, quam mul-
tis annis tenuerat dictus Vicecomes Castri boni, recepisset idem vicecomes multos
fructus qui ad ipsos nobiles Margaritam,
et Bernardinum pertinebant, dictus nobilis vicecomes non poterat deducere de
principali quantitate dictis triginta
mille solidos positis sed non concessa, quod
per dictum nobilem vicecomitem possent
peti. Et dicebatur etiam, quod castrum de
Tornamira, seu illud ius, quod fuit translatum in Dominum Regem non vale-
bat ultra mille florenos Aragonenses
necnon quod dictus nobilis vicecomes
Castri boni laudaverat dictam alienatio-
nem: quare nullam compensationem, seu
deductionem poterat opponere parte dicti
Vicecomitis adversus prædicta etiam re-
plicante. cumque ipsæ partes scilicet
dictus nobilis Bernardinus nomine
suo proprio, et nomine etiam procuratorio dictæ nobilis Dominæ matris suæ,
Et venerabilis Rogerius de Besora —
miles

milites nomine procuratorio dicti nobilis
Vicecomitis in Castribono cupientes dictæ
quæstionis finem imponi post multa collo-
quia inter ipsas partes inhita compromi-
sissent super prædictis in dictum nobilem,
et potentem virum Dominum Hugonem
Dei gratia Comitem Cardonæ, tanquam
In arbitrum, arbitratorem, laudatorem, et
amicabilem compositorem ab ipsis partibus communiter electum sub pœna quinquaginta mille solidorū Barchinonens
tam a parte parti, quam ipsi nobili arbitro per stipulationem promissa, promittentes ipsæ partes nominibus prædictis
sibi adinvicem, et dicto nobili arbitro, et
arbitratori sub dicta pœna, quod quidquid
Ipse nobilis arbiter, et arbitrator super
prædictis diceret, et pronunciaret de Jure,
Laudo, vel amicabili compositione illud
ratum et firmum perpetuo haberent,
attenderent, et complerent, tenerent et ob-
servarent sub dicta pœna omnibus ap-
pellatione, et exceptione remotis, prout
hæc et multa alia in Instrumento dicti
compromissi, quod factum, seu receptum

fratris in posse notarii. Infrascripti die
et anno Infrascriptis latius et plenius
continentur. Et dictae partes nominibus
praedictis dixissent, proposuissent, et alle-
gassent super praedictis coram ipso nobili Domino arbitro et arbitratore quidquid dicere, proponere, et allegare vellent.
Tandem die veneris vicesima octava die
augusti, anno a nativitate Domini millesimo trecentesimo septuagesimo septimo, dictus nobilis arbiter, et arbitrator
praesentibus, requirentibus et volentibus
dictis partibus protulit super praemissis
in scriptis suam arbitralem sententiam
in modum, qui sequitur. Au nom de
Diu Nous huc per la gracie de Diu
Comte de Cardona arbitre, et arbitrador,
et amigable composidor dessusdit, vist
lo compromes en nos feit, et fermat per
lasditas parts, et lo poder a nous en
aquel atribuit, et donat vistes encare
las supplications donadas devant lo
senyor Rey, o la sua audiencia per
part de li noble madona Margarida
Comtessa d'Osona, et del noble en
Bernardin

Bernardin de Cabrera, et entesos tots
processos dauant la cancellaria del senyor
senyor Rey deciratz sobre la demanda
de la penyora, et aitant com toquen la
exonar, vistes encare totas altres cuses
vedores, et acesos, et totas cosas attena-
dores per verde amigable composicio, arbitram, pronunciam et declaram entre
las dites parts per la forme ques seqneix.
Primerament dehim, arbitram, et pronunciam, que la part del dit noble Bescomte de Castellbo, er pach, et sia tenguda
de pagar a ladita Comtessa octuaginta
nouem mille centum solidos barchinonenses per tots termenis de les contenguts.
laqual quantitat sia a ladita Comtessa per satisfactio complida de touts aquels nouante mil reys sols demenats per
ladite Comtessa contra la part del dit
Biscomta per raho de son dot, et per, los
quals foren liurats en penyora al Comte d'Osona marit de ladita Comtessa
la part sobirana de la Ciutat de vich
ab alguns altres Castels o lochs, et
encare per satisfactio de tots, et sengles

fetuyts, recebuts per lodit vescomte de
Castelbo de ladita part de vuyt, et dels
altres lochs empenyorats per la quantitat desquedita del die cinq que, seri pre-
uenguts a mà deldit vescomte per via
de commanda feta a ell per lo senyor.
Et losdits octuaginta noua milla centu
solidos, volem, arbitram, et pronunciam,
que pach et sia tengut de pagar ladit
part deldich vescomte en aquesta forma.
Es assaber ara de present cinquante
cinq milia sols, empero que ladita Comtessa haia a prendre en Compte de paga pro rata delsdits cinquante cinq
milia sols, aquels cinq milia cinq cens
sols, losquals lodit noble en Bernardin
ha ia recebuts, et delsquals ha feta ia
apoca, et tot lo remanent delsdits octuaginta noua mille centum solidos haia
a pagar la part deldit vescomte daci a
la festa de sanct Miquel primer vinent.
Item dehim, arbitram, et pronunciam,
que ladita Comtessa et loudit noble
en Bernardin son fill per ells, o per
lur procurador a aço bestant facen, et
haien

haurem fer al dit bescomte de Castello,
o sia, sino en lo acte de la derrera paga
absolucio, bona, e si ferma, ab carta publica ordonadora les solemnitats e sagraments,
e ab entre altres clausules convinents, et
profitoses de tota la dita nonanta sis
milia solidos de tots los dits fruyts rebuts
per lo dit Bescomte de Castello, o altre
en loc seu de la sua part de XXIIII et de tots
los altrens loch seguits, o men sua de
aquella que era estada empenyorada per
la dita quantitat axi com dit es. E la dita
carta de absolucio, et difinicio sia fora, et
ordonada bonament a coneguda de un
sau elegidor per la part del dit Bescomte
sins volra. Item declaram, arbitram,
et pronunciam que lo dit vescomte de
Castello o son procurador bastant faça
absolucio, et difinicio bastant ab carta
publica a la dita Comtessa, et al dit noble
en Bernardin de tota questio, et demanda que li pogues fer per raho del castel
de Ternamira transportat per la dita
Comtessa en lo senyor Rey, lo qual
Castell era dels lochs empenyorats per

la quantitat de ico ni dita. Item pronunciam, declaram, et arbitram que daqui auant ladita nobla D. Madona Margarida, ni ladit noble en Bernardin de Cabrera no pusquen demenar ladita partida de vich, ne alcu dels altres lochs enpenyorats per raho de ypotheca, ne restitutio de possessio daquella, o daquells ans ales dites demandes contengudas en lesdites supplicacions aytant cum toquen dot, o ypotheca, a restitucio de possessio per la ypotheca, o per sequestre alsdits nobles Madona Margarida, et en Bernardin posam callament perpetuable, et daquelles lodit vescomte de Castelbo absoluim, et en aitant com lesdites supplicacions pusquen compendre dret de proprietat de ladita partida de vich, et d'altres coses tenudes et dret de ladita legitima alsdits nobles re no tocam, ne diffinim, ne arbitram ans sobre aquellas remanga a ladita Comtessa, et aldit en Bernardin sau lur dret, et aldit vescomte de Castelbon semblablement sau tot dret, et tota defensio
sobre

sobre lesdites coses. Item pronuncia, arbitram et declaram, que loudit noble en Bernardin haia restituir et liurar en lo acte de ladita darrera paga aldit noble vescomte de Castelbon, ou a son procurador los castells o lochs deius escrits, et la possessio daquelles, losquals foren et son dels lochs enpenyorats per ladita quantitat delsdits nauante sieys mille sols, et losquals duy son en ma deldit noble en Bernardin. Es assauer lo Castel de Tolters, et la Casa de Bilardell, et tots altres lochs, que tengan qui sian delsdit enpenyorament, et totes les coses dessusdites declaram, arbitram, et pronunciam esser amplidores, tenidores, et obseruadores per lesdites parts, segons que desus san contengudas sots la pena en lodit compromes posada et contenguda. Et retenim nos poder de Interpretar et declarar si alcunes coses apparien james obscures, o duptoses en la nostra present sentencia dessusdita. Lata fuit hæc sententia arbitralis, seu declaratio per dictum nobilem, et

potentem Ciuium Barchinonem Hugonem Comitem Cardone, et leita, de
mandato, et voluntate eiusdem per
me Franciscum Poncacij authoritate Regia notarium publicum Barchi-
nonensem, intus hospitium, quod fuit
nobilis Petri de Montechateno quondam situm prope Ecclesiam fratrum
minorum Barchinone, in quo dictus
Dominus Comes hospitabatur die
Veneris prædicta circa horam comple-
torij Intitulata vicesima octaua mensis augusti, anno a natiuitate Domini Millesimo trecentesimo septuagesimo septimo, præsentibus dicto nobili
Bernardino de Capraria nominibus
prædictis ex vna parte, et dicto venerabili Rogerio de Besora milite, Et procuratore dicti nobilis Vicecomitis Castribonj ex altera, præsentibusque pro
testibus nobilibus Petro Galcerandi
de Pinosio milite, et Raimundo de
Pallars, necnon venerabilibus Iaco-
bo de vallesicca, et Guillelmo de Podio
in legibus licentiatis, et fferrario de
Castelleto

Castelleto domicello, ac etiam præsente me Francisco Pericacij notario prædicto et infrascripto.

Nos huc per la gracia de Deu Comte de Cardona arbitre dessusdit, qui la present sentencia avem donada sots scrivim nos em de nostra ma.

Sig-(M)-num Francisci Pericacij Regia auctoritate notarij publici Barchinonensis, qui præmissis Interfui, et hæc scribi feci, et clausi cum litteris in rasa positis in lineis quinta ubi dicitur tamen vicecomite, seu eius parte, et octava tenuerat dictus Vicecomes Castri, et cum suprapositis in lineis quinta decima ubi continetur arbitro, et tricesima prima nobles.

Extrait et collationné sur la copie d'icente en parchemin Trouvée au tresor des chartres de sa maiesté au chas graudsolx en la caisse quavente troisiesme Pauloirdre en la presence de Mossire Jean de Joat conseiller du Roy en Sn conseil, le president en la chambre de comptes de Navarre et commissaire depute par le roy nostre paur Inuere de Vaira aud die depreme en Auril

et vingt trois du mois d'octobre dans leso... pour faire recherche qu'ils trouveront sur droits de la seigneurie
et qui peuvent servir à l'histoire dans tous les
tresors des chapitres de lad. Abbaye et dans ceux
des archives des villes et lieux, Archevesches, Eurch.
Abbayes, prieurés, commanderies et autres Communautés ecclésiastiques et souhaitent d'être pourvues de
Bas-Languedoc et du païs de Foix et dans les archives des Archevesques Evesques, Abbez, prieurs et
commandeurs qui en pourront avoir de sçavoir
doeur chapitre et faire faire des extraits de ce qu'il
Jugera necessaire et les renvoyer au garde de la Bibliothèque Royalle par m.y Brassan Capot prin à pour
grossier en lad. commission soubz signé. fait à foix
le cinquième Janvier mil six cens soixante neuf

                                        Capot

Traduction de la sen-
tence cy dessus

Au nom de Dieu nous Hu-
gues

gues par la grace de Dieu Comte de Cardonne, arbitre, et arbitrateur et amiable
compositeur desusdit Jacu le compromis en nous fait et confirmé par lesdites
parties, et le pouvoir qui nous est at-
tribué et donné par icelui, veues encore les duplications donnees par devant
le Roy ou son audience de la part de la
noble Madame Marguerite Comtesse
d'Osone, et du noble en Bernadin de la-
brera, et entendus les Proces pendans
en la Chancellerie du seigneur Roy
sur la demande de l'engagement et en
tant que touche le coconar, veues encore toutes les autres choses visibles, et
accessoires et toutes les autres choses
considerees pour le bien et amiable composition arbitrons prononçons et declarons entre lesdites parties en la forme
qui s'ensuit Premierement disons, arbitrons et prononçons que la partie
dudit noble vicomte de Castelbon donne et paye, et soit tenu de paier a ladite
Comtesse quatre vingts neuf mil cent
sols Barcellonnois aux termes dessoubs

...ls contenu, Laquelle quantité il bail-
lera a lad. Comtesse pour une entière satisfaction de tous les quatre vingts seize
mil sols demandés par ladite Comtesse
contre la partie dudit Vicomte, pour raison de sa dot, et pour lesquels fut faict
ung engagement au Comte de Dauson
mari de ladite Comtesse, la part souue-
raine de ladite de Bio auec quelques
autres Chateaux et Lieux encore pour
la satisfaction de tous et chascuns les fruits receus par ledit Vicomte de l'ostel
de ladite part de Bio, et des autres Lieux
engagés pour la quantité desusdite
depuis le jour qu'ils sont venus en main dudit Vicomte par voye d'engagement a luy faict par le seigneur. Et lesquels Vingts neuf mil cent sols voulons
arbitrons et prononçons que paié ce soit
tenu de laier ladite part dudit Vicomte
en cette forme. C'est ascauoir cinquante mille sols presentement que neant-
moins ladite Comtesse prene en Compte du paiement au proreta desdits cinquante mil sols les cinc mille cinq
                                                    Sens

Sens Sals lesquels ledit noble En Bernadin a desia receus, et desquels il a desia fait quitance, et que tout le reste desdits quatre vingts neuf mil cent sols, la partie dudit Vicomte paie pendant la feste de Saint Michel premier venant. Item disons, octroyons et prononçans, que ladite Comtesse, et ledit noble En Bernadin son fils par eux et par leur Procureur a ce suffisant fassent, et soient tenus de faire audit Vicomte de Castelbon, et aux siens en l'acte du dernier paiement solution, et suffisamment auec carte publique, qui sera ordonnée tout au long auec sermens et auec toutes les autres clauses conuenables et profitables de touts lesdits quatre vingts seize mille sols, et de tous lesdits fruits receus par ledit Vicomte de Castelbon ou autre en sa place en ladite part de Vic, et de tous les autres Lieux, tenus en la main de ceux, auxquels ils auoient esté engagés

ges pour ladite somme, ainsy que
dit est, et que ladite Carte de Solution de fin soit faite et ordonnée au
plustot a la connoissance d'un sça-
uant, qui sera esleu de la part dudit
bicomte s'il y en est aucun, Item
declarons, ~~et disposons~~ arbitrons et prononçons, que ledit bicomtes de Castelbon, ou son Procureur suffisant
fasse quitation ou fin suffisante
auec Cartes publiques a ladite Com-
tesses, et audit noble En Bernadin de
toute question et demande, qu'ils pourroient faire pour raison du Chasteau de Tournamire transporté par
ladite Comtesse au Seigneur Roy,
lequel Chateau est ou des Lieux engagés pour la somme dessusdit. Item
prononçons, declarons et arbitrons
qu'a l'aduenir ladite noble Madame
Marguerite, ni ledit noble En Bernardin de Cabrera ne puissent demander ladite partie de Vic, ni aucun des
autres lieux engagés pour raison
d'hipotheque, ni restitution de possession

sion dicelle ou diceux, au contraires, nous imposans silence perpetuelle aux dites demandes contenues esdites suplications, en tant quelles touchent dathipotheque, ou restitution de possession pour hipotheque ou engagement aux dits nobles
Madame Marguerite, et En Bernadin, et diceux ledit Visconte de
Castelbon obsoluons, et entant que
lesdites supplications peuuent com-
prendre droit de proprieté de ladite
partie de Bic et d'autres choses ven-
dues, et droit de la legitime ausdits
nobles, nous ne touchons rien, ni ne
deffinissons, ni arbitrons ains que
cela demeure a ladite Comtesse et
audit En Bernadin sauf leur droit,
et audit Viscomte de Castelbon, semblablement sauf tout droit, et toute
diffinition sur lesdites choses. Item
prononçons, arbitrons et declarons,
que ledit noble En Bernadin doiue
restituer et deliurer en l'acte du dernier
paiement audit noble Vicomte de

Castelbon, ou a son Procureur les Chateaux, ou lieux dessoubs escrits, et la possession d'iceux les estoient et sont des lieux engagés pour ladite somme desdits quatre vingts et seize mille sols, et lesquels sont aujourd'hui en main dudit noble en Bernadin, c'est a sçavoir le Chateau de Soltera, et la maison de Bilardella et tous autres lieux qu'ils tiènent, qui sont dudit engagement, et declarons arbitrons et prononçons, que toutes les choses dessusdites doivent estre acomplies, tenues et observées par lesdites parties, ainsi qu'elles sont cy dessus contenues, sur la peine contenue dans ledit Compromis, et nous nous reservons le pouvoir d'interpreter et declarer s'il y paroissoit jamais rien d'obscur, ou de douteux en nostre presente sentence dessus dite. Lata fuit haec sententia &a

La presente Traduction en langue françoise faite du langage bascon auquel la sentence trans-

crit aux precedentes fuilletz est escrite et esté
corrigeé et verifieé avoir esté fidellement faite
par l'ordre et en la presence dite en lacte du collationné unie au bas duladit Sentence par moy
Aud.' Gratian Capot Soubsigné fait a Aix
le sud.' Jour cinquiesme Janvier Mil Six
cens Soixante huit

Capot

Quitance faite par Bernardin de Capraria, fils de Bernard Comte d'Ausone, et de Marguerite a Roger de Bason Chevalier, et procureur du Vicomte de Castelbon de 5000 florins d'or d'aragon en diminution de 89100ℓ Barcelonnois adjugés par sentence rendue par le Comte de Cardonne.

Du 29.º aoust 1377.

Sit omnibus notum quod nos Bernardinus de Capraria filius Nobilium Bernardj de Capraria quondam Comitis Ausoniæ, et Dominæ Margaritæ ejus consortis viventis, nomine nostro proprio et ut procurator ad hæc et

alia constituti a dicta Nobili Domina
matre nostra, vt patet de nostra procuratione per instrumentum publicum inde factum in villa hostalricae,
nona decima die madij anno praesenti subscripto clausumque per Nar-
cissum vnius oriundum Ciuitatis
Gerundae, Authoritate Regia notariū
publicum per totam Cataloniam con-
fitemur et recognoscimus vobis Venerabili Rogerio de Bascra militi, procuratorj Nobilis Vicecomitis Castribonj,
quod soluistis nobis nominibus praedictis recipientibus plenarie ad nostram voluntatem quinque mille florenos aurj de Aragonia, ex illis octuaginta nouem mille centum solidis Bar-
chinonensiū dictae Dominae matrj nostrae adiudicatis in quadam sententia
lata per Nobilem Comitem Cardonae
arbitrum et arbitratorem a dicta No-
bilj domina matre nostra, et nobis
ac a vobis nomine dicti Nobilis Domini Vicecomitis communiter electū,
vicesima

vicesima octaua die mensis presentis Augusti, quam solutionem dictorum quinque mille florenorum
nobis fecistis hoc modo, quod de ipsis
tradidit nobis pridem scilicet ante
praelationem dictae summae Venerabilis Guillelmus de Podio in Legibus
licenciatus nomine et pro parte dicti
Nobilis Vicecomitis, quinque mille
quingentos solidos Barchinonenses,
de quibus ipsi Venerabili Guillelmo
facimus apocam in posse subscripti
notarij, vicesima septima die Ju-
nij anni presentis, quam volumus
carere deinceps omnino viribus, et
effectu et totum residuum nobis fecistis dici, et scribi in Cabula cambij
Venerabilis Petri des Caus Campsoris
Barchinonae, quam dicam accepta-
mus, et ratam habemus; et ideo ren-
unciando exceptioni non numeratae
et non solutae peccuniae, et doli, nominibus praedictis facimus vobis et
dicto domino Vicecomiti de dictis-

quinqve mille florenos, in quibus tamen dicti quinque mille quingenti solidi, per dictum Guillelmum de Podio, ut prefertur nobis soluti fuerunt et sunt inclusi, præsens apoce Instrumentum et bonum ac perpetuum finem et pactum de ulterius non petendo, et de non agendo in posse notarij subscripti solempni stipulatione vallatum. Actum est hoc Barchinonæ vicesima nona die Augusti, anno a Nativitate Domini millesimo trecentesimo septuagesimo septimo, S+num Bernardini de Capraria prædicti, qui hæc nominibus prædictis laudamus et firmamus.

Testes huius rei sunt Venerabiles Ramundus Talamanca Gispertus Talamanca fratres domicelli, Anthonius Arderiu, et Guillelmus Andreæ scriptores Barchinonæ.

Sig✠num francisci Poricatij Regia

Regia authoritate notarij Publici
Barchinonæ, qui hoc scribj fecit et cl=
ausit:~

Extrait et collationné suvr un copie escrite en
parchemin Trouvé au tresor des chartres de
Sa maiesté au chasteau de foix en la caisse qua=
rante troisiesme Par lordre et en la presence
de Messire Jean de Doat conseiller du Roy en
Ses conseils president en la chambre des comptes
de Nauarre et commissaire deputé par lettres pa=
tentes de Sa maiesté des premier Auril et vingt
troisiesme octobre derniers Pour faire recherche
des tiltres concernans les droits de la couronne et
qui pauuent seruir A lhistoire dans tous les tiltres dont
des chartres de Sa maiesté et dans toutes les
Archiues des Villes et lieux Archeuesches Euesches
Abbayes prieurez commanderies autres
communautez Ecclesiastiques et Seculieres des
prouinces de Guienne Languedoc et du païs de foix
et dans les archiues des archeuesques Euesques
Abbez prieurs et commandeurs qui en pourroient
auoir de se pouruoir de leurs chapitres faire faire
des extraits de ceux quil Jugera necessaires et
les enuoyer au garde de la bibliotheque Royalle par
moy brahan Capot prins pour greffier en ladite
commission soubsigné fait a Foix le vingt
septiesme feurier mil six cens Soixante huit

Capot

Letres de commission de Louis fils et frere de Roy de France lieutenant en Languedoc et Guienne à Berart d'albret sire de Langoiran de se transportir au païs d'entre deux mers pour solliciter les barons chevaliers escuyers consuls capitaines et gardes des villes et chasteaux et forteresses dudit païs de venir et demeurer en l'obeissance du Roy et y prendre leur serm.t et leur accorder les franchises et libertés de leurs anciens privileges et autres graces qu'il advisera.

Du 24.e septembre 1377.

Louis fils de Roy de france, frere de Monsieur le Roy, et son lieutenant en toute la Languedoc, et au pays de Guienne, duc D'aniou et de Touraine, et Comte du Maine, A Tous ceux qui ces presentes lettres verront et orront salut. Sçauoir faisons que

nous confians a plain du sens,
loiauté, hardiment et bonne diligence
de nostre bien amé chevalier messire
Berart de Lebret Sire de Langoiran,
icelluy avons comis establj et ordonné
commettons, establissons et ordonnons
par la teneur de ces presentes a soj
transporter au pays apellé entre les
deux mers, sj comme il se estend et
comporte en long et en lé, des Rions
iusquau bec dembes. Et luj avons
donné et donnons par la teneur de
ces lettres, plain pouvoir, authorité,
et mandement special, de solliciter et
requerir de par mondit seigneur et
nous, toutesfois et quand il luj plair-
:ra, tous et chascuns les barons, che-
:ualiers, escuiers, consuls, capitaines,
et gardes de villes, de chasteaux et de
forteresses dudit pays d'entre deux mers,
et des metes et fins dessus nommés,
a venir, estre, et demourer dillec en
ayant eux, leurs chasteaux, villes,
Lieux, et forteresses avecques leurs
hommes

hommes, estagers, et subiects en la
bonne et vraye obeissance de mondit
seigneur et de nous, et de tous ceux
qui venir y voudront, prendre et rece-
uoir au nom et pour mondit seigneur
et nous le serment de feaulté, tel comme en tel cas apartient, et de leur
octroier sur les franchises et libertés
de leurs anciens priuileges, telles
graces comme sa discretion regardera
estre a faire, et de tous ceux que ledit
Sire de Lengoiran en rebellion et des-
obeissance trouuera, nous voulons
et nous plaist quaprés ladite rebellion il puisse confisquer a mondit
seigneur et a nous, toutes et chascunes leurs terres, chasteaux, villes,
Lieux, et pocessions, et apliquer au
domaine de mondit seigneur, et en faire
donnation, toutesfois et a qui il luj
plairra a temps ou a vie, ainsj que
bon luj semblera, tout en la forme et
maniere que nous mesmes fairions, et
faire pourrions sj presens estions, et
tels dons comme il en faira, nous

confirmerons par nos lettres toutes
fois que requis en serons. Sj donnons
en mandement par ces presentes, à tous
les Justiciers et officiers de monsieur et
de nous esdites parties, ou a leurs lieutenans, et a chascun d'eux, sj comme il
apartiendra, que du contenu de ces lettres
facent laissent et souffrent vser et jouir
paisiblement ledit Sire de Langoiran,
et contre la teneur d'icelles ne l'empes-
chent aucunement, car ainsj le voulons
et nous plaist estre fait. En tesmoing
de ce nous avons fait mettre a ces
presentes le sceel de nostre secret en
absence de nostre grand. Donné en
nos tantes devant saincte Marguerite,
le vingt et quatriesme iour de septembre
l'an de grace mil trois cens soixante
dix et sept. Sur le repli par monSeigr
le Duc presens Messieurs I de Bueil
Signé de Dubreyl

Le vingtdeuxiesme septembre Mil six cens
soixante six laprésente copie a esté bien et
deuement vidimee et collationnee a l'original estant en parchemin qui estoit
autresor des archifs du Roy au chasteau
de nerac.

de Navar, porté au tresor des archifes de Sa
Maiesté au chasteau de Pau, Inventorie au
vieux Inventaire d'albret Chapitre dixe douze
cy privilegies et cote de letre L, 13. Pau-
quoy furent Signé Ertau en la ville de foix
a l'acheute de mon sieur de Doat conseiler
du Roy en Son conseil d'estat et president
en la chambre de comptes de navarre.
Suivant l'arrest de ladite chambre du vingt
et troisiesme Juin dernier

Capot

Contract du transport faict par Jean Comte d'Esterac en faveur de Gaston comte de foix seigneur de Bearn, de tout le droit quil auoit sur le chasteau d'Ambres pour la somme de 2000 francs

Du 1.er octobre 1377.

En langage Bearnois

Coneguda causa sie que lo noble et poderous Mossen Joan per la gracy de Diu Comte d'Esterac reconegut et autreya, et en vertat confessa auer pres et recebuts deu mot noble et poderos Senhor Mossen Gaston per la medixe gratie Comte de foix Senhor de bearn vescomte de Marssan et de Gauardan, la somme de dus mille francs d'aur bos et de pes deu cunh deu Rey de france

per amigable prest a luy feyt per lodit
Mossur de foix, desquoaus se ten quo
ben per cantent lo die que aquesta
carte fo feyte, renontiant a la exception
de no aguts recebuts ni contats quar
touts lousdits dus mille franxs en
bonne monede daur, et a toute autre
exception de frau ou dengan de menor prest, et de tout menxs contes
per losquoaus dus mille franxs dessusdits loudit Mossur lo Comte d'Esterac aliurat et mes en poder en peim-
hs ab la tenor de questa carte audit
Mossur de foix aqui present stipulant
et recebent tout lo dret que eg ha en
lo casteg et locq d'Ambres ab las apper-
thenences deudit casteg a tant cum
eg ne thié, a tenir et possedir per loudit Mossur de foix ou person man-
portador de queste carte touts temps
chens perde pocession et feys soute-
de pague tant entro losdits dus mille franxs touts ensemps en une
bets sien renduts et pagats audit Mossur de foix et aux soas per loudit
Mossur

Mossur lo comte d'Esterac ou per los-
sous, Et volo et autreya loudit Mossur
lo Comte d'Estarac que touts las rendes
abentures profieyts et autres emmo-
lumens quinhs que sien audit casteg
et locq d'ambres appertenens sien propris deudit Mossur de Foix despuix eg
nauia prese la pocession durant lodit
empenhatori per la goarde deudit
casteg, et si en loudit casteg haue mestier de reparation ou de enfortiment
que loudit Mossur de Foix que las y-
fes far entro a la somme de cinq cens
francxs no pas a sous despens, et pro-
metto et autreya loudit Mossur Lou
Comte d'Estarac que contre las causes dessus dittes no fara ni viera en
tout ny en partide, et si a fase ni-
homy per luys que no y fos audit ny
escoutat pauc ni prou en cort ny
fore cort viste la tenor de questa carta, Item loudit Mossur de Foix pro-
metto et autreya audit Mossur Lou
Comte D'Estarac sus sa bonne fe-

Et com aleyau comte et caualler ren=
der et tornar et liurar loudit cas=
teg et lo Locq d'ambres ab sas ap=
pertenences a touts dies ores et tem=
ps quen sera requerit per Loudit
Mossur d'estarac, ou per Lous sous
et eden et paguan a luys Prumera=
ments losdits dus Mille francs daur
en lo locq de girosse   ou en autre qu=
oau locq se vulhe deudit Mossur de
foix touts ensemps en vne bets-
chens que no loc retenda per temps
passat domenadge no seyt deudit
casteg d'ambres audit Mossur de foix
per Loudit Mossur Lo comte d'estarac
ni per Lous austres sen hors d'ambres
qui dauant son estats ni per nulhe
autre rason ni occasion quey fos-
et de las causes sober dittes loudit
Mossur de foix d'une part, et Mossur
lo comte d'estarac dautre requerin
et volon sengles cartes de vne tenor
feyt fo defents lo casteg de Pau
lo j.

lo prumer jorn d'octobre lan de nos
tre Senhor Mille tres cens septante
et sept testimonis son desolous-
nobles Mossen ramon arnaud senhor
de Carrase, Mossen Galambre de pa-
nessac caualhers, en Guilhem arnaud senhor d'auguar peyroo de beoo donzel.
Et Jo B; de luts publicq notari dor-
tes, et generau deudit Mossur de Foix
qui la present carte retengu Loquoau occupat de Negocis fy registrar
a Berducon de bunheng mon subs-
tituit et grossar et feyte collation
ab lo registre y pausé mon senhau
acostumat, et aqueste fo liurade audit
Mossur de Foix; Et a mayor fermesse
Volon losdits Senhors comtes que
lous propris Sagets fien pausats en
la present carte en pendent.
Le Vingt et troisiesme Septembre mil six
cent soixante six la presente copie a esté
bien audrement bedimé et Collationnée

Sur une autre copie escripte en papier qui
est au tresor des archifves du Roy au chasteau
de Foix en la Caysse troisiesme, qu'avons roy
soubzsigné estans en la ville de Foix a la
suite de Monsieur de Doat conseiller du
Roy en sesconseilz d'estat et president en
la chambre de comptes de Navarre suivant
l'arrest de ladite chambre du vingt et troisiesme
juin dernier.

Capot

Contract du transport fait par Jean Comte d'Esterac en faueur de Gaston Comte de Foix Seigneur de Bearn de tout le droit qu'il auoit sur le chasteau d'Embres pour la somme de 2000 starics.

Du 1.er octobre 1377.

Traduit de l'original qui est en langage Bearnois

Soit chose conniie que le Noble et puissant Messire Jean par la Grace de Dieu Comte d'Esterac, reconneut octroya et en verité reconneut et confessa auoir prins et receu du tres noble et puissant Seigneur Messire Gaston, par la mesme Grace Comte de Foix, Seigneur de Bearn vicomte de Marsan et de Gauardan, la somme de deux mille francs dor bons et de pois du coing du Roy de France, pour amiable prest a luy fait par ledit monsieur de foix, desquels il se tint pour bien content le jour que ceste carte fut faite, renonçant à lexception de n'auoir prins, receus et n'auoir esté comptés lesdits deux mille francs en bonne monnoye dor, et à tout autre exception de fraude, ou deception d'erreur, et de tout moins compte, pour lesquels deux mille francs dessus dits ledit monsieur le Comte d'Esterac a liuré et mis en pouuoir en engagement par la teneur de ceste carte audit Monsieur de Foix la Present stipulant et receuant tout le droit qu'il a dans le Chasteau et lieu d'Ambres, auec toutes les apartenances dudit chasteau, a le tenir et posseder par ledit Monsieur de Foix ou par son

son mandement porteur de ceste carte a tousiours, sans en perdre possession et sans desduction de payement, Jusqu'a ce que lesdits deux mille francs soient entierement rendus et payés en vne fois audit monsieur de Foix ou aux siens par ledit monsieur le Comte d'Estarac ou par les siens. Et voulleut et ottroia ledit monsieur le Comte d'Esterac, que toutes les rentes, auentures, profits, et autres esmolumens quels qu'ils soient audit chasteau et lieu d'embres apartenans soient propres dudit monsieur de Foix, despuis qu'il en ayt prins la possession durant ledit engagement pour la garde dudit chasteau, et si dans le chasteau il y auoit besoin reparation ou fortification, que ledit monsieur de Foix les y fit faire Jusqu'a la somme de cinq cens francs et non pas a ses despens, et promist et ottroya ledit Monsieur le Comte d'Esterac, qu'il ne faira ni viendra au contraire des choses dessus dites en tout ni en partie, et s'il le faisoit ni homme pour luy qu'il ni seut ouy ni escouté de près ni de loin, en cour ni hors de cour veu la teneur de ceste carte. Item ledit Mons.ʳ de Foix promist et octroia audit monsieur le Comte d'Esterac sur sa bonne foy et comme a loyal Comte et Chevalier, de rendre restituer et livrer ledit Chasteau et lieu d'Ombres avec ses apartenances, a tous jours heures et temps qu'il en sera requis par ledit monsieur d'Esterac ou par les siens estant Prealablement payé desdits deux mille francs d'or en une fois dans le lieu de Sirosse ou en autre lieu quel que ce soit dudit monsieur de Foix, sans qu'il le lui retienne pour hommage non fait au temps passé dudit Chasteau d'Ombres audit monsieur de Foix par ledit monsieur le Comte d'Esterac ni par les autres seigneurs d'Ombres, qui ont esté par ci devant, ni par aucune raison ni occasion que

que ce fut et des choses susdites, ledit
monsieur de foix d'une part, Et mon=
=sieur le Comte d'Estirac d'autre requi=
=rirent et voulurent chascun une car=
=te d'une tenur, Cecy fut fait dans le
Chasteau de Pau le premier jour d'oc=
=tobre l'an de nostre Seigneur mille
trois cens Sept. soixante-sept, tesmoins sont
de ce les nobles messire Ramon ar=
=naud Seigneur de Coarrase, Mes=
sire Galambre de Panassac cheva=
=liers, en Guillem Arnaud Seigneur
d'Augar, Peyron de Beon donsel.
et moy B. de Luts notaire public d'or=
=thés et general dudit Monsieur de
foix, qui ceste carte retins, laquelle
occupé d'autres affaires fis registrer
et grossoier à Berducon de Bunh=
=eng mon substitut, et faite collation
auec le Registre y posé mon sein
acoustumé, et cellecy fut deliuree au
dit monsieur de foix, Et pour plus
grande fermeté lesdits Seigneurs

Comtes voulcurent que leurs propres
soient posés à cette presente carte en
perident.

Le vingt et troisiesme Septembre mil six
cens soixante six la presente Traduction
en langue francoise ayant corrigée et
verifiée avoir esté bien et fidellement
faite sur un autre cy pres escripte en papier
en langage Gascon qui est au tresor des
archifs du Roy au chasteau de Foix en la
caysse troisiesme Pau moy soubs signé
Estant en laditte ville de foix à la suite de
monsieur de Doat conseiller du Roy en
son conseil d'Estat et president en la chambre
des comptes de Navarre suivant l'arrest de
lad. chambre du vingtet troisiesme Juin
dernier.   Capot

Lettres de Louis frere du Roy Charles 5. Par lesquelles il fait Don à Bernard d'albret Seigneur de Lagoiran de 200 francs de rente
Du 2 octobre 1377.

Louys fils de Roy de france frere de Monsieur le Roy, et son Lieutenant, en la Languedoc, et au Duché de guienne, Duc daniou, et de Touraine, et Conte du Maine, à tous ceux qui ces lettres verront, Salut Sçauoir faisons que pour Recompenser nostre bien Amé et feal Messire Berart de Lebret cheualier Seigneur de Lagoiran lequel de Bon cœur est de nouuel venu a lobeissance de Monsieur, et de nous de grant partie de ses terres rentes et reuenus que Il auoit es villes de Bourdeaux, de Bourc, et ailleurs au pouuoir des Ennemis de Monsieur, et de

nous, considere aussi les bons grans et notables seruices que Il a faits a Monsieur, et a
nous, depuis que Il uint a ladite obeissance en ces presentes guerres et a l'auanc-
ement de la conqueste faits, cha[s]cun Iour
et esperons que il face au temps auenir, nous luy auons donné et octroyé, et donnons
et octroyons par ses letres de nostre certaine
science et authorité Royal dont nous usons
La somme de deux mille franx d'or de rente
a sa vie, a prendre et auoir par chascun an
sur les foires rentes et reuenus quelconques
ordinaires et extraordinaires de La ville de
pesenas appartenans A mondit Seigneur
s y donnons en mandement par ces presentes au Receueur de La seneschaussée de
Carcassonne et de Besiers qui a present
est et pour le temps auenir sera et a tous
autres a qui Il appartiendra, que audit Seigneur de Lagoiran ou a son certain commandement, Il paye ou face paier chascun
an la dite somme de deux mille franx
d'or des deniers desdites foires Rentes et reuenus quelconques de ladite ville aux
termes

termes que elles ont acoustumé estre opa-
reies et en retenant ces presentes ou vidimus
dicelles soubz seel autentique, et recognoissance de luy sur ce, par lesquelles rapportant,
nous voulons et mandons tout ce que ain-
ssi paié et baillé luy aura esté, estre alo-
ué es comptes de celuy de vous a qui il
appartiendra, par nos bien amés les gens
des Comptes de Monsieur à Paris sans
contredit en tesmoing de ce nous avons fait mettre nostre seel secret a ces presentes.
Donné En nostre Logis devant sainct
Machaire le septieme Jour d'octobre
L'an de grace mille trois cens soixante
et dix et sept. Sur le Reply Par monseigneur le Duc signé Tribon.

Le dizieme Juillet Mil Six cens soixante six la
presente copie a esté bien et deuement vidimée et
collationnée à l'original escript en parchemin qui
estoit au trezor et archifz du Roy au chasteau de Nerac
qui a esté porté en celluy du chasteau de Pau lequel
est Inventorié au vieux Inventaire d'albret
chapitre doze douze priuiliege et autorisé coté de ste
J. par nous conser. et ministres de sa maié esté en la
chambre des comptes de Navarre soubz &c.

          Dusin

Acte de l'homage fait par arnaud de Bonafon a Jean Comte d'Armagnac pour la 4.e partie du lieu de Sancto anito.

Du 29. Nouembre 1377.

In Nomine Domini amen

Nouerint vniuersi, et singuli præsentes pariter et futuri huius præsentis publici Instrumenti tenorem inspecturi, visuri, ac etiam audituri, quod anno Domini millesimo trecentesimo septuagesimo septimo, die vicesima nona mensis nouembris Citra flumen . . . . . . Serenissimo Illustrissimo Principe Domino Karolo Dei gratia francorum Rege, in mei notarij Infrascripti et testium subscriptorum ad hæc specialiter vocatorum, et rogatorum, et personaliter Constitutus. Arnaldus de Bonafonte Domicellus condominus de sancto anito gratis, et sponte genibus flexis, et abstracto Capucio, ac manibus Complosis, siue Junctis existentibus Inter

manus

manius Egregij, et magnifici Domini Domini Johannis Dei gratia Comitis armaniaci, fesenciati et Rutheni, et Radellen-
sis, vicecomitisque Leomanie et alta villa-
ris, ac Domini terre ripparie fecit homagium Infrascriptum dicto Domino Comiti,
ut vicecomiti Leomanie presenti et sollemp-
niter stipulanti, et fidelitatis prestitit Juramentum Supra librum missalem, et crucem existentes Supra genua dicti Domini
Comitis Sic dicendo quod ipse Domicellus condominus de Sancto anito deueniebat hominem, et Vassallum ipsius Domini Comitis,
et promisit et Jurauit ut supra ipse Domicellus, quod esset dicto Domino Comiti bonus vassallus, et fidelis, et Custodiret corpus,
vitam et membra ipsius Domini Comitis, et
eius Secreta, que sibi manifestaret, Consiliu-
que bonum, quotiens per eundem Dominum
comitem fuerit requisitus, sibi daret, et eidem
Domino Comiti tanquam Domino suo Superiori, et Inmediato, et Justitiarijs, ac officiarijs Suis hobedientiam prestaret, utiliaque
sua sibi Domino Comiti procuraret, et Inutilia pro viribus euitaret, et omnia alia, et
singula

singula Capitula contenta in sacramento
fidelitatis fideliter adimpleret. Quibus actis
ibidem dictus Dominus Comes sponte dic=
tum homagium, et fidelitatis Juramentum
ab eodem arnaldo. Saluo in omnibus Jure
suo, et quolibet alieno accepit, et in signum
amoris inter ipsos osculum Interuenit et
Jbidem dictus Domicellus condominus de
Sancto anito recognouit, se tenere et debere tenere sub homagio, et fidelitatis Jura=
mento antedictis a dicto Domino Comite
vt supra stipulanti, suosque predecessores tenuisse ab eodem, seu predecessoribus
suis Leomania Vicecomitatibus ea qua
sequuntur, videlicet quartam partem dicti
loci de Sancto Anito sibi contingentem con-
frontatatam in Jnstrumentis antiquis
dicitur continere. Item etiam omnes, et
quascumque alias res suas, quas habet, te=
net, et possidet in pertinentijs dicti loci de
Sancto anito cum earum, et cuiuslibet ea=
rumdem juribus, Dominijs, deuerijs, Jurisdictionibus, et pertinentijs vniuersis. De quibus omnibus vniuersis et singulis supradic=
tis tam dictus Dominus Comes, quam etiam

dictus

dictus Dominus Comes, quam etiam dictus arnaldus Domicellus memoratus requisiderunt
me notarium Infrascriptum, ut sibi et eorum cuilibet facere et constare publicum Instrumentum, quod et qua Ego notarius infrascriptus sibi, et eorum cuilibet concessi prout de Jure auctoritate dicti mei publici officij facere poteram, et debebam. Acta fuerunt
hæc anno die mense, loco, et Regnante quibus
supra, et dicto Domino Comite in dictis suis
Comitatibus, ac terra ripparia Dominante,
et Domino Viguerio Episcopo Lactorensi
existente testibus præsentibus ad præmissa Vocatis spetialiter, et Rogatis Dominis arnaldo
de Leomania Domino de Juniatg, Johanne Domino de faudoanis, Geraldo de Saictio, Domino de Villanoueta, Amaneuo de montepensato militibus, Petro Baiuli Cancellario, Guillelmo de Ciuitatis Judice ordinario
Leomaniæ, francisco de Vauro Licentiato
in legibus, Joanne de Jardino Præsbitero
auxensi, magistro Petro de Maynes Secretario dicti Domini Comitis, Et me petro
Jouini Clerico ciue Caturci auctoritate regia
publico notario, ac etiam auctoritate dicti
                                    Domini

Domini Comitis per totam terram suam,
eiusque pertinentias, et ressortum,
qui requisitus ut supra de præmissis omnibus et singulis hoc præsens publicum
Instrumentum inquisiui, sumpsi et recepi,
et in meo prothocollo posui, et fideliter
notaui, et in hanc formam publicam
pro parte dicti Domini Comitis redigi feci
per Johannem de Balmelis Clericum Diocesis Caturcensis fidelem Coadiutorem
meum in hac parte juratum, et facta Collatione cum originali Inferius manu mea
propria me subscripsi, et signo meo solito,
quo vtor auctoritate dicti Domini Comitis in publicis Instrumentis sequenti
signaui Petrus Jouinio

Extraict et collationné de la grosse trouuée entre les
papiers non Inuentoriés de cauchiuve du tresor de sa
Maiesté En la Ville de Rodez, à laquelle auoit d'aultres
piecces aussi trouuéés Entre les d. papiers il à esté fait
vn liasse En laquelle la d. brosse est cottée dolotte C.25,
Par lordre en la presence de Messire Iean de Doar conser
du Roy en son conseil & president en la chambre des comptes
de Nauarre et comm.re sauve deputé par lettres patentes

de Sa Majesté du premier Aoust dernier pour faire recherche dans les archives des abbayes et autres communautés ecclésiastiques et séculières de la province de Guienne des titres concernant les droits de Sad. Majesté ou qui pourront servir a l'histoire faire faire des extraits de ceux qu'il jugera necessaires et les envoyer au garde de la Bibliotheque Royalle. Par moy Gratian Capot huissier de lad. Chambre par elle commis pour faire les extraits des titres des archives de Sa Majesté de son ressort par sa lettre du vingt troisiesme juin en cas qu'au octobre 97 soixant sept es greffiers d'office en lad. commission fait à Rodés le vingt troisiesme Aoust mil six cens soixante sept

Capot

Acte de l'homage fait a Jean Comte D'armagnac par Montosinus de Podio Conseigneur des Ulmes, pour ladite Conseigneurie Soubs la redeuance d'un Sanglier ou d'un Manteau de Drap vert de Panno gordon.

Du 29 Nouembre 1377.

In nomine Domini Amen. Nouerint Vniuersi et singuli præsentes pariter et futuri, huius præsentis publici Instrumenti Seriem Inspecturi, Visuri, Lecturi ac etiam audituri, quod anno Dominj millesimo trecentesimo septuagesimo septimo, die vicesima nona mensis nouembris, regnante Serenissimo et Illustrissimo Principe Domino Karolo, Dej gratia, francorum Rege, in mej notarij Infrascripti et testium Subscriptorum, ad hæc Specialiter vocatoru et rogatorum præsentia personaliter constitutus Nobilis Monthosinus de Podio condominus de Ulmis, in Leomania gratis et

sponte, genibus flexis, et abstracto Capucio, ac manibus Complosis, siue Iunctis, existent: inter manus Egregij et magnifici Domini Domini Iohannis Dei gratia Comitis Armaniaci, Fesensiaci, Ruthenæ, et Kadrellensis, Vicecomitisque Leomaniæ, et altriuillaris ac Dominj terræ Rippariæ, fecit homagium pro infrascriptis dicto Domino Comitj, præsentj et solemniter stipulantj, et fidelitatis præstitit Iuramentum, supra Librum missalem, et Crucem existentes supra genua dicti Dominj Comitis, sic dicendo, quod ipse Monthosinus deueniebat hominem et vassallum ipsius Dominj Comitis, et promisit et iurauit vt supra, ipse Monthosinus quod esset dicto Domino Comitj bonus vassallus, et fidelis et Custodiret corpus vitam et membra ipsius Dominj Comitis, et eius secreta, quæ sibj manifestaret consilium que bonum quotiens per eundem Dominum Comitem fuerit requisitus, sibj daret et eidem Domino Comitj et iustitiarijs ac officiarijs Suis, obedientiam præstaret vtiliaque Sua, sibj domino Comitj procuraret, et inhabilia pro posse Suo euitaret, et omnia alia Capi:
:tula

tula contenta in Sacramento fidelitatis, fideliter adimpleret, quibus actis, ibidem dictus Dominus Comes sponte dictum homagium, et
fidelitatis iuramentum ab eodem Monthosi-
no, salvo iure suo, et quolibet alieno, accepit
et in signum amoris inter ipsos, osculum
interuenit, et ibidem dictus nobilis Monthosinus, recognouit se tenere et debere tenere
sub homagio, et fidelitatis iuramento, antedictis, a dicto Domino Comite, vt supra stipulante suosque praedecessores, tenuisse ab eodem
seu praedecessoribus suis armaniaci Comitibus,
ea, quae sequntur videlicet dictum locum de
Vlmis, cum suis iuribus et pertinentiis vniuersis confrontatum, prout in instrumentis
antiquis continetur, pro quo loco de Vlmis
debet dicto Domino Comiti dare et soluere
tenetur eidem in mutatione Domini, vel vassalli, tociens quotiens casus euenerit, vnum
porcum siue aprum, aut vnum mantellum
viridem de panno de gordonensi; de accapito
quem porcum, siue aprum dictus Dominus
Comes recognouit se habuisse ab ipso Montho-
sino, ista vice, et de eodem ipsum Monthosi

num, et suos ac sua voluit, liberauit, soltauit
et quittauit, de quibus omnibus et singulis
supradictis, tam dictus Dominus Comes,
quam etiam dictus monthasinus, requisiuerunt me notarium infrascriptum, vt
sibi et eorum cuilibet facerem, et conficerem
publicum instrumentum, quod et quæ Ego
notarius infrascriptus sibi, et eorum cuilibet concessi, prout de iure authoritate dicti
mei officij poteram et debebam. Acta fuerunt
hæc apud miradors leomaniæ, anno die
mense et regnante, quibus supra, Et dicto
Domino Comite in dictis suis comitatibus,
et Vicecomitatibus, ac terra rippariæ dom-
nante. Testibus præsentibus ad præmissa
vocatis et rogatis, Dominis Arnaldo de leomaniæ, Domino de furnato, Johanne Domino de faudoanis, Geraldo de faulino Domino de Villa noueta, Amanerio de Montepensato, militibus, Petro Baiuli Cancellario, Guillelmo de ciuitate iu dice ordinario
leomaniæ, licenciato in legibus, francisco
de Vauro licenciato in legibus, Johanne de
Gardino præsbitero, auxitanensi, magistro
petro

Petro de Mayres Secretario dicti Domini
Comitis, Et me Petro Jouini Clerico Ciue Ca-
turcensi, authoritate regia publico notario,
ac etiam authoritate dicti Domini Comitis
per totam terram eiusque pertinentias et
ressortum, qui requisitus, ut supra, de praemissis omnibus et singulis, hoc praesens
publicum instrumentum inquisiui, sumpsi et recepi, et in meo prothocollo posui, et
fideliter notaui, et in hanc formam publicam, pro parte dicti Domini Comitis
redigi feci, per Johannem de Valmelis Clericum fidelem Coadiutorem meum, in hac
parte iuratum et facta Collatione cum originali infenius manu mea propria me
Subscripsi, et signo meo solito, quo utor
authoritate dicti Domini Comitis, in publicis instrumentis sequenti, signaui.
Signé Petrus Jouinjo

Extrait et collationné du sagroste trouvé entre les papiers
non Inuentoriés dorchiuer derauthieur du Saumaiste
en la ville de Rodes Ilaquelle auoir dautres pieces
aussi trouuées entre lesd. papiers Il a esté fait une
liasse en laquelle lad. broste a esté cotée dolitre Z, 26. par

lordre et en la presence de Maistre Jean de Doat conseiller du Roy en son conseil president en la Chambre des comptes de navarre et commissaire deputé par lettres patentes de Sa Maiesté du premier Avril dernier Pour faire recherche dans les archives des Abayes et autres communautés Ecclesiastiques et Seculieres de la province de Guienne des titres concernant les droits de Sad. Maiesté ou qui peuvent servir à lhistoire faire faire des extraits de ceux quil Jugera necessaires et les envoyer en garde de Sad. Bibliotheque Royalle Par moy Brian Capot huissier de lad. Chambre Par elle commis pour faire les extraits desd. titres de larchive de Sauvaisté de son ressort par Son arresté des vingt troisieme Juin et neufieme octobre a Sr. Toulouse Set et grossier doffice en lad. commission Faict a Rodez le vingt troisieme Aoust Mil Six cens Soixante Sept

Capot

Acte de l'homage fait par Poncius seigneur de Gardia, à Jean Comte d'Armagnac pour le dit lieu de Gardia, et la Tour de Lasmoscas.

Du 29. nouembre 1377.

In nomine Domini Amen.

Nouerint vniuersi, et singuli praesentes, pariter et futuri, huius praesentis, publici instrumenti seriem inspecturi, visuri, lecturi, ac etiam audituri, quod anno domini millesimo trecentesimo septuagesimo septimo, die vicesima nona mensis nouembris, regnante Serenissimo, et Illustrissimo Principe Domino Karolo, Dei gratia francorum Rege, in mei notarij infrascripti, et testium subscriptorum ad haec specialiter vocatorum, et rogatorum praesentia, personaliter constitutus, Poncius dominus de Gardia domicellus, gratis et sponte genibus flexis, et abstracto Capucio, ac manibus complosis, siue iunctis existentibus, inter manus Egregij, et magnifici Domini, Domini Iohannis, Dei gratia Comitis Armaniaci, fesenciaci, Ruthenae et Kadrellensis, vicecomitisque Leomaniae, et altiuillaris, ac Dominj terrae Ripparia

fecit homagium pro infrascriptis dicto Domino
Comiti, praedicti et solemniter stipulanti, et fidelitatis praestitit iuramentum supra librum missalem
et crucem existentem supra genua dicti Domini Comitis, sic dicendo, quod ipse Poncius Dominus de
Iardia Domicellus, deveniebat hominem et vassallum
ipsius Domini Comitis, et promisit et iuravit, ut
supra ipse domicellus, quod esset dicto Domino Comiti bonus vassallus, et fidelis, et custodiret corpus vitam
et membra ipsius domini Comitis et eius Secreta, qua
sibi manifestaret, conciliumque bonum quotiens per
eundem Dominum Comitem fuerit requisitus sibi
daret, et eidem Domino Comiti, et iusticiarijs, ac officiarijs suis hobedientiam praestaret, utiliaque sua
sibi domino Comiti procuraret, et inutilia pro posse
suo evitaret, et omnia alia, et singula capitula contenta in sacramento fidelitatis fideliter adimpleret,
quibus actis ibidem dictus dominus Comes praedictum homagium et fidelitatis iuramentum ab
eodem poncio, salvo iure suo, et qualibet alieno accepi
et in signum amoris inter ipsos osculum intervenit, et
ibidem dictus domicellus recognovit se tenere et debere
tenere sub homagio et fidelitatis iuramento antedicto
a dicto domino Comite, ut supra stipulante, suosque
praedecessores tenuisse ab eodem, seu praedecessoribus
suis

suis Armaniaci Comitibus, ea quæ sequuntur, videlicet præductum locum de gardia, et Suarim de las
moscas alias de .... Sanch Miquelum, eorum
iuribus, iurisdictionibus, dominijs, deueriis ex pertinentijs
uniuersis confrontatum, prout in instrumentis antiquis latius continetur. De quibus omnibus uniuersis et singulis, tam dictis supradictis Dominus Comes quam
etiam dictus Poncius domicellus memoratus, requisiuerunt me notarium infrascriptum et eorum cuilibet facerem, et conficerem publicum instrumentum,
quod et quæ ego notarius infrascriptus, sibi et eorum
cuilibet concessi, prout de iure authoritate dicti mei
officij publici facere poteram et debebam. Acta fuerunt hæc apud miradors Leomaniæ, anno, die, mense,
et regnante quibus supra, et dicto domino Comite
in dictis suis Comitatibus, et vicecomitatibus ac terra
Ripparie dominante. Testibus præsentibus ad
præmissa vocatis specialiter et rogatis, dominis Arnaldo de Leomania domino do Iuniaco, Iohanne
Domino de Faudoanis, Geraldo de Saulino, domino
de Villanoueta, Amaneuo de Montepensato militibus. Petro Baiuli cancellario dicti Dominj Comitis, Guillelmo de Ciuitate, Iudice ordinario Leomaniæ, licenciato in legibus, Francisco de Brauro licenciato etiam in legibus, Iohanne de Sardino presbitero

auxitanensi, magistro Petro de Maires, secretario
dicti domini Comitis. Et me Petro Jouini Clerico, ciue Caturci, authoritate Regia publico notario, ac
etiam authoritate dicti Domini Comitis per totam
terram suam eiusque pertinentia ac et ressortum
qui requisitus, ut supra de praemissis omnibus et
singulis hoc praesens publicum instrumentum
inquisiui, sumpsi et recepi, et in meo prothocollo
posui et fideliter notaui, et in hanc formam publicam, pro parte dicti domini Comitis redigi feci,
per Johannem de Balmelis clericum diocesis Caturcensis, fidelem coadiutorem meum, in hac part
iuratum, et facta collatione, cum originali inferius manu mea propria me subscripsi et signo
meo solito, quo utor, authoritate dicti Domini
Comitis in publicis instrumentis sequenti signauj. Petrus Jouini

Extrait a collationé de sagrosse trouué entre les papiers
non Inuantoriés dar authinne directricz de samarestel
En la ville de Rodez. De laquelle auec dautres piecces
ausi trouuées Entre les d. papiers Il a esté fait une liasse
En laquelle lad. grosse est cotée du lotte R 32, Paulo-
li en la presence de Messire Jean de Doat consoller du Roi
en sa conseils president en la chambre de comptes de
Nauarre et commissaire deputé par lettres patentes de

Sa Majesté du premier Avril dernier Pour faire recherche
dans les archives des Abayes et autres communautés
Ecclesiastiques et seculieres de la province de Guienne des
titres concernans les droits de Sad. Majesté ou qui pourroit
servir à l'histoire faire faire des extraits de ceux quil jugera
necessaires être envoyes au garde de la Bibliotheque Royalle
par moy Sebastien Capot huissier de lad. Chambre par elle
commis pour faire les extraits des titres des au heure de sa
Majesté de son rendu par sa recette du vingt troisième
juin et neufième octobre après soixante six à greffer dossier
en lad. commission fait à Rodés le vingt deuxième
Aoust Mil six cens soixante sept

Capot

Acte d'homage fait par Oddo de Montaut, seigneur de Cacromonte à Jean Comte d'Armagnac, et de Rodez du Lieu de Cacromonte auec ses apartenances, et pour d'autres droits y exprimés

Du 29 Nouembre 1377

In nomine Domini Amen.
Nouerint vniuersi, et singuli praesentes pariter, et futuri huius praesentis publici instrumenti seriem inspecturi, visuri, Lecturi, ac etiam audituri, quòd anno Domini millesimo trecentesimo septuagesimo septimo, die vicesima nona mensis nouembris, regnante Serenissimo, et Illustrissimo Principe Carolo Dei gratia franchorum Rege in mei notarij infrascripti, et testium Subscriptorum ad hoc specialiter vocatorum, et rogatorū praesentia personaliter constituti.

Dominus Oddo de Montealto, dominus de Acromonte, Miles gratis, et sponte genibus flexis absque Caputio, et Zona, et manibus complosis siue junctis existentes inter manus egregij, ac magnifici Domini Domini Johannis Dei gratia Comitis Armaniaci, Fezenciaci, Ruthenae, et Radpellensis, vicecomitis que Leomaniae, et altiuillaris, ac Domini terrae Ripariae, et Ripralibrum Missalem, et Crucem fecit homagium pro infrascriptis dicto Domino Comiti, et vicecomiti praedicto praesenti, et solempniter stipulanti, et fidelitatis praestitit juramentum supra dictum librum Missalem et Crucem existentes supra genua dicti Domini Comitis, et vicecomitis, sic dicendo quod ipse Dominus Oddo de Montealto deueniebat hominem, et vassallum ipsius Domini Comitis, et vicecomitis, et promisit, et iurauit ut supra, quod ipse Dominus Oddo esset dicto Domino Comiti, et vicecomiti bonus vassallus, et fidelis, et custodiret corpus, vitam.

vitam, et membra ipsius Domini Comi=
tis, et eius Secreta, quæ sibi manifestaret,
Consilium que bonum quotiens per
eundem Dominum Comitem fuerit
simpliciter requisitus sibi daret, et
eidem Domino Comiti, et Iusticiariis, ac
officiariis suis obedienciam præstaret,
utiliaque sua sibi Domino Comiti pro=
curaret, et inutilia pro posse suo evita=
ret, et omnia alia Capitula contenta
in Sacramento fidelitatis fideliter adim=
pleret. quibus actis ibidem dictus Domi=
nus Comes, et ut Vicecomes prædictus
Sponte dictum homagium, et fidelitatis
juramentum ab eodem domino Oddone,
suo iure saluo, et quolibet alieno acce=
pit, et in signum amoris inter ipsos
osculum interuenit, et ibidem dictus do=
minus Oddo recognouit se tenere, et te=
nere debere sub homagio, et fidelitatis
juramento antedictis a dicto Domino
Comite, et vicecomite ut supra stipulan=
ti, suosque prædecessores tenuisse ab eode̅,
seu prædecessoribus suis vicecomitibus

Leomaniæ, et aliiuillaris ea quæ sequuntur, videlicet Locum de acromonte cum suis pertinentiis, et iuribus vniuersis cũ iusticia alta, media, et bassa, meroque et misto imperio confrontatum, prout in instrumentis antiquis continetur, pro quo Loro de acromonte debet dicto Domino Comiti, et Bicecomiti dare, et soluere tenetur eidem in mutatione Domini, vel vassalli totiens quotiens casus euenerit conum par cirotherarum de accapito. Item partem, quam habet in Loro de Oriis, et eius pertinentiis, videlicet tertiã partem cum alta iusticia, media, et bassa. Item territoria, quæ habet in Locis, et pertinentiis de Sancto claro, de Pluuiis, de Castro Rubeo, et de Miratoris. Item et factum de Puerii d'Aruis in pertinentijs de Miratoris. Item, et omnia quæ habet, tenet, et possidet in Loro, et pertinentiis Insulæ embosonis, pro quibus debet dicto Domino Comiti dare, et soluere tenetur eidem in mutatione Domini, vel vassalli totiens, quotiens casus euenerit

aliud

aliud par cirothecarus de accapito, quæ quidem paria cirothecaru dictus Dominus Comes utroq nouit se habuisse ab ipso Domino Oddone ista vice, et de eisdem duobus paribꝰ cirothecaru prædictis ipsum Dominum Oddonem, et suos, et sua soluit, et liberauit, soltauit, et quittauit. De quibus omnibus, et singulis supra dictis tam dictus Dominus Comes, quam etiam dictus Dominus Oddo requisiuerunt me notarium infrascriptum, ut sibi, et eorum cuilibet facerem, et conficerem publicum instrumentum, quod, et quæ ego notarius infrascriptus sibi, et eorum cuilibet concessi, prout de juris authoritate dicti mei officij poteram, et debebam. Acta fuerunt hæc apud Miradors Leomaniæ anno, die, mense, et regnante quibus supra, et dicto Domino Comite, in dictis suis Comitatibus, et vicecomitatibus, ac terra Ripparia Dominante. Testibus præsentibus ad præmissa vocatis, et rogatis, Dominis Arnaldo de Leomania, Domino de

de Jumato, Johanne Domino de Saudanis, Gerardo de Jautino, Domino de Villanoueta, Amaneuo de Montepensato militibus Petro Baiuli Cancellario, Guillermo de Ciuitate Iudice ordinario Leomaniæ, Licenciato in legibus, francisco de Bauro Licenciato in legibus, Johanne de Jardino præsbitero Auxitano Magistro Petro des Maires secretario dicti Domini Comitis. Et me Petro Jouinÿ clerico Curiæ Caturci authoritate Regia publico notario, ac etiam authoritate dicti Domini Comitis per totam terram, eiusque pertinentias, et ressortum, qui æquisitus Ut supra de promissis omnibus, et singulis hoc præsens publicum instrumentum inquisiuÿ Romp^{si}, et recepi, et in mea prothocollo posuiÿ et fideliter notaui, et in hanc formam publicam pro parte dicti Domini Comitis redigi feci per Johannem de Balmet Clericum diocesis Caturcensis, fidelem coadjutorem meum in hac parte Juratum. et facta collatione cum originali inferius manu mea propria me subscripsÿ.
et Signo meo

et Signo meo Solito, quo vtor authoritate dicti Domini Comitis in publicis instrumentis Sequenti Signaui. Petrus Jouinÿ.

Extraict et collationné de lagrosse trouuée entre
les papiers meslés des archiues des titres de Samaiesté en la ville de Rodés. laquelle auec dautres
pieces aussi trouuées entre lesd. papiers meslés Ha
esté faict une liasse en laquelle lad. grosse est cotée
P. 21. Par lordre et en la presence de me Jean de doat
conseiller du Roy en ses conseils president en la chambre
des comptes de nauarre et commissaire depute par lettres
patentes de Sa maiesté du premier Auril dernier pour faire
recherche dans les archiues des Abbayes et autres communautés Ecclesiastiques et seculieres de la prouince
de Guienne des titres concernans les droits de Sadite Ma:
iesté ou qui pouront seruir a lhistoire. Sur faire des
extraicts de ceux quil Jugera necessaires estre enuoyés au
garde de la Bibliotheque Royalle par Moy Gratian
Capot huissier de lad. Chambre par elle commis pour
faire les extraicts des titres des archiues de Sa maiesté
de son ressort par lettres des dix Vingt troisieme
Juin et neufieme octobre 9bre Soixante six en exerssant
doffice en lad. commission faict a Rodés le cinq.e
Aoust Mil Six cens soixante sept

Capot

Acte de l'homage fait par Pilifortis de Lucomonte a Jean Comte d'Armagnac pour les conseigneuries de Maurosio, Estreunaco et de Pessolenchis.

Du 29. Novembre 1377.

In Nomine Domini Amen. Nouerint Vniuersj et Singulj præsentes pariter et futurj huius præsentis publicj Instrumentj seriem Inspecturj, visurj Lecturj, ac etiam auditurj, quod anno Dominj millesimo trecentesimo septuagesimo septimo, die vicesima nona mensis Nouembris, Regnante Serenissimo et Illustrissimo Principe, Domino Karolo Dej gratia francorum Rege, in mej notarij Infrascripti et testium subscriptorum ad hæc specialiter vocatorum et rogatorum præsentia, personaliter constitutus nobilis Dominus Cilifortis de Lucomonte miles condominus

Locrum de Mairosio de Arenuaco, et de
Pessolenchij, gratis et sponte gebibus
flexis, et absque Capucio, ac manibus
Complosis siue gunctis existentibus inter
manus Egregij, et magnifici Dominj Dominj Johannis Dei gratia Comitis Armanhacj, fezensiacj, Ruthenæ, et Kadrellensis, vicecomitisque Leomaniæ et
altiuillaris ac Dominj Terræ Rippariæ
fecit homagium pro infrascriptis dicto
Domino Comiti præsenti, et solempniter
stipulanti, et fidelitatis præstitit gura-
mentum supra librum missalem, et Crucem existentes supra genua dicti Dominj
Comitis, sic dicendo, quod ipse Dominus
Bilifortis de Lucomonte deueniebat hominem, et vassallum ipsius Dominj Comitis, et promisit, et gurauit vt supra
ipse Dominus Bilifortis, quod esset
dicto Domino Comite bonus vassallus
et fidelis, et custodiret Corpus, vitam et
membra ipsius Dominj Comitis, et
eius secreta quæ sue Manifestaret, consiliumque bonum quotiens per eundem
Dominū

Dominum Comitem fuerit requisitus
sibj daret, et eidem Domino Comitj et
gustitiariis ac officiariis suis obedientiam
præstaret, utilia quæ sua sibj Domino
Comitj procuraret, et in utilia pro posse
suo euittaret, et omnia alia et singula
Capitula contenta in Sacramento fidelitatis fideliter adimpleret. quibus actis
ibidem dictus dominus Comes Sponte dictum homagium, et fidelitatis gurame-
ntum ab eodem Domino Cilifortis, saluo
gure suo et quolibet alieno, accepit et in
signum amoris inter ipsos osculum gnter-
uenit, et ibidem dictus nobilis Dominus
Cilifortis recognouit se tenere, et debere
tenere sub homagio, et fidelitatis guram-
ento ante dictis, a dicto Domino Comite
ut supra Stipulante, suos quæ prædecessores tenuisse ab eodem seu prædecessoribus suis Armanhacj Comittibus eaquæ
seguntur; videlicet partem quam habet
in prædictis locis de Mairosio destrenu-
aco, et de Pessolenquis, et aliis quæ habet
in   cum eorum guribus, guridictionibus

Dominiis, deueriis, et Pertinentiis Vniuersis confrontatis, prout in Instrumentis antiquis continetur; de quibus omnibus Vniuersis et Singulis Supradictis tam dictus Dominus Comes quam etiam dictus Dominus Silifortis, requisiuerunt me notarium infrascriptum, ut sibj et eorum cuilibet facerem et conficerem publicum Instrumentum, quod et quæ Ego notarius infrascriptus Sibj et eorum Cuilibet Concessj, prout de iure auctoritatis dicti mej officij poteram, et debebam. Acta fuerunt hæc apud Miradori Leomaniæ, anno die mense et Regnante quibus Supra, et dicto Domino Comite, in dictis Suis Comitatibus, et viccomitatibus, ac terra Ripparia dominante; Testibus præsentibus ad præmissa vocatis Specialiter et Rogatis Dominis Arnaldo de Leomaniæ Domino De Iuriato, Johanne Domino de Sandoanis, Geraldo de Iaulino, Domino de Villanoueta, Amaneuo de Montepensato militibus, Petro Baiurs Cancellario dicti

dicti Dominj Comitis, Guillelmo de Ciuitate judice ordinario Leomaniæ Licenciato in Legibus, francisco de Bauro Licenciato etiam in Legibus, Johanne de Jardino præsbitero Auxitanense, Magistro Petro de Maires Secretario dicti Dominj Comitis, et me Petro Jouinj clerico Ciue Caturcj auctoritate Regia publico notario, ac etiam auctoritate dicti Dominj Comitis per totam terram Suam eiusque pertinentias, et resortum, qui requisitus vt Supra de præmissis omnibus et Singulis, hoc præsens publicum Instrumentum inquisiuj Sumpsj et recepj, et in meo prothocollo posuj et fideliter notauj, et in hanc formam publicam pro parte dicti Dominj Comitis redigi feci per Johannem de Balinelis clericum diocesis Caturcensis fidelem Codiutorem meum in hac parte juratum, et facta collatione cum originalj inferius manu mea propria me Subscripsj, et Signo meo Solito quoutor auctoritate dicti

Domini Comitis in publicis instrumentis sequentibus signavi. petrus Jouini

Extraict et collationné de la grosse trouvée entre les
papiers moderés des archives du trésor de sa majesté
en la ville de Rodès. de laquelle aves desdits expedier
audit trouvée entre lesd. papiers moderé. Il a été fait
une liasse en laquelle lad. grosse est restée de l'ordre. Mr
Paul ordre et en la présence de M[aîtr]e Jean Dadou conseiller
du Roy en ses conseils presidant en la chambre des comptes
de Navarre et commissaire deputé par lettres patentes de sa
majesté du premier Avril dernier pour faire recherche dans
les archives dud. Abayes et autres communautés desd.
archives en particuliers de la province de Guienne des titres
concernans les droicts de sad. Majesté ou qui peuvent
servir a l'histoire faire faire des extraicts de ceux quil
Jugera necessaires et les remettre au garde de la bibliotheque
Royalle. Par moy Bratian Capot huissier de lad. chambre
que elle commis pour faire lesd. extraicts avec ceux des archives de sa majesté de son ressort par son arrest des
vingt troisiesme Juin et neufsiesme octobre q. b. Soixante
six. grossié d'office en lad. commission. Sict a Rodez
le cinquiesme Aoust Mil six cent soixante sept
                                                Dadou

                                                Capot

Acte de l'homage fait par Aymeric de Preyssac à Jean Comte d'Armagnac et de Rodés et Vicomte de Lomagne pour la conseigneurie de Blanquet et autres terres y exprimées.

Du 29. Novembre 1377.

In Nomine Domini Amen. Nouerint Vniuersj & Singulj præsentes pariter et futurj, huius præsentj publicj Instrumentj Seriem Inspecturj, visurj, lecturj ac etiam audiurj, quod Anno Dominj millesimo trecentesimo Septuagesimo Septimo, die vicesima nona mensis Nouembris, apud Locum de Miratoriis, Regnante Serenissimo et Illustrissimo Principe Domino Karolo Dej gratia francorum Rege, in mej notarij Infrascriptj, et testium Subscriptorum ad hæc Specialiter vocatorum et rogatorum præsentia; personaliter constitutus Aymericus de Preyssaco Domicellus Condominus locj de Blanqueto, gratis et Sponte

genibus flexis et abstractis et manibus complosis siue junctis existentibus inter manus Egregij et magnifici Dominj Dominj Johannis Dei gratia Comitis Armanhaci, Fezenciaci, Rutheniæ et Cadrellensi viceComitisque Leomaniæ et altiuillari ac Dominj terræ Ripparie, fecit homagium pro jnfrascriptis dicto Domino Comiti et Vicecomiti Leomaniæ, præsenti et solempniter Stipulanti, et fidelitatis præstitit juramentum supra librum missalem et Crucem existentes supra genua dicti Dominj Comitis sic dicendo, quod ipse Domicellus deueniebat hominem et vassallum ipsius Dominj Comitis, et promisit, et jurauit ut supra ipse Domicellus, quod esset dicto Domino Comiti bonus vassallus et fidelis, et Custodiret corpus vitam et membra ipsius Dominj Comitis et eius secreta quæ sibj manifestaret, consiliumque bonum quotiens per eundem Dominum Comitem fuerit requisitus sibj daret, et eidem Domino Comiti et justiciariis ac officiariis suis
obedientiā

obedientiam præstaret, vtiliaque sua sibj
Domino Comiti procuraret, et in vtilia pro posse suo euitaret, et omnia alia
et singula Capitula contenta in Sacramento fidelitatis fideliter adimpleret, quibus factis ibidem dictus Dominus Comes
sponte dictum homagium, et fidelitatis
juramentum ab eodem Aymerico, saluo
iure suo ac quolibet alieno accepit et in
signum amoris inter ipsos osculum
jnteruenit, et ibidem dictus domicellus
condominus dicti loci de Blanqueto recognouit se tenere, et debere tenere sub
homagio et fidelitatis juramento antedictis a dicto Domino Comite vt supra
stipulantj, suosque prædecessores tenuisse
ab eodem seu prædecessoribus suis Leomaniæ
Vicecomitibus, eaquæ sequntur. Videlicet partem quam habet, tenet et possidet in
dicto loco de Blanqueto sibj contingentem.
Item et territorium de Casta, quod est
inter dictum locum de Blanqueto, et
locum de Cadilhano. Item et territoriu
de Lafota, quod est inter loca de Blanqueto

et de Veyrerijs Scituatum, confrontatum prout in Instrumentis antiquis dicitur contineri, cum eorum Juribus, Dominiis deueriis Juridictionibus, et Pertinentiis Vniuersis, de quibus omnibus et Singulis et Singulis Supradictis tam dictus Dominus Comes quam etiam dictus Aymericus Domicellus memoratus requisiuerunt me notarium Infrascriptum, vt sibj et eorum Cuilibet facerem et conficerem publicum Instrumentum, quod et quæ Ego notarius Infrascriptus sibj et eorum Cuilibet Concessj, prout de iuris authoritate dictj mej publicj officij facere poteram et debebam. Acta fuerunt hæc anno die mense loco et Regnante quibus Supra, et dicto Domino Comite in dictis Suis Comitatibus et Vicecomitatibus ac terra Rippariæ Dominante Testibus præsentibus ad præmissa vocatis specialiter et rogatis Dominis Arnaldo de Leomania Domino de Juncato — Johanne Domino de faudoanis Geraldo de Gaulino Domino de Villanoueta, Amaneuo

amaneuo de Montepensato militibus, Petro
Baiulj Cancellario, Guillelmo de Ciuitate judice ordinario Leomania, francisco
de Bauro Licenciato in Legibus, Johanne
de Jardino presbitero auxitanense,
Magistro Petro de Maino secretario
dicti domini Comitis, et me Petro Jouinj
clerico siue Caturci auctoritate Regia
publico notario, ac etiam auctoritate
dicti Domini Comitis per totam terram
suam, eiusque Pertinentias, et ressortum,
qui requisitus vt supra de premissis omnibus et singulis, hoc presens publicū
Instrumentum inquisiuj, sumpsi et recepi,
et in meo Prothocollo posuj, et fideliter
notauj, et in hanc formam publicam
pro parte dicti Domini Comitis redigi
feci, per Johannem de Baltinelis clericum diocesis Caturcensis fidelem coadiutorem meum in hac parte juratum, et
facta Collatione cum originalj inferius
manu mea propria me subscripsi, et
signo meo solito quo vtor auctoritate
dicti Domini Comitis in publicis —

Instrumentis sequentj signauj. Petrus Jouinj.

Extraict et collationné de la grosse trouvée entre les papiers meslés des archiues des titres de Sa maiesté en la ville de Rodés. Et laquelle grosse auec dautres pieces aussi trouuées entre lesd. papiers meslés il á esté faict une liasse en laquelle lad. grosse est cotée de lre. C. 22. par lordre et en la presence de Mothe Iuan de Doat conseiller du Roy en ses conseils president en la chambre des comptes de Nauarre et commissaire deputé par lettres patentes de Sa maiesté du premier auril dernier pour faire recherche dans les archiues des abayes et autres communautés Eclesiastiques et seculieres de la prouince de Guienne des titres concernant les droicts de sad. maiesté ou qui pourront seruir A lhistoire faire faire des extraicts des titres quil Jugera ne debuoir estre enuoyés au garde de la Bibliotheque Royalle par moy Gratian Capot huissier de lad. chambre par elle commis pour faire les extraicts des titres des archiues de Sa maiesté de son resort par ses arrestes des vingt troisieme Juin et dixiesme octobre mil six cens soixante six et grossier d'offre en lad. commission faicts A Rodés le sixiesme aoust mil six cens soixante sept

Capot

Acte de l'hommage fait par Gualin de Montaut à Jean Comte d'armagnac et vicomte de Lomagne, du terroir de Podio, heure et autres y exprimés.

Du 29.º nouembre 1377.

In nomine Domini Amen. Nouerint vniuersi, et singuli præsentes pariter et futuri huius præsentis publici instrumenti seriem inspecturi, visuri, lecturi, ac etiam audituri, quod anno Domini millesimo trecentesimo septuagesimo septimo, die vicesima nona mensis nouembris apud locum de Miratorijs, Regnante Serenissimo, et illustrissimo principe Domino Karolo Dei gratia francorum Rege in mei notarij infrascripti, et testium subscriptorum ad hæc specialiter vocatorum, et rogatorum præsentia personaliter constitutus nobilis vir Dominus Gualinus de Montealto miles gratis, et sponte, genibus flexis, et abstracto Caputio, ac manibus complosis, siue Junctis existens, inter manus

Egregij, et magnifici Domini Domini Johannis
de .... Brandiaci, Ruthene, et Kadrelleuis, ... nania, et
ab.......ris, ac Domini terra Ripparda fecit ho-
.... ipso infrascriptis dicto Domino Comiti
ut vicecomiti .... prestans, et solemniter
stipulanti, et fidelitatis pr.......... juramentum
supra librum missalem, et cruce.... existentes
supra genua dicti Domini Comitis sic dicendo,
quod ipse Dominus Gualinus deveniebat hominem, et vassallum ipsius Domini Comitis,
et promisit, et iurauit ut supra ipse Dominus
Gualinus, quod esset dicto Domino comiti bonus
vassallus, et fidelis, et custodiret Corpus, vitam,
et membra ipsius domini Comitis, et eius secreta
que sibi manifestaret, consilium que bonum, quotiens per eundem Dominum comitem fuerit
requisitus, sibi daret et eidem Domino Comiti
et iusticiarijs, ac officiarijs suis obedientiam praestaret, utiliaque sua sibi Domino Comiti procuraret, et inutilia pro posse suo euitaret, et omnia alia, et singula Capitula contenta in sacramento fidelitatis fideliter adimpleret, quibus
actis — ibidem dictus Dominus Comes sponte
dictum

dictum homagium, et fidelitatis iuramentum ab eodem Domino Gualino, saluo iure suo, et quolibet alieno accepit, et in signum amoris inter ipsos osculum interuenit, et ibidem dictus Dominus Gualinus de Montealto miles praelibatus recognouit se tenere, et debere tenere sub homagio, et fidelitatis iuramento antedictis a dicto Domino Comite, vt vicecomite Leomaniae memorato, vt supra stipulante, suasque praedecessores tenuisse ab eodem, seu praedecessoribus suis Leomaniae Vicecomitibus, ea quae sequntur, videlicet factum de Podio, honore situm in pertinentijs de miratorijs, et quaedam territoria sita in pertinentijs de Popanis, et de Capella, ac etiam de Sancto Claro, et de sita, et de artonio cum eorum iuribus, Dominijs, deuerijs, iurisdictionibus, et pertinentijs vniuersis, quae quidem territoria confrontantur, prout in instrumentis antiquis continetur. De quibus omnibus vniuersis, et singulis supradictis tam dictus Dominus Comes, quam etiam dictus Dominus Gualinus de Montealto miles saepedictus requisiuerunt me notarium infrascriptum, vt sibi et eorum cuilibet facerem, et conficerem publicum instrumentum, quod, et qua Ego notarius. infrascriptus sibi, et eorum cuilibet concessi faciendum, vel facienda, prout et inquantum de iure authoritate dicti mei publici officii facere poteram, et debebam. Acta fuerunt haec anno, die, mense, loco, et Regnante quibus supra et dicto Domino comite in dictis suis Comitatibus, et Vicecomitalibus, ac terra ripparia Dominante, et Domino Vigerio Episcopo lactore existente, testibus praesentibus ad praemissa vocatis specialiter et rogatis Dominis Arnaldo de Leomania, Domino de Jumalo, Johanne Domino de Faudoanis, Geraldo de Saulino, Domino de Villa nouela, Amanevio de Montepensato, militibus, Petro baiuli Cancellario, Guillelmo de Ciuitate iudice ordinario Leomaniae, licenciato in legibus, Francisco de Vauro licentiata etiam in legibus, Johanne de Sardino praesbitero auxitanensi, magistro Petro de Mayres Secretario dicti Domini Comitis. Et me Petro Iouini Clerico Ciue Caturci authoritate Regia publico notario, ac etiam authoritate dicti Domini Comitis per totam terram suam, eiusque pertinentias et ressortum, qui requisitus ut supra de praemissis omnibus, et singulis hoc praesens

sens publicum instrumentum inquisiui, sumpsi, et recepi, et in meo prothocollo posui, et fideliter notaui, et in hanc formam publicam pro parte dicti Domini comitis redigi feci per Johannem de Balmelis clericum Diocesis Caturcensis fidelem Coadiutorem meum in hac parte iuratum, et facta Collatione cum originali inferius manu mea propria me subscripsi, et signo meo solito quo vtor, auctoritate dicti Domini Comitis in publicis instrumentis sequenti Signaui. Petrus Jouini.

Le dixiesme auril mil six cens soixante sept la presente copie a esté bien et deuement vidimée et collationnée sur vne autre copie escrite en parchemin Trouuée au tresor des archiues du Roy en la Ville de Rodez en vn sac de papiers moderne coté Lomagne de laquelle copie auer dautres pieces aussi trouuées entre dautres papiers moderne dudit archiues il a esté fait vne liasse pour estre aioutée a linuentaire desdits titres dudit tresor En laquelle ladite copie est cotée 2.18. Faict moy soubzsigné estant en ladite ville de Rodez a la suitte du Monsieur de Doat conseiller du Roy en ses conseils destat et presidant en la chambre des comptes de Nauarre Suiuant les arrests de ladite chambre des vingt trois Juin et neufiesme octobre derniers.

Capot   Doat

Acte de l'homage fait par Bernard de Serreriys sieur de S.t Martin de Lebret en la Vicomté de Lomagne a Jean Comte d'Armagnac pour led.t lieu de S.t Martin et autres terres y exprimées auec leurs dependances au deuoir d'vn paire de gans blancs pour chacune mutation de Seigneur et de bassal.

Du 23. Decembre 1377.

In nomine Domini amen. Anno incarnationis eiusdem millesimo trecentesimo septuagesimo septimo, die vicesima tertia mensis decembris apud Vitem in Castro vicecomitali dictæ villæ, Regnante Serenissimo principe Domino Karolo Dei gratia francorum Rege, et Egregio et magnifico Domino Domino Johanne eadem gratia Comite Armaniaci, fesensiaci, Ruthenæ, et Cadralensis, Vicecomiteque Leomaniensi, et altiuilaris, et Domino terræ Ripariæ in dictis Comitatibus, et vicecomitalibus, ac terra Ripariæ Dominante, in præsentia mei notarij publici infrascripti, et testium subscriptorum ad hæc specialiter vocatorum et rogatorum personaliter constitutus nobilis Bertrandus de Ferrerijs Domicellus, Dominus loci de sancto Martino de Lebret vila in vicecomitatu leomania sicut dixit, sua sponte, flexis genibus, et absque Caputio, et manibus complosis siue Junctis existentibus inter manus dicti Domini Comitis, et vicecomitis, et supra librum missalem et Canonicum apertum fecit homagium præfato Domino Comiti et vicecomiti, ut vicecomiti leomanensi, et non alias, ac etiam præstitit fidelitatis iuramentum pro infrascriptis per ipsum inferius declarandis, et specificandis, pro quibus idem nobilis Bertrandus de Ferrerijs primo recognouit quod ipse Bertrandus deueniebat hominem eiusdem Domini Comitis, et vicecomitis, et promisit, et firmiter conuenit præfato Domino Comiti, et vicecomiti ibidem præsenti, stipulantique solemniter, et recipienti pro se et suis hæredibus, et successoribus vniuersis, ut vicecomiti prædicto esse eidem Domino Comiti et vicecomiti bonus vassallus et fidelis, eiusdem que Domini Comitis et vicecomitis Corpus, vitam,

et membra

et membra indempnia pro posse suo fideliter custodire, consiliumque, quod sibi Domicellus manifestabit secretum seruare, et eidem tanquam Domino suo superiori et immediato obedientiam prestare, honoremque, vtilitatem, et commodum ipsius Domini Comitis, et vicecomitis pro posse suo procurare, et inutilia pro viribus euitare, et demum omnia et singula alia facere et complere, quæ in sacramento fidelitatis continentur . . . . seu existunt sub rerum suarum infrascriptarum obligatione expressa, et sub renunciatione iuris cuiuslibet, et Cautelæ. quibus actis dictus Dominus Comes, et vicecomes ibidem dictum homagium, et fidelitatis iuramentum a dicto nobili Bertrando de Ferrerijs sponte recepit saluo iure suo et quolibet alieno. et in signum amoris inter ipsos Dominum Comitem, et vicecomitem et Bertrandum osculum interuenit. quibus sic actis ibidem, et eodem instanti præfatus nobilis Bertrandus de Ferrerijs recognouit prædicto Domino Comiti, et vicecomiti, vt supra solemniter stipulanti, se tenere ab eodem, vt a vicecomite prædicto sub homagio, et fidelitatis iuramento

antedictis, et vna cum seruitijs inferius expres:
satis et declaratis ea, quæ sequntur, videlicet dic:
tum locum de Sancto martino de Lebret vna cum
omnibus suis pertinentijs, et cum omni moda
iuridictione alta et bassa, meroque et mixto im:
perio; Cuius quidem loci, pertinentiæ confron:
tantur cum districtu, seu pertinentijs loci de
Castellario, et cum districtu loci de maurosio, et
cum districtibus locorum de Gaudenti villa, de
marsaco, et de Montegaillardo; pro quibus te:
netur soluere vt dixit ipse nobilis Bertrandus
præfato Domino Comiti et vicecomiti, vt vice:
comiti prædicto, et eius hæredibus, vel successo:
ribus vicecomitatuum prædictorum vnum par
Chirotecarum albarum de accapito in mutatio:
ne Domini, vel vassalli. Item recognouit, se te:
nere ab eodem, vt a vicecomite prædicto factum,
siue partem, quod, seu quam ipse nobilis Bertr:
andus habet, et habere debet, et sui prædecessores
habere consueuerunt in loco, et pertinentijs
de Maurosio; pro quibus etiam tenetur vt dixit
soluere modo et forma quibus supra vnam Chi:
rotecam albam de accapito. Item vlterius re:
cognouit, se tenere vt supra a dicto Domino,
vt

vt a viccecomite prædicto territorium, siue factum
de Sancto Creuco prope maurosium cum suis pertinentijs, et omnes oblias, siue census, et alia iura,
Dominia et deueria, quæ idem Domicellus habet,
et habere consueuit in territorio eodem, pro quibus
tenetur soluere dicto Domino Comiti et vicecomiti
vt vicecomiti prædicto modo et forma prædictis
vnum aliud par ~~Ius~~ Chirotecarum albarum de
accapito. Item et factum de artigua frigida situm
prope montem Guallardum cum suis pertinentijs, et cum suis confrontationibus confrontatur;
et omnia alia iura Dominia et deueria, quæ idem
Domicellus habet et habere debet, et sui prædecessores habere consueuerunt in territorio eodem,
et suis pertinentijs antedictis; pro quo territorio
etiam tenetur idem Domicellus modo et forma
prædictis soluere eidem Domino comiti et vicecomiti, vt vicecomiti prædicto, et eius hæredibus,
vel successoribus dictorum vicecomitatuum
vicecomitibus vnum aliud par Chirotecarum
albarum de Accapito in mutatione Domini, vel
vassalli sicut dixit. quas quidem Chirotecas idem
Domicellus prædicto Domino Comiti, et vicecomiti realiter tradidit et exsoluit, ita quod dictus Co-

mes et vicecomes se de dictis Chirotecis habuit
pro contento, et dictum Bertrandum de dictis
accapitis Chirotecarum prædictarum absoluit
penitus quoad istam vicem dum taxat totaliter
penitus et quittauit. de quibus omnibus et singulis
supradictis tam dictus Dominus Comes et vicecomes, quam etiam dictus nobilis Bertrandus de
ferrerijs requisiuerunt me notarium infra scriptum, ut sibi et eorum cuilibet facerem et conficerem publicum instrumentum, quod eisdem,
et eorum cuilibet concessi, prout et in quantum
de iure authoritate dicti mei publici officij facere poteram, et debebam acta fuerunt hæc
Anno, die, mense, loco Regnante et Dominante
quibus supra, testibus præsentibus ad præmissa vocatis et Rogatis Petro de furco alias Caseras, Petro de Gaillardo
Petro Batailla Vaileto Cameræ dicti
Johanne de Marigui loci de Marigui Comitatus Cadralensis, et Domino Amaneuo de Ramundo Rectore de Tosalis Diocesis Caturcensis,
et me Petro Jouini Clerico Curiæ Caturci
publico authoritate Regia, et etiam dicti Domini Comitis et Vicecomitis notario, qui requisitus,
ut

ut supra de præmissis hoc præsens publicum instrumentum inquisiui, et recepi, et in prothocollo meo posui, et fideliter notaui, et in hanc formam publicam redigi feci pro parte dicti domini Comitis et vicecomitis per Geraldum Boerij Clericum fidelem coadiutorem meum in hac parte iuratum, et facta Collatione cum originali inferius manu mea propria me subscripsi, et signo meo solito, quo utor authoritate dicti domini Comitis in publicis instrumentis, sequenti signaui. Petrus Iouini.

Le sixitme Auril mil six cens soixante sept la presente copie a esté bien et duement vidimée et collationnée sur vne aprés escrite en parchemin Trouueé au tresor des archiues du Roy en la ville de Rodés en vn sac de papiers intitulé role sac d'hommages de laquelle copie auec dauteur pieces au sy trouueé entre d'autres papiers intitulés desdits archiues il a esté fait vne liasse pour estre adioustée a l'inuentaire des titres dudit tresor en laquelle ladite copie est cotée dela litre K. 18. Par moy soubzsigné estant en ladite ville de Rodés a la suite de monsieur de Doat conseiller du Roy en son conseil d'estat et president en la chambre des comptes de Nauarre suiuant les arrestz de ladite chambre des vingt trois Juin et neufiesme octobre derniers

Letres de Comission de Louis fils et frere de Roy de france en faueur d'Arnaut Amanieu d'Albret pour vne compaignie de 150 hommes d'Armes et 100 Arbalestriers compris audit nombre menedut et le Bastard d'Armaignac a quarante hommes d'armes en sa compagnie aux gages accoustumez de quinse francqs pour homme d'armes et de sept et demy pour Arbalestrier.

Du 16. feurier 1377.

Loys fils de Roy de france, frere de Monseigneur le Roy. Et son Lieutenant és

parties de Languedoc, et au Duchié de
Guienne. Duc d'Aniou et de Touraine,
et Comte du Maine a nostre bien amé
Estienne de Montmegen Thresorier des
Guerres de Monseigneur et de nous és
dittes parties, ou a son Lieutenant salut.
Sçauoir vous faisons que pour ce que
nostre bien amé Cousin Messire Ar-
:naut. Amenion — seigneur de Lebret
puisse plus efforciement faire guerre
aux Ennemis de Monseigneur et de
nous, estans audit Duchié de Guienne
et endommager le pays que tiennent
lesdits Ennemis qui encore est a con:
:quester, nous á nostredit Cousin auons
donné et donnons par ces presentes
retenue de cent cinquante hommes
d'armes, et cent Arbalestiers comprins
audit nombre Messire Meneduc et
le Bastard d'Armaignac á quarante
hommes d'armes en sa compagnie
aux gages accoustumez. tant comme
il nous plairra. Si vous mandons et
commandons et estroittement enioig:
:nous que les dits gages accoustumez
a payer

a payer, c'est assçauoir quinze francqs
pour homme d'armes, et sept et demy
pour Arbalestier pour chacun mois,
vous payez, baillez, et deliurez de l'ar-
:gent de vostre recepte à nostredit Cousin
le sir de Lebret, ou a son certain mande:
:ment pour le temps qu'ilz seruiront,
commençant ledit temps de leur paye:
:ment le jour de la monstre desdittes gens
que sera tenu faire nostredit Cousin cha:
:cun mois d'auant nostre Mareschal ou
autre tel comme nous y commettrons, et aus:
:si reueue touteffois que nostredit Mares:
:chal ou autre à ce commis de par nous
la voudront voirs auec les sermens en
tel cas accoustumez, Et vous gardez
bien que en ce n'ayt aucun deffaut, Car
ainsi le voulons nous estre fait Et par
rapportant ces presentes ladicte mons=
=tre et recognoissance de nostredit Cousin
ou de son certain mandement, Nous vou-
-lons et recommandons la somme que
payée et baillée luy aurez, estre allouée
en vos comptes, et desduitte de vostre re

:cepte par nos bien aimez les gens de
Comptes de Monseigneur à Paris, sans
aucun contredit Donné a Thoulouse
le seisiesme Jour de feurier l'an de grace
mille trois cens soixante et dix et sept
par monseigneur le Duc a vostre relation
Signé poiteuin et Scellé de cire rouge

Le vingtiesme Septembre Mil six cens
Soixante six la presente copie a esté bien et
deuement vidimée et collationnée a loriginal
escript en parchemin qui estoit au tresor
dez archifs du Roy au chasteau de Nauar
porté au tresor dez archifs de sa maiesté au
chasteau de pau Inuentorié au vieux Inuentaire
Dalbret chapitre dix donce priui legere et auto=
citré a role de lettre T S par moy soubz signé
estant en la ville de foix a la suite de mon=
sieur de Doat conser. du Roy en son conseil
destat et president en la chambre de comptes
de nauarre Suiuant l'arrest de lad. chambre
du vingt et troisiesme Juin dernier

Capot

Contract duquel apert que les Anglois ayant prins, et pillé la Ville de Valence en la Comté de Fezensac, les Consuls pour en empecher la destruction auoient conuenu de leur bailler certaine somme, de laquelle restant a payer 1200. francs d'or, Gerald de Verdusan, et autres furent donnez pour hôtages aux Anglois qui les detenoient au Chateau de Lourde, et qua la priere du Comté d'Armagnac Amanieu d'Antraso, Gerald Seigneur de Verdusano, Arnaud Guillem de Monteluduno Seigneur de Melhano, Menaud de Lasserano Seigneur de Massencome auoient conuenu que pour deliurer plustost ledit Gerald et les autres hôtages, ils les cautionneroient

pour ladite somme de 120.
francs d'or, au payement de
laquelle les dits Consuls s'o-
bligent envers eux suivant
la procuration y inserée des
habitans de ladite ville, pa.
laquelle ils leur donnoient
pouvoir de s'obliger envers
Theobald Seigneur de Petru
cia et Dominique de Mon
teluc uno Bastard en la=
dite somme de 1200. francs
d'or, pour la deliurance dudit
Gerald seigneur de Verdusan.

Le Contract du 18. feurier
1377.
Et la Procuration du 8.° fe=
urier 1377.

In nomine Domini Amen.
Nouerint Vniuersi et singuli tam præsentes
quam futuri huius præsentis publici
Instrumenti seriem inspecturi, Visuri,
lecturi, ac etiam audituri. quod cum non

est qúa locus de Valencia Comitatus ferenciaci captus seu accupatus hostiliter fuerit per Anglicos inimicos Domini nostri franciæ Regis comorantes, seu existentes in Castro seu loco de Lorda Diocesis Tarviensis, et Comitatus, et Senescalliæ Bigorræ, et etiam de bonis mobilibus eiusdem loci . . . . in eodem loco de Valencia existentibus depredatus, Consulesque et nonnulli alij singulares habitatores eiusdem loci de Valencia nomine eorum consulatus, et Vniuersitatis, et singularium habitatorum loci eiusdem tunc temporis, eoquia dicti inimici Volebant et dicitur penitus dictum locum de Valencia, ipso loco prius per eosdem inimicos (ut prædicitur dictis bonis mobilibus deprædato ignis incendio concremare finassent, cum eisdem inimicis incerta auri peccuniæ summa pro redemptione dicti loci eiusdemetus ne destineretur, neque combureretur, Nobilisque Vir Geraldus Dominus de Cerdusano Domicellus, et nonnulli alij tunc cauerent pro eisdem et soluere promisissent dictis inimicis certam pecuniæ summam, restantes

ad soluendum de totali summa antea
dicta ex causis predictis, et dicte cautiones pro premissis in Castro predicto de
Lorda capti et detenti existant, et in du-
tis hostagijs sic per dictos inimicos deti-
nerentur in magnis carceribus, magnos
carceres et sumptus infinitos sustinendo
in dampnum et grauamen maximum
habitatorum dicti loci de Valencia, sic destructi et depredati. Egregiusque et magni-
ficus ac potens Dominus Dominus Johannes Dei gratia Comes Armagnaci, fezen-
niaci Ruthene, et Radrellensis, Uicco-
mesque Leomanie et Altiuillaris, ac Dominus terre Ripparie per sui Clementiam et bonitatem nuper (ut dicitur) depre-
catus fuerit euidenter, et ex corde Amane-
uum de Antraso, Gerardum Dominum
de Berdusano, Arnaldum Guillelmi de Mon-
teluctduno, Dominum de Melhano, Manal-
duin de Lasserano, Dominum de Massencoma Domicellos mediantibus suis clausis litteris, (ut dictus Amaneuus ibidem asseruit,
(ut dicti superius nominati probreui et
celeri deliberatione dicti Geraldi Domini de
Berdusano

Bradusano, et aliorum hostalgiorum qui pro dicto facto Valenciæ in dicto Castro de Lorda in hostalgiis capti detinentur, cauerent vsque ad summam mille, et ducentorum francorum auri restantium ad soluendum dictis inimicis totali summa finantiæ antedictæ. Est sciendum quod anno Incarnationis Domini millesimo trecentesimo septuagesimo septimo, die decima octaua mensis februarij, in loco de Ruppebruna dicti Comitatus fezenciaci, regnante Serenissimo principe Domino Karolo Dei gratia francorum Rege, in præsentia mei Notarij infrascripti, et testium subscriptorum ad hæc et ad infrascripta vocatorum specialiter et rogatorum, personaliter constituti — Johannes de Podio et Guillelmus Densio habitatores dicti loci de Valencia Comitatus fezenciaci, Sindici Consulum, et Vniuersitatis dicti loci, qui docuerunt de suo sindicatu per quoddam publicum Instrumentum sumptum, inquisitum, et receptum per Magistrum Johannem de Casis Notarium Valenciæ, et eius signo signatum, ac sigillo authentico dicti Consulatus

in cera rubea impendenti sigillatum, et
euidenter prima facie apparebat, non ti=
ciatum, non cancellatum, non abolitum,
nec in aliqua sui parte corruptum; sed
prorsus omni uitio et suspitione carens.
Cuius quidem Instrumenti tenor de verbo
ad verbum inferius est descriptus, nec non
et Sancius de Asteriaco, et Johannes de
Baliuerio Consules vt dixerunt dicti loci
de Valencia, pro se et suis et vice etiam, et
nomine sui sindicatus, et Consulatus, et
Vniuersitatis ac singularum habitato=
rum eiusdem loci de Valenciæ, omnes in=
simul promiserunt, et firmiter conuene=
runt pure et simpliciter præffatis Ama=
neuo de Antrasio Domicello ibidem præ=
senti et pro se et suis hæredibus, et succes=
soribus Stipulanti solempniter, et recipien=
ti, et Geraldo Domino de Berdusano, Ar=
naldo Guillelmi de Montelucduno Do=
mino de Milhauo, Manaldo de Lassera=
no Domino de Massencoma, Domicellis
licet absentibus, et michi Notario inferius
est scripto ratione et authoritate mei pu=
blici officij pro eisdem absentibus suisque

   hæredibus

hæredibus et successoribus Vniuersis stipulanti et recipienti, [solemniter] quod casu quo ipsi Domicelli statim superius nominati cauerent
seu fideiuberent vna cum Domino Bur-
do de Monteluduno ad dictas preces dicti
Domini Comitis pro dicto Domino de Berdusano, et alijs hostatgijs, qui pro dicta fi-
nancia in dicto Castro de Lorda in hostat-
gio captis detinentur casu tamen quo dictam cautionem facere velint, et eam faciant et ipsis hostatgijs pœnitus delibera-
ri celeriter faciant a prœsione, et hostatgijs prædictis et se obligent erga dictos
Anglicos de Lorda ad soluendum eisdem dictam summam mille et ducentorum francorum auri restantium ad soluendum de
totali summa financiæ Antedictæ infra
dictum terminum quindena instantis proximi festi Paschæ Domini, ipsos omnes et
singulos pœnitus, et omnino seruare, et
custodire indempnes de cautione, et fideius-
sione antedictis, et eisdem et eorum cuilibet emendare nominibus quibus supra
omnia et singula dampna interesse, et expensas, si quæ vel quas ipsis Domicellis

insimul, vel alter seu alteri earundem
speratum, vel insolidum facerent, vel
sustinerent casu quo ipsi obligati non
exsoluissent dictam summam mille et
ducentorum francorum auri infra dictam
quindenam instantis proximi, et imme-
diati festi Paschæ Domini, et pro præmissis omnibus et singulis dicto Amaneuo de
Anurasio, et alijs superius nominatis (videlicet dicto Amaneuo ut supra stipulanti, et recipienti, et alijs superius nominatis absentibus, et michi Notario infrascripto
pro eisdem absentibus et eorum quolibet
stipulanti ut supra tenendi attendendi complendi et inuiolabiliter obseruandi) præffati
Sindici et Consules nominibus quibus supra, et omnes insimul pro se ipsis et eorum
quolibet insolidum obligauerunt et ypo-
thecauerunt præffato Amaneuo d'An-
rasio (ut supra stipulanti, et omnibus
alijs superius nominatis absentibus so-
lemni stipulatione interueniente ut
supra. videlicet ut sindici, et Consules
omnia vniuersa et singula bona mobilia et inmobilia Consulatus, et Vniuersitatis

sitatis prædictæ, præsentia pariter et futura, et etiam ipsi met Sindici et Consules, et eorum quilibet insolidum. Et singulares et privatæ personæ seipsos etiam, et omnia et singula bona sua mobilia, et immobilia præsentia, et futura ubicumque sint, et quocumque nomine senceantur sub Juri- usque iuris renunciatione qualibet, et cautela. Volentes et expresse consentientes præfati Sindici, et Consules (videlicet dicti Sindici nomine eorum Sindicatus, et Consules nomine eorum Consulatus, ut supra, et omnes insimul, et quilibet eorum in solidum nominibus proprijs, ut supra, videlicet dicti Sindici ut Sindici, et Consules, ut Consules posse, et debere compelli, cogi, et destringi ad observationem omnium et singulorum præmissorum, et infrascriptorum ad requisitionem dicti Amanevi de Antrasio et aliorum superius nominatorum absentiū per Dominos Domini nostri Papæ Camerariū et Cameræ Apostolicæ generales auditores, viceauditores locumtenentes, et commissarios eorum, et cuiuslibet vel alterius ipsorum, Et per quamlibet eorum monitionem, et monitiones sententiam, et sententias interdicti, et excomunicationis in ipsos confitentes, et suos hæredes, et successores, et bona tenentes ferendo, dando, et promulgando semel, et pluries, et alios processus faciendo, et ordinando, prout in talibus, et similibus per dictum Dominum Domini nostri Papæ Camerarium, et alios Dominos prædictos, et per quemlibet eorum est fieri consuetum, et etiam observatū, nec non et per curiam et curiales ac custodes et servientes parvi sigilli Regij Castri Sumedrij superioritatis Montispessullani, et Dominorum Senescallorum Tholosæ, Agennensis, Armagnaci, et Fezenciaci, et sigillorum et contrasigillorum in dictis Senescalliis constitutorum ac etiam ordinariiet Domini officialis Auxitanensis et quarumcumque aliarum curiarum Ecclesiasticarum vel secularium quarumcumque, et per quamlibet earundem curiarum seu per curiales custodes, et servientes earundem curiarum, et Otriusque earundem in solidum bona consulum et Universitatis prædictæ dicti Sindicatus et Consulatus

nominibus

nominibus quibus supra, et etiam ipsimet
Sindici et Consules insimul, et eorum quili=
bet insolidum pro se ipsis (ut supra eorum
bona, et hæredibus et successoribus, et bona=
tenentis suorum capiendo, uendendo, et dis=
trahendo semel et pluries insimul, et sepa=
ratim, et alias iuxta Usus, stilos, et consue=
tudines curiarum prædictarum, et Utri=
usque ipsarum dicta bona dictorum Con=
sulum et Universitatis prædictæ dicti Sin=
dici et Consulatus, et singularum nomini=
bus quibus supra, et etiam ipsimet Sindi=
ci, et Consules, Ut singulares et priua=
tæ personæ omnes insimul, et quilibet eo=
rum insolidum se ipsos confitentes, et suos
hæredes et successores, et bonatenentes, et
omnia bona sua prædicta, et bonatenen=
tiam suorum pro præmissis omnibus, et
singulis supra, et infrascriptis dictis, et ex=
prestatis dicto Amaneuo de Antrasio, et
alijs superius nominatis, absentibus te=
nendis, et attendendis iurisdictionibus fo=
ris, cohertionibus, compulsionibus, distric=
tibus, Viribus, et statutis curiarum præ=
dictarum, et cuiuslibet earundem, et sigil=

lorum prædictorum, et ~~eorum~~ ...
gratiis supponendo, et submittendo. Volentes nichilominus præffati confitentes nominibus quibus supra, et expresse
consentientes quod executiones et compul-
siones prædictæ omnes et singulæ fiant,
et exequantur, ac fieri et exequi possint,
et valeant contra ipsos confitentes nominibus quibus supra, et suos hæredes, et
successores, et bona tenentes pro præmissis, et infrascriptis dictis Amaneuo d'Au-
trasio, et alijs supranominatis absentibus tenendi, attendendi, et obseruandi semel et pluries insimul vel separatim. Vna
die vel tempore vel diuersis temporibus, vna
dictarum executionum seu compulsio-
num pro alia non cessante, Ita et taliter quod liceat dictis Amaneuo d'Antrasio, et alijs supranominatis absentibus
pro prædictis, et quolibet prædictorum
vno eodem tempore, ac diuersis temporibus causæ, et causarum continentiam
diuidendo, ad vnam et plures curias de
curijs prædictis ire et redire, et habere
recursum, et quod processus vel executio

Vrius

huius dictarum curiarum, per proced=
dum, vel executionem, alterius curiarum
de curys praedictis nullatenus confundan=
tur, de eo potius novatur exceptione cepti Ju=
dicy, seu alia quacumque in aliquo no=
nobstan, e renunciantes ei de dictis confitentes, et eorum quilibet nominibus quibus
supra, ex sua certa scientia, in et super prae=
missis omnibus, et quolibet praemissorum
omni actioni, et exceptioni doli, mali, metus
fraudis, et cuiuslibet alterius deceptionis, et
exceptioni dicti contractus non sic (vel aliter celebrati, et in factum actioni, et exceptio=
ni, et alij cuicumque, et omni beneficio
restitutionis in integrum, et petitioni eius=
dem, et conditioni huius cartae, et copiae huius, Instrumenti, et eius notae, et ostensioni
eiusdem siue petatur iudicialiter per mo=
dum actorum, seu alias quoquomodo cessio=
ni bonorum, et restitutioni in integrum,
dationi bonorum in solutum, ac libelli pe=
titioni, traditioni, et oblationi, et omni con=
ditioni indebiti, et sine causa, et ob iniu=
stam causam, et nullam causam, et quod
metus causa, et generali clausulae, quae

incipit, si qua nulla iusta causa deesse videbitur, et iuribus dicentibus quam seu quas, pro una, et eadem actione, seu causa eorum diversis curijs, iurisdictionibus, vel personis debere minime convenire, ferijs messium, et Vindemiarum indicijs quinque annorum, quatuor mensium, decem et viginti dierum, et alijs inducijs, ferijs, ac dilationibus concessis, et concedendis omni oppositioni de nullitatis et appellationis remedio, et legi cepti iudicij ff. de iurisdictione omnium iudicum, si conuenerit, et constitutionibus tam felicis recordationis Domini Bonifacij Papæ octaui, quam de duobus dietis in concilio generali, quarum prima cauetur, nisi certis casibus exceptis extra suam ciuitatem et diocesim, et secunda, ne reus alterius diocesis ultra unam dietam a finibus suæ diocesis ad iudicium quis euocetur, et alijs quibuscumque editis, et edendis, et priuilegio fori sui crucis, exercitus et guerrarum, et passagio ultramarino, et omnibus priuilegijs, et libertatibus concessis, vel etiam concedendis Burgen-
sibus

:sibus et iuratis nouarum bastidarum quarumcumque, factarum vel facien= darum, editarum vel imposterum edenda= rum, et omnibus litteris Apostolicis status, graciæ, et respectibus, et alijs litteris, et res= pectibus, et gratijs per Dominum nostrum Franciæ Regem, aut alium quemcumque Dominum præsidem, seu baronem concessis, vel etiam concedendis sub quacumque for= ma verborum impetratis (vel etiam impe= trandis, et priuilegijs quibuscumque, et omni statuto facto, seu inposterum faciendo, et iuri quo cauetur generalem renunciatio= nem non valere, nisi processerit spetialis, et spetialiter fuerit expressatum, et demum omni alij iuri Canonico et ciuili (b)sui, et consuetudini patriæ siue loci, et omni au= xilio, beneficio, et priuilegio cuicumque, quo seu quibus contra præmissa (b)enire, possent insolidum (vel in parte (v)erbo, iure vel facto, seu in aliquo se deffendere, tueri, vel iuuare, iuramento ad et super sancta Dei Euangelia ab omnibus confitentibus, et eorum quolibet nominibus quibus su= pra super hijs gratis præstito corporali.

De quibus omnibus et singulis supradictis, dicti contrahentes requisiverunt me Notarium infrascriptum ut sibi facerem et conficerem publicum Instrumentum quod tibi concessi conficiendum cum consilio peritorū, facti substantia in aliquo non mutata. Acta fuerunt hæc omnia, et singula supradicta Anno, die, mense, loco regnante, Dominante, et existente quibus supra Testibus præsentibus ad præmissa vocatis specialiter, et rogatis Magistro Guillelmo Gast Notario, et Bernardo Pelhisserij Altivillaris, Johanne Gregorij de Ruppebruna, et Vitalij Lobera dicti loci de Ruppebruna, et Bernardo Dardirac eiusdem loci, et Magistro Johanne de Banerio Notario Auxitanensi, Et me Petro Jouini Clerico Curæ Caturci publico authoritate Regia, et etiam dicti Domini Comitis authoritate per totam terram suam eiusque superioritatem et ressortum notario, qui requisitus per dictos confitentes Consules, sindicos, et singulares de Valencia, et de voluntate dicti Domini Comitis, de præmissis omnibus et singulis

hoc

hoc præsens publicum Instrumentum
inquisiui, sumpsi, et recepi, et in prothocollo meo posui, et fideliter notaui, et in hanc
formam publicam redigi feci per Johannem de Balnelis Clericum Diocesis, et
Seneschalliæ Caturcensis fidelem coadiutorem meum sufficientem, et ydoneum in
hac parte iuratum, et signo meo solito quo
utor authoritate Regia in publicis instrumentis, facta prius diligenti collatione
cum nota huius præsentis Instrumenti,
post tenorem dicti sindicatus de quo superius est facta mentio sequenti signaui manu mea propria prius me subscripto,
in fidem et testimonium omnium et singulorum præmissorum. Tenor vero dicti
Sindicatus de quo superius mentio habetur, sequitur sub hijs verbis. Nouerint
vniuersi præsentes pariter et futuri, quod
vocata et congregata cum campanis pulsatis vniuersitate hominum, et iurisdictione Calenciæ ut moris est in communi
platea dicti loci ante Ecclesiam, et ipsa
vniuersitate in unum congregata
spetialiter pro infrascriptis (videlicet San-

cius

...cius de tariato, Johannes de Lobarron, et Arnaldus deu Lacay Consules dicte ville Valencie eorum consulatus nomine, nec non Martinus de fordis, Bernardus de Laubuysono, vitalis de Cantaleuo, Petrus de Ruppibus, Guillermus de Laporquerio, Stephanus de Sarambas, Sancius dorcio, Petrus de Bartalis, vitalis darca, Johannes de Mariastanco, vitalis de Lescar, vitalis de Lodoysio, Ramundus de auerano, Bernardus de Sabalhano, Petrus de Manso senior, vitalis de Sabasano, Magister Ramundus de Oliuo Surgicus, vitalis deusa, Bernardus de Roqueto, Arnaldus deusa, Guillermus de Bauffario, Ramundus degio, Guillelmus de Voba, Manaldus de Labarta, Petrus de foresta, Petrus de Manso iunior, Sancius de Solenys, Johannes de Codio alias Johanan, Magister Bernardus de Lassanea Notarius, Dominicus de Manso, Raymundus de Millolio, Petrus de Garjiamo, vitalis de Spagolio, Geraldus de Oliuo, vitalis de Santirano, Petrus de Sobirano, Dominicus de Serano de Sorano, Sorcius de Saurosa, Raymundus ferreti, Petrus de Sagino, Vitalis de Arblada, Johannes de Bordis, Geraldus de Talhers, Oddo de Artigia, Petrus Sera, Bernardus de Pontelho, Magister Arnaldus de Birano Notarius, Johannes Carbonelli, Guillelmus de Begio, Petrus de Sartronouo, Guillelmus de Sprito, ~~Johannes de Vineis~~ Vitalis de Gramonte, Simonus de Barbasano, Bernardus de Vineis, Petrus de Siona, Guillelmus de Barbasano, Vitalis de Rimbes, Johannes de Vineis, Johannes de Peyria, Petrus de Barato, Johannes d'Arblada, Geraldus de Garderia, Johannes de Cenaro, Pontius de Boscalli, Pontius de manso, Johannes de Silholio, et Vitalis de manso habitatores Villæ Valenciæ, et eius pertinentium facientes et representantes Vniuersitatem dictæ villæ Valenciæ, videlicet Vniuersi et vniuersi, et singuli Vt singuli ibidem presentes pro se ipsis, et alias Voce, et nomine Consulatus, ac totius Vniuersitatis, et singularium dicti loci de Valencia eis adherentes, et adherere volentes

dictique Consules de voluntate, et consensu dictorum singularium Vniuersitatem facientes, et maiorem partem et saniorem totius Vniuersitatis fecerunt, constituerunt, ac etiam ordinauerunt præter, et citra reuocationem aliorum Sindicorum antiquorum dicti loci alias constitutorum suos Veros, certos, Venero generales, et spetiales procuratores, et Sindicos yconomos actoresque factoresque negotiorum dictæ Villæ gestores, Videlicet discretos Viros Iohannem de Podio, et Guillelmum de Darisio habitatores Valenciæ, et eorum quemlibet in solidum, ita quod melior conditio occupantis non existat, et hoc ad obligandum erga nobilem et potentem virum Dominum Theobaldum Dominum de Petrucia militem, ac et nobilem Dominicum de Monte laudunio bastardum in mille et ducentis franchis auri per dictam Villam Valenciæ Anglicis commorantibus in loco de Lorda foris promissis pro redemptione nobilis Geraldi Domini de Berdusano, qui prodictis mille et ducentis franchis
auri

auri certo termino exsoluendis habent
cauere, pro dictis constituentibus et nomi=
ne Vniuersitatis Valenciæ ad iussum
Serenissimi Domini nostri Comitis Ar=
magnaci erga dictos Anglicos de Lorda,
modo et forma quibus dictis Dominis
intercedentibus placuerit, et alias (uidebi=
tur faciendum; quos quidem fideiubentes,
nec eorum quemlibet præffatis constituen=
tes minime reuocare promiserunt, donec
et quousque de dictis mille, et ducentis fran=
chis auri eisdem Anglicis nomine quo
supra (uel alio, seu alijs eorum nomine,
integraliter extiterit satisfactum. dan=
tes, et concedentes prædicti Consules et
alij supra nominati de Vniuersitate
prædicta constituentes pro se, et Ciue, et
nomine eorum Consulatus, et Vniuersi=
tatis, ac singularium ipsius Villæ Valen=
ciæ prædictis procuratoribus suis sindicis,
et negotiorum gestoribus, et eorum cuilibet
in solidum plenam et liberam potestatem,
facultatem, et spetiale mandatum dictæ
mille et ducentas franchas auri nomine
dictorum Consulum, et aliorum supra no=

minatorum constituentia et totius
Universitatis dictae Villae Valentiae, et
singulariu(m) ipsius loci, praefato Domino
de Petruia militi, et nobili Dominico
Bastardo de Montelaudunio sub qua-
uismodo verborum, et forma obligandi
et hypothecandi, et promittendi soluere,
Instrumentum que huiusmodi obligationis faciendae, dandi, conficiendi, et concedendi, et generaliter omnia alia uniuersa
et singula, quae circa praemissa fuerit necessaria, et etiam opportuna faciendi, complendi, et exercendi, quae causarum merita postulant, et requirunt, et quae boni
veri et legitimi debent, et possunt facere
procuratores, syndici, actores, factores,
et negotiorum gestores, si et prout mandatum exigunt speciale, et quae dicti
constituentes uniuersaliter ut uniuersi
et singulariter ut singuli facerent uel
facere possent, et deberent, si in praemissis
praesentes essent promittentes dicti constituentes, et ipsorum quilibet uniuersaliter ut uniuersi, et singulariter ut singuli mihi Notario infrascripto ut personae
publicae

publica ex officio stipulantis, et recipien-
tis, vice et nomine omnium illorum
quorum interest, intererit, et interesse
poterit in futurum, se ratum, gratum, et
firmum, et stabile perpetuo habere, et
etiam habiturum quidquid per dictos procuratores suos sindicos, actores, factores,
et negotiorum gestores, actum, obligatum
ve fuerit seu modo quolibet alio quo ad
hoc promissum, et concessum, et alias
procuratum, rem ratam habere iudicio
sisti, et obligatum vt iudicatum siue
promissum solui, cum omnibus suis
clausulis vniuersis, in et sub ypotheca
et expressa obligatione omnium bonorum suorum, et dictæ Vniuersitatis, iurisq.
que factis renunciatione pariter et cauthela releuantes insuper dicti constituentes et ipsorum quilibet vniuersaliter, vt
vniuersis, et singulariter vt singuli
prædictos procuratores suos, sindicos
actores, factores yconomos, et negotiorum
gestores et ipsorum quemlibet ab omni
onere satisdandi. De quibus omnibus et singulis supradictis voluerunt

dicti constituentes et ipsorum quilibet, et me supradictum Notarium requisiuerunt ſbt eis retinerem, et conficerem publicum Instrumentum, in quo sigillum authenticum dictæ Villæ Valenciæ in ſenus impendentem ad maiorem omnium, et singulorum præmissorum roboris firmitatem habendam apponi bolverunt. Actum fuit hoc apud Valenciæ die octaua mensis februarij. Anno Domini millesimo trecentesimo septuagesimo septimo; regnante Domino Karolo Francorum Rege, Domino Johanne Comite Armanhaci fezenciaci, Ruthenensi et Radrellensj, ac Vicecomite Leomaniæ et Altiuillaris. Dominante Domino Philippo diuina miseratione Auseitanensi Archiepiscopo existente. Testes huius rei sunt Arnaldus de Barbazano Clericus Raymundus de ſitali, Arnaldus de Lobaino Bertrandus de Armanharo, et Magister Johannes de Casis publicus Valenciæ Notarius, qui hanc cartam recepit, et in suo prothocollo notauit, a quo prothocollo ego Arnaldus

...naldus de Pirano notarius coadiutor
suus substitutus, iuratus, hanc cartam
abstraxi, principali substantia non mutata scripsi et grossaui, et facta diligent
collatione cum originali, idem notarius
signum suum consuetum apposuit in
eadem.

Extrait et collationné de la grosse Trouvée entre les papiers
non Inuentoriéz des archiues et titres de sa maiesté en
la ville de Rodés De laquelle auec d'autres pieces aussi
trouuées entre lesd. papiers Il a esté fait une liasse En
laquelle lad. grosse est cotée de lotre A, 29, Paolordre et
en la presence de Messire Ivan de Doat conseiller du Roy en
ses conseils president en la chambre des comptes de nauarre
et commissaire deputé par lettres patentes de sa maiesté
du premier Auril dernier Pour faire recherche dans les
archiues et titres des Euesques et autres communautés
Ecclesiastiques et seculieres de la prouince de Guienne dits
titres concernant les droicts de sad. Maiesté ou qui peuuent seruir à l'histoire Faire faire des extraits de ceux
qu'il Iugera necessaires et le renuoyer au gardes de la
Bibliotheque Royalle Par moy Gratian Capot huissier
de lad. chambre par elle commis pour faire l'extraction
des titres des archiues de sa maiesté de son ressort par
son arrest des vingt troisiéme Iuin un neufiéme octobre
g^{bres} Iouants six par son arrest des vingt troisiéme
Iuin et neufiéme octobre g^{bres} Iouants six et grossier d'office
en lad. commission fait à Rodés le vingt troisiéme Aoust
g^{bres} Iouants sept

Acte de l'homage fait par
Meneduc de Lausa des jo sei=
gneur Castellarij Latrezij
a Jean Comte d'Armagnac
et Vicomte de Lomagne
pour ledit lieu de Castella=
rio Latrezio.

Du 15.e Mars 1377.

In Nomine Dominj Amen.
Nouerint Vniuersj et Singulj præsentes
pariter et futurj, huius præsentis publici
Instrumenti seriem tenorem, et continen=
tiam jnspecturj, visurj, lecturj, ac etiam
auditurj, quod anno Dominj millesimo
trecentesimo septuagesimo septimo die
quinta decima mensis martij apud lac=
torem, Regnante serenissimo et jllus=
trissimo Principe Domino Karolo
Dej gratia francorum Rege, in mej no=
tarij infrascripti et testium Subscripto=
rum ad hæc specialiter vocatorum et
rogatorum præsentia, personaliter co=
nstitutus, Nobilis vir Dominus Menet

... de La ... miles) Dominus Castellarij Latresij de Prope dictum Locum Lactoris, gratis et sponte, genibus flexis et abstracto Capucio, ac manibus complosis siue junctis, existens inter manus Egregij et magnifici Dominj Johanni Dei gratia Comitis Armanhaci, Fesenciaci Ruthenæ, et Adrellensis, vicecomitisque Leomaniæ et altiuillaris, ac Dominj terræ Ripparia, fecit homagium pro infrascriptis dicto Domino Comiti et vicecomiti Leomaniæ, et altiuillaris prædicto, præsenti et Solempniter Stipulanti, et fidelitatis præstitio juramentum supra librum missalem, et Crucem existentes supra genua dicti Dominj Comitis. Sic dicendo, quod ipse nobilis Dominus Meneducus miles prælibatus deueniebat hominem et vassallum ipsius Dominj Comitis, et promisit et jurauit, et supra ipse nobilis Dominus Meneducus, quod esset dicto Domino Comiti bonus vassallus et fidelis et Custodiret Corpus, vitam, et membra ipsius Dominj Comitis et et eius secreta, quæ sibj manifestaret, consiliumque bonum quotiens per eundem Dominum Comitem fuerit requisitus sibj daret, et eidem Domino Comiti tanquam Domino suo superiori et immediato et iustitiariis, et officiariis suis obedientiam præstaret, utiliaque sua sibj Domino Comiti procuraret, et inutilia pro viribus euitaret, et omnia alia et singula Capitula contenta in Sacramento fidelitatis fideliter adimpleret, quibus actis ibidem dictus Dominus Comes sponte, dictum homagium et fidelitatis iuramentum ab eodem Domino Meneduco, saluo in omnibus iure suo et quolibet alieno, accepit, et in signum amoris inter ipsos osculum interuenit et ibidem dictus Nobilis Dominus Meneducus de Causadesio miles antedictus recognouit se tenere, et debere tenere sub homagio et fidelitatis iuramento prædictis, a præfato Domino Comite ut supra stipulante, suosque prædecessores tenuisse ab eodem seu prædecessoribus

suis Leomaniæ vicecomitibus, eaquæ secuntur, videlicet dictum locum de Castellario Latresio unacum eius pertinentiis, ressorto iuridictione, iuribus Dominiis, deveriis et aliis quibuscumque ad dictum locum pertinentibus confrontatis, prout in instrumentis antiquis dictum fuit continere, de quibus omnibus universis et singulis supradictis, tam dictus Dominus Comes, quam etiam dictus nobilis Dominus Meneducus de Sausadesio requisiuerunt me notarium infrascriptum, ut sibj et eorum cuilibet facerem et confiscerem publicum instrumentum, quod et quæ Ego notarius infrascriptus sibj, et eorum cuilibet concessj, prout de iuris auctoritate dicti mej publici officij facere poteram et debebam. Acta fuerunt hæc anno die mense loco et regnante quibus supra et dicto Domino Comite in dictis suis Comitatibus et vicecomitatibus, ac terra Ripparia dominante. Testibus præsentibus ad præmissa vocatis specialiter et rogatis —
Dominis

Dominis Arnaldo de Leomaniæ Domino
de Juntates Berengario Domino de
Castro Bertio, Baulaco de Baulaco Do=
mino de Pratonerone militibus, Domino Petro Bertrandj de Cano. Vgella,
Petro de Furco alias Caseras, Magistris
Petro de Maires Secretario, et Bernardo de Varanhas notario dicti Dominj
Comitis, et me Petro Jouinj Clerico Lucc
Caturcj auctoritate Regia publico-
notario, ac etiam auctoritate dicti Dominj Comitis per totam terram suam eiusque Pertinentias, et ressortum,
qui requisitus ut supra de præmissis
omnibus et singulis, hoc præsens publicum instrumentum inquisiuj, sumpsj
et recepj et in meo prothocollo posuj, et
fideliter notauj, et in hanc formam
publicam pro parte dicti Dominj Comitis Armanhacj redigj fecj per Johannem de Balmelis clericum diocesis
Caturcensis fidelem coadiutorem meum
in hac parte juratum, et facta collatione cum originalj inferius manu

mea propria me subscripsj et signo
meo solito quo utor auctoritate dicti
Dominj Comitis in publicis Instrum:
entis sequentibus signauj in fidem et
testimonium omnium præmissorum
Petrus Jouinj

Extraict et collationné de sagrosse trouuée entre les
papiers moisis des archiues dictitits de sa maiesté
en la ville de Rodes dolaquelle auec d'autres pieces
aussi trouuées entre lesd. papiers moisis il a esté
faict un liasse en laquelle lad. grosse est cotée de lre
S 21. par l'ordre et en laprésence de messire Jean de
Doat conseiller du Roy en ses conseils president en la
chambre du comptes de Nauarre et commissaire deputé
par lettres patentes de sa maiesté du premier Auril dernier
pour faire recherche dans les archiues des Abayes et
autres communautés ecclesiastiques et seculieres de la
prouince de Guienne d'actes titres concernans les droicts
de sadite Maiesté ou qui peuuent seruir alhistoire faire
faire des extraicts de ceux quil Jugera necessaire les lire
enuoyer au garde de la Bibliotheque Royalle par moy
Gratian Capot huissier de lad. chambre par elle commis
pour faire lesextraicts des titres de samaiesté de sin rettent
par sesarrests des vingt troisiesme Juin et neufiesme
octobre gost Somme dix grosses doss en ladite commission faict a Rodes le Nxiesme Aoust Mil Six
cens Soixante sept   de Doat

                                         Capot

Acte de la surceance baillée par Jean Comte d'Armagnac a Brancherius de Bastita Rollandi Prieur de Tholouse de l'ordre de S. Jean de Jerusalem pour l'homage qu'il luy devoit de la commanderie de Gumbrede de Caumont et de Rossinhol iusques a ce qu'il fut revenu du voyage d'outre mer.

Du 19.ᵉ Mars 1377.

In Nomine Domini amen. Anno a nativitate eiusdem millesimo trecentesimo septuagesimo septimo, et die decima nona mensis martij, Regnante Serenissimo principe, et Domino Domino Karolo Dei gratia francorum Rege. In præsentia mei notarij publici, testiumque subscriptorum ad hæc specialiter vocatorum, et rogatorum Reuerendus in Christo Pater, et Dominus Dominus frater Bamcherius de Bastita Rollandi sacræ domus hospitalis sancti Johannis Therosolimitani humilis prior prioratus Tholosæ, necnon et præceptor præceptoriæ de Ginbreda dicti ordinis sancti Johannis asserens se ut præceptorem, et ratione præceptoriæ prædicti loci de Ginbreda, et eius pertinentiarum, et pro facto de Caumonte et de Rosinhol teneri facere, et præstare homatgium, et fidelitatis iuramentum Egregio et magnifico viro Domino Johanni Comiti armaniaci, fesensiaci et Ruthenæ, vicecomitique leomaniæ et altiuillaris, et se seu eius procuratores habuisse, et habere respectum, et terminum faciendi, et præstandi dictum homagium, et fidelitatis iuramentum per certum tempus ad huc futurum a præfato Domino Comite armaniaci cum suis patentibus litteris, eius sigillo in pendenti sigillatis, quarum tenor talis est. Johannes Dei gratia Comes armaniaci, fesensiaci, Ruthenæ et Kadrellensis, vicecomesque Leomaniæ, et altiuillaris, et Dominus terræ ripparia dilectis, et fidelibus senescallo, iudici, ac procuratoribus nostris Leomaniæ, et altiuillaris, vel eorum locatenentibus salutem. cum prior de Tholosa ordinis sancti Johannis Hierosolimitani, et commendatoris, ac præceptoris de Gunbreda

Gimbreda teneatur nobis facere pro loco prae=
dicto de Gimbreda, et eius pertinentijs, et
pro feudo de Caumonte et den Rossinhol, et praes=
tare homagium et fidelitatis iuramentum,
vt antiquitus praestare et facere consueuerunt,
et cum dictus prior de praesenti sic et existat
vltramarinus, et in partibus Iherosolimi=
tanis, ob quod dictum homagium de praesenti
nobis minime facere possit, et nobis supplica=
tum fuerit ex parte fratris rostagni Borionis
commendatoris montilij ademarij, et de hu=
ganhano dicti ordinis Sancti Johannis Hie=
rosolimitani, vt procurator dicti Domini
prioris respectum de non faciendo seu praes=
tando dictum homagium seu fidelitatis iu=
ramentum, hinc est vsque primum aduen=
tum dicti Domini prioris de dictis partibus
vltramarinis, et in eius aduentum in dicto
suo prioratu per spatium duorum mensium
de gratia speciali concedere dignaremur, nos
eius supplicationibus annuere volentes,
et etiam contemplatione ipsius, et dictum
respectum, et terminum concedere, quem te=
nore praesentium de nostra gratia speciali

concessimus, et per præsentes concedimus.
quare mandamus vobis, et vestrum cuilibet
in solidum districtius iniungendo: quathenus
dictum priorem ad faciendum, et præstandum
nobis dictum homagium, seu fidelitatis
iuramentum dicto Durante termino minime compellatis, nec compelli per aliquem
faciatis, seu permittatis. Sed ipsum de dicta
nostra præsenti gratia ad plenum vti, et
gaudere faciatis, et permittatis absque impedimento, et contradictione quibuscumque.
Datum in Castro nostro de vite quarta die Ianuarij, Anno Domini millesimo trecentesimo septuagesimo septimo. Volentes vt
dixit idem Dominus Gauterius vt præceptor, et nomine præceptoris de Gimbreda, et
prædicta præceptoria, et eius pertinentijs,
et pro locis superius declaratis, homagium
et fidelitatis iuramentum dicto Domino Comiti tanquam fideli homagium et fidelitatis iuramentum vt tenetur, præstare: sed
propter nimiam occupationem negotiorum,
tam dignissimi domini Magistri hospitalis
sancti Johannis Jherosolimitani, quam sui
prioratus

prioratus, quam alijs accedere, nec se coram
dicto Domino Comite armaniaci personaliter
pro dicto homagio et fidelitatis iuramento
praestando praesentare non posse. Idcirco
idem Dominus Gautherius prior, et vt prae-
ceptor de Gimbreda videlicet pro dicta praecep-
toria, et eius pertinentijs, et pro facto de Caumonte, et de Rossinhol superius expressatis,
gratis et ex sui certa scientia fecit, constituit,
ac etiam ordinauit suos veros, certos, et indubitatos procuratores, et nuncios speciales,
videlicet Religiosos viros fratres Rostagnum
Borionis locumtenentem, Camerarium dicti
sui prioratus de Montilio ademarij et de
huganha, Bernardum de Bornato de Ar-
gentesio, et Raymundum de villa de abrino
domorum praeceptores absentes, tanquam
praesentes, et eorum quemlibet in solidum
specialiter et expresse ad praesentandum
se nomine procuratorio, et vice, et nomine
ipsius Domini constituentis coram praefato Domino Comite armaniaci deputato, vel
deputando ab eo, et ad iurandum coram ipso
in animam ipsius Domini constituentis,

et fidelitatis Iuramenti,
homagiumque præstandum eidem Domino
Comiti licet absenti, ac deputato vel deputando ab eo vt est dictum, meque notario infrascripto pro dicto Domino Comite stipulanti
et recipienti, videlicet pro dicto loco, et præceptoria de Gimbreda, et eius pertinentijs, et pro
facto de Caumonte et de Rossinhol, vt antiquitus eius prædecessores facere, et præstare
consueuerunt præceptores dictorum locorum,
et alia Solemnia peragendum, quæ in præs-
tatione homagiorum, et fidelitatis iuramen-
torum sunt fieri consueta. Dans et concedens
dictus Dominus constituens nomine quo
supra dictis procuratoribus suis, et eorum
cuilibet insolidum plenam generalem, et
liberam potestatem, speciale mandatum
prædicta omnia et singula superius expressata gerendi, iurandi, præstandi, recognoscen-
di, dictumque Dominum constituentem, et
dictam præceptoriam de Gimbreda de Caumonte, et de Rossinhol pro prædictis homagio, et fidelitatis iuramento, si necesse fuerit
obligandi, et demum omnia alia vniuersa
et singula faciendi, dicendi, et procurandi,
quæ

quæ in præmissis, et circa præmissa fuerunt
necessaria, seu etiam opportuna, etiam si mandatum magis exigeret speciale, et quæ met constituens nomine quo supra faceret, et facere
posset, si in præmissis, et circa præmissa personaliter interesset ratum, gratum et firmum perpetuo habiturum, quidquid per dictos
procuratores suos actum, gestum, iuratum,
recognitum, præstitum, obligatum, vel alias
quocumque modo fuerit procuratum, promit-
tens dictus dominus constituens mihi notario infrascripto tanquam personæ publicæ
stipulanti, et recipienti pro omnibus illis, quorum interest, intererit, vel interesse poterit
in futurum rem ratam haberi, iudicio sisti,
et iudicatum solui cum omnibus suis clausulis opportunis, dictosque procuratores suos
nomine quo supra ab omni onere satisdandi
releuando, sub bonorum et iurium dictæ præceptoriæ, et eius pertinentiarum, et dictorum
locorum de Caumorite et de Rossinhol præsentium et futurorum hypotheca et obligatione
iuris et facti renunciatione qualibet, et cautela, de quibus omnibus et singulis supradictis

dictus Dominus prior constituens voluit, et concessit sibi, et dictis suis procuratoribus fieri vnum et plura publica instrumenta per me notarium publicum subscriptum. Acta fuerunt haec apud locum de Frontonio in domo dicti Domini prioris, praesentibus religiosis viris fratre Pontio Melheu praeceptore Dalbaycio, ac nobilibus viris Coceto de Montesquiuo, et Arnaldo Isarni Scutifero dicti Domini constituentis, testibus ad praemissa vocatis specialiter, et rogatis.

Et me Iohanne de Fontangijs clerico claromontensis Diocesis publico authoritate imperiali, ac curiae Camerae apostolicae Domini nostri Papae notario, qui praemissis omnibus, et singulis vna cum praenominatis testibus praesens fui, eaque in notam recepi, sic fieri vidi, et audiui, et recitaui, et exinde hoc praesens publicum procurationis instrumentum in hanc formam publicam redegi, extraxi, scripsi, subscripsi manu propria, signoque meo consueto signaui rogatus et requisitus in fidem, et testimonium omnium,
et

et singulorum praemissorum.

Le seizième avril Mil six cens soixante sept la presente
copie a esté bien et deuement verifiée et collationnée sur une
copie escrite en parchemin Trouuée au tresor des archiues
du Roy en la ville de Rodez en un sac de papiers mis sort
cote Sac D'hommages De laquelle copie avec d'autres pieces
aussi trouuées dans d'autres papiers mishes desd: archiues
il a esté fait une liasse pour estre aioustée à l'inuentaire
desd. titres dud. tresor Et laquelle ladite Copie est cotée
dedite J.18. Par moy Soubzsigné estant en la ville
de Rodez à la suite de monsieur de Doat conseiller du Roy
en son conseil d'estat a president en la chambre de comptes
de nauarre suiuant l'arrest de ladite chambre des
vingt troisiesme Juin et neufiesme octobre derniers

Capot

83

Acte de l'homage fait par Ayssinus de Montesquieu Conseigneur de St Martin a Jean Comte d'Armagnac pour la moytié par Indiuis dudit lieu.

Du 24.e Mars 1377.

In Nomine Domini Amen. Nouerint Vniuersj et singulj præsentes pariter et futurj huius præsentis publicj Instrumentj seriem ynspecturj, visurj, lecturj seu etiam auditurj, quod anno Dominj millesimo trecentesimo septuagesimo septimo die vicesima quarta mensis martij, apud vicum in castro, videlicet dich locj de vico, Regnante Serenissimo et Jllustrissimo Principe Domino Karolo Dej gratia francorum Rege, in mej notarij Infrascriptj et testium subscriptorum ad hac specialiter vocatorum et rogatorum præsentia personaliter Constitutus Ayssinus de montesquiuo Domicellus, condominus Locj de

Sancto Martino Viagro gratis ad pontem, genibus flexis et abstracto Capucio ac manibus complosis sive junctis existentib inter manus Egregij et magnifici Domini Domini Johannis Dei gratia Comitis Armanhaci, fezensiaci, Ruthenæ et hadrel: densis, vicecomitisque Leomaniæ et altiu illaris, et Domini Terræ Ripariæ, fecit homagium pro infrascriptis dicto Domino Comiti ut Comiti fezenciaci præsentj et solempniter stipulanti, et fidelitatis præ: titit juramentum supra Librum missa: lem et Crucem existentes supra genua dicti Dominj Comitis sic dicendo, quod ipse Domicellus condominus de Sancto Mar: tino viagro deueniebat hominem, et vas: sallum ipsius Domini Comitis, et pro: misit et jurauit ut supra ipse Domicel: lus quod esset dicto Domino Comiti bonus vassallus et fidelis, et custodiret corpus vitam, et membra ipsius Domini Comi: tis, et eius secreta quæ sibi manifestaret, consiliumque bonum quotiens per eun: dem Dominum Comitem fuerit requisitu̅ sibi

Sibj daret, et eidem Domino Comiti, et justitiariis et officiariis Suis obedientiam præstaret, vtiliaque Sua Sibj Domino Comiti procuraret, et in vtilia pro viribus euitaret, et omnia alia et singula Capitula contenta in Sacramento fidelitatis fideliter adimpleret; quibus actis ibidem Petrus Dominus Comes sponte dictum homagium et fidelitatis juramentum ab eodem ayssino, Saluo in omnibus iure Suo et quolibet alieno accepit, et in signum amoris inter ipsos osculum interuenit, et ibidem dictus Domicellus condominus de Sancto martino Viagre recognouit Se tenere, et debere tenere Sub homagio et fidelitatis juramento ante dictis, a dicto Domino Comite vt Supra Stipulante, Suosque prædecessores tenuisse ab eodem seu prædecessoribus Suis fezenciacj Comittibus, ea quæ secuntur, videlicet medietatem pro indiuiso loci, et pertinentiarum dicti loci de sancto Martino, et alia quæ habet in dicto loco et eius pertinentiis, possessiones, Census

oblias, et agreria quaecumque sint, in quibus
asseruit ibidem habere iurisdictionem usque
ad sexaginta quinque solidos Morlenses,
quae quidem pertinentiae dicti loci de Sancto martino confrontantur ab una
parte cum pertinentiis de Montealto,
et ab alia parte cum pertinentiis de
miguarolio Couensaguesij, et cum pertinentiis de Castris, et de Auzanis, et si qui
alij sint confines, cum eorum et cuiuslibet ipsorum iuribus Dominiis, deueriis iurisdictionibus, et pertinentiis quibuscumque, de quibus omnibus Vniuersis
et Singulis Supradictis tam dictus Dominus Comes, quam etiam dictus Aizinus
Domicellus memoratus requisiuerint
me notarium infrascriptum, ut sibi et
eorum cuilibet facerem et conficerem publicum instrumentum, quod et quae Ego
Notarius infrascriptus sibi, et eorum
Cuilibet Concessi faciendum, vel facienda
prout de uiris auctoritate dicti mei publici officij facere poteram, et debebam:
Acta fuerunt hæc apud dictum Locum
de

de Vico, anno die mense loco et Regnante quibus supra, et dicto Domino Comite in dictis suis Comitatibus et vicecomitatibus ac terra Ripariæ Dominante, Testibus præsentibus ad præmissa vocatis specialiter et Rogatis, Dominis Arnaldo Domino de Jurriato, Baulato de Baulato Domino de Pratonerone, Arnaldo Guillermj, Bastardo de Armanhaco militibus, Arnaldo de Malartico, Bernardo de Armanhaco, Petro de furquo, alias Cazeras Domicellis, et pluribus aliis, et me Petro Jouinj clerico Cuis Caturcj auctoritate Regia publico notario, ac etiam auctoritate dicti Dominj Comitis per totam terram suam eiusque pertinentias et ressortum, qui requisitus ut supra de præmissis omnibus et singulis hoc præsens publicum Instrumentum inquisiuj sumpsj, et recepi et in prothocollo meo posuj, et fideliter notauj et in hanc formam publicam pro parte dicti Dominj Comitis Armanhacj redigi fecj per Johannem de —

Baliuetis clericum diocesis et Senescal:
lia Caturcensis, fidelem Coadiutorem
meum Sufficientem et Idoneum in
hac parte iuratum, et facta Collatio:
ne cum originali inferius manu mea
propria me Subscripsi, et Signo meo
Solito quo vtor auctoritate dicti Domini
Comitis in publicis Instrumentis
sequentibus Signaui in fidem et Tes:
timonium omnium et Singulorum
præmissorum. petro Iouini

Extraict ecollatione' d'Vne grosse trouuée entre les
papiers decestd' decrarchiu et dez titres de Samaiestè
en lauille de Rodez Delaquelle auez dautrepiece aussi
trouuée entre lesd' archiues Il a esté faict Vne liasse en
laquelle lad' grosse est cotée delettre A 22. Par lordre
eu la presance de Mre Iean de Doat conseiller du
Roy en Sesconseils et presidant en la chambre des comptes
de Nauarre et commissaire deputé parlettrespatantes
de Samaiestè du premier Auril dernier pour faire
cherche dans lesarchiues dicte abaÿe et autres commu:
nautes Ecclesiastiques et titulaires de la province de
Guienne des titres concernant les droits de Sadite
maiestè ouqui peuuent Seruir Alhistoire fairefaire
des extraits deceux quil Iugera necessaires et les en:
uoyer augarde de laz Bibliotheque Royalle Par Noy-
bratian Capet huissier de lad' chambre par elle

commise pour faire l'extraicte dict tiltres det archives
de Saint ariosté de son ressort pour se aurest de de vingt
troisiesme Juin un neufiesme octobre q[ui] six soixante
six en greffeu d'office de lad: commisshon faict a Rodet
le trisiesme Aoust Mil six cens soixante sept

Capot

Letres de Louis Duc d'Aniou lieutenant general en Languedoc et Guienne, par lesquelles il permet la chasse dans les forets du Roy au Comté d'armagnac, à Jean son fils et a Menon Seigneur de castelpers.
Du 27.º Mars 1377.

Nouerint vniuersi quod nos Bertrandus de Gresinhano Miles et vicarius Tholosæ Domini nostri Regis vidimus, tenuimus et de verbo ad verbum per Legi fecimus quasdam pattentes Litteras a Serenissimo Principe Domino Domino Andegauensi Germano et Locumtenenti dicti Domini nostri Regis emanatas in Pargameno scriptas et eius magno sigillo cæra rubea sigillatas quarum Literarum tenor talis est.
Louis fils de Roy de france frere

de Monseigneur le Roy et son Lieutenant en toute Languedoc et au Duché de Guienne Duc d'Aniou et de Touraine et Comte de Maine A tous ceux qui ces presentes Lettres verront Salut Scauoir faisons que de nostre certaine Science, grace special et authorité Royal dont nous avons en cette partie auons octroyé et octroyons par ces presentes a nostre tres cher et tres amé cousin le Comte d'armaignac et pour contemplation de ly a nostre amé cousin Jean d'armaignac son fils et a nostre amé et feal Cheualier Messire Menon Seigneur de Castel Pers que ils et chacun d'eux toutes et quantes fois que bon leur semblera puissent Chasser ou a faire chasser es forts appartenans a mon dit Seigneur le Roy sans aucun contredit et a quelque beste ou sauuagine que ce soit tant comme il plairra a mondit Seigneur Si Donnons en mandement a tous les
Seneschas

Seneschaus maistre gruiers et gardes
des dites forests et a tous les subiects et officiers de mondit Seigneur et de nous
des dites parties ou a leur Lieutenant
que ledits Comte Darmagnac et Jean
son fils et le dit de Castelpers, iusques a
ce que autre mandement aient de
mon dit Seigneur souffrent et laissent iouir paisiblement de nostre presente grace et octroy de poinct en poinct et sans aucune difficulté ou contredit Et ainsi le voulons estre fait
nonobstant ordonnances ou deffenses
a ce contraires en tesmoing de ce nous
auons fait mettre en ces presentes nostre seel Donné a Tholose le vingt
septieme iour de mars L'an de grace
mil trois cens septante sept Par Monseigneur le Duc present le Seneschal
de Rouergue de Halwyn In cuius
visionis testimonium nos vicarius
Tholosæ prædictus sigillum Regium
authenticum dictæ vicariæ huic pre-

senti vidimus duximus apponendum
e_ctum et datum Tholosa die trigesima Martij anno Domini millesimo trecentesimo septuagesimo septima

Le deux.e Juillet Mil Six cens Soixante dix la presente copie a esté bien a dumement vidimeé et collationneé sur autre copie en papier parchemin qui estoit au tresor et archif du Roy au chasteau de l'ortouue qui a esté porté après le qui est Inventorieé en l'Inuentaire des titres dud Chasteau de l'ortouue chapitre de Bayonne m. Ste Copie delibré. S.26. Dauurroy auiser et Secretaire de sa Maiesté en la chambre de compts de Nauarre Soubz Signé de l'ordonnance de ladite chambre

Letres de remission de Louis fils et frere de Roys de france lieutenant en Languedoc en faueur de Jean comte darmagnac et ses amis pour tenleuement par eux fait de Jeanne vefue de Pierre Raimond Comte de Cominges Laquelle en haine et au preiudice du mariage de sa fille Marguerite auec Jean fils audit Comte contracté suiuant certain acord fait entre elle et le Comte, pour le secours quil luy auoit donné contre ses ennemis inseré dans le traité de paix elle vouloit se marier auec le Roy de Nauarre et marier lad. Marguerite auec le Prince de Nauarre

Du 6 Juillet 1378

Ludouicus Regis quondam franciæ filius Domini nostri Regis germanus, eius que locumtenens in partibus octitaniæ. Dux Andegauensis, et Turonensis, ac Comes Cenomanensis Senescallo et Vicario Tholosæ, cæterisque officiarijs Regis, atque nostris, ad quos præsentes litteræ peruenerint, vel eorum locatenentibus salutem. Supplicationem Carissimi consobrini nostri Johannis Comitis armaniaci intellexi-

mus continentem, quod cum orta guerra inter carissimam consobrinam nostram Johannam relictam quondam Petri Ramundi Comitis conuenarum, tutricem se dicentem Margaritæ filiæ suæ Comitissæ conuenarum, ex una parte, et suos inimicos, qui dictum Comitatum conuenarum more hostili ingressi fuerant in ipsum in locis obsidionem ponendo, et loca aliqua per vim, et obsidionem capiendo dicta Johanna consobrina nostra, ut tutrix dictæ Margaritæ Comitissæ prædictæ filiæ, et hæredis prædicti Petri Ramundi Comitis conuenarum nuper defuncti misit suos solemnes nuncios, seu ambaxatores ad dictum carissimum consobrinum nostrum Comitem Armaniaci rogando, ut ipse eidem Johannæ consobrinæ nostræ, et dictæ Comitissæ eius filiæ præstaret auxilium cum gentibus armorum, et ipsam Margaritam Comitissam iuuare, et dictum Comitatum deffensare, et partem facere cum eadem dignaretur, quodque
                                       præfatus

præfatus carissimus consobrinus noster, volens eidem complacere, et fauorem,
et auxilium præstare degentibus suis
armorum in dicto Comite Conuenarum
misit in magno numero eidem consobrinæ nostræ, cum quibus loca dicti Comitatus stabilibit, et magnas quantitates pecuniarum, etiam eidem transmi-
sit pro sustinendo dictas gentes armorum,
et guerram antedictam, et defentionem
dicti Comitatus contra suos inimicos; et
nihilominus dictus Carissimus noster
consobrinus terram suam pro defentio-
ne dicti Comitatus habuit ponere in guerra, et guerram facere contra inimicos
dictæ consobrinæ nostræ, et eius filiæ,
et dicti Comitatus; itaque guerra sic pen-
dente nonnulli amici dictæ Marguari-
ta Comitissæ, et dicti Carissimi consobrini
nostri tractauerunt matrimonium, seu
sponsalitia inter dictam margaritam
ex parte vna, et Bernardum filium dicti
Carissimi consobrini nostri ex altera; quod
matrimonium fuit iuratum per partem

dicti Comitis Armaniaci, consobrini nostri ex una parte, et per dictam consobrinam nostram matrem dictae Margaritae Comitissae ex altera; et fuit expresse conuentum et iuratum per dictam consobrinam nostram, tanquam tutricem, et nomine proprio, quod duodecim Barones et gentiles dicti Comitatus, et duodecim meliores consulatus, et notabiliores dicti Comitatus iurarent dictum matrimonium facere et complere. quibus sic peractis pace per nos ex post facta inter dictam consobrinam nostram, et Margaritam Comitissam et dictum consobrinum nostrum, vt valitorem earumdem ex parte vna, et suos inimicos ex altera, dictus carissimus consobrinus noster Comes Armaniaci requiri fecit per nonnullos nobiles, ac solemnes viros per ipsum eidem consobrinae nostrae missos in virtute iuramenti per ipsam praestiti, quod pacta et conuentiones supradictas iuratas super dicto matrimonio vellet attendere, et complere. quae quidem consobrina
nostra

nostra tutrix inmemor beneficij a dicto
consobrino nostro accepti dictas conuentiones iuratas seruare recusauit, quodque aliqui nobiles de genere et fidelitate
Comitis conuenarum ultimo defuncti,
videlicet Aymerigotus, Rogerius, et Ber-
nardius de conuenis una cum quibusdam
alijs nobilibus viris dicti Comitatus conuenarum considerantes, quod nisi fuisset
adiutorium consanguinei nostri Comitis
Armaniaci, quod dicta margarita fuisset
ex toto a dicto Comitatu expulsa, et erecta,
et totus Comitatus fuisset fere destructus
potestati dictorum inimicorum dictæ
Margaritæ totaliter suppositus, et ipsa
exulata, et exheredidata fuisset, et fere
Comitatus et Genus eiusdem ad desola-
tionem et destructionem deuenissent. considerantes etiam, quod dictus consobrinus
noster Comes Armaniaci tam pro deffen-
tione Comitatus dictæ margaritæ, quam
pro sustinendo guerram prædictam ex-
pendiderat, seu damnificatus fuerat in
sexentis millibus franchis auri, et ultra.

et quod ipsimet, et alij nobiles dicti Comitatus fuissent destructi et desolati nisi præfatus consobrinus noster defentionem dicti Comitatus in se sic, ut præmittitur suscepisset. cogitantes propter mala præterita, futura, quæ insequi possent, quia erant sine aliquo Domino, et defensore et fuerant per plura tempora. Considerantes quod dictus consanguineus noster ipsos viriliter defensauerat, et dictum Comitatum præseruauerat dictæ margaritæ Comitissæ mediante suo adiutorio, et quod si dictum matrimonium curatu per dictam consobrinam nostram cum filio dicti consobrini nostri Comitis armaniaci fieret magis feruentius dictum Comitatum, et genus, nobiles, et innobiles defensaret, et quod terra quæ non habet Dominum multas oppressiones contra se habet sustinere tractatu habito inter dictos nobiles, et cum nonnullis de Comunitalibus, et nobilibus dicti Comitatus, et dictum Comitem asserentes dicti nobiles et communitates dicti Comitatus, quod de voluntate

luntate Comitis vltimo defuncti patris dictæ Margaritæ processerat, quod dicta Margarita collocaretur in matrimonio de et cum voluntate nobilium, et Comitatum dicti Comitatus, ea propter dicti nobiles, et communitates quæ tunc ibi præsentes fuerunt, voluerunt et ordinarunt quod dictum matrimonium fieret, et solemnisaretur inter dictam margaritam et Johannem primogenitum dicti Comitis Armaniaci consobrini nostri, quem prædilexerunt fore maritum dictæ margaritæ, et esse eorum Dominum, quia Johannes prædictus iam erat talis persona quæ se armabat, et terram regere, et etiam eos defensare cum potestate paterna melius sciret, et posset, quam dictus Bernardus qui minor erat, et quod sanctius et salubrius erat, quod matrimonium fieret cum Johanne primogenito dicti consobrini nostri propter causas prædictas, et alia multa commoda quæ possent euenire dicto populo, et dicto Comitatui, si dictum matrimonium fieret cum Johanne primogenito, quam cum vltimo genito, qui

bus matura deliberatione, et consilio præ-
habitis considerantes quod dicebatur pu-
blice quod dicta consobrina nostra volebat
dictam filiam veniendo contra iuramentum præstitum, et contra naturalem rationem, ad quam quis est astrictus, ut bene-
facienti bonam retributionem faciat in
alio matrimonio collocare, videlicet seip-
sam cum Rege Nauarræ inimico Domini
nostri Regis, et nostro, et dictam filiam suam
margaritam cum filio dicti Regis, et in-
potestate dictarum gentium, quæ non essent de obedientia Domini mei Regis: imo
sunt Domino meo Regi, et nobis rebelles,
et inimici dicti nobiles stabliuerunt Castrum de murello, in quo ipsa consobrina
nostra cum dicta margarita morabatur
de gentibus armorum, et ipsam margaritam Comitissam et dictam consobrinam
nostram ibidem custodierunt, ne ab aliquibus dictum Castrum posset capi, et ne
dicta matre procurante dicta margarita
Comitissa prædicta posset capi, et baiulari
alibi, et ad finem, ut haberent in Dominum
praefatum

præfatum Johannem primogenitum
dicti Comitis armaniaci consobrini nostri.
deinde vero dicto castro sic stabilito præfati nobiles dicti Comitatus de consensu
plurium communitatum dicti Comitatus
conuenarum ad dictum consobrinum nostrum miserunt, et ipsum rogauerunt, vt
ipse veniret ad locum de murello causa
ad implendum dictum matrimonium, ro-
gantes eum exparte sui, et nobilium, et
procerum dicti Comitatus, vt matrimonium vellet ad commodum et vtilitatem
dicti Comitatus facere cum Johanne primogenito filio suo. qui quidem consobrinus noster ad dictum locum de Murello
cum certis gentibus armorum accessit quia
illi de lorda inimici nostri per senescalliam
Tholosanam de die in diem discurrunt, et
eos duxit causa tuitionis corporis sui, et non
causa damnificandi seu occupandi dictum
Comitatum, seu matrem, et filiam prædictas, et cum fuit in dicto loco de murello
extra tamen fortalitium dicti Castri gratanter, et cum magno gaudio per genus

dicti loci, et plurium aliorum locorum dicti Comitatus; et nobiles qui ibi erant fuit receptus et pacifice, et quiete. Deinde cum fuit in dicto loco fecit rogare et requirere dictam consobrinam nostram, ut ipsa vellet dictos pactiones et conuentiones per ipsam iuratas seruare, attendere, et complere; quia ipse paratus erat easdem de puncto ad punctum seruare; quæ quidem consobrina nostra immemor iuramenti per ipsam præstiti, et pactorum prædictorum dixit; quod pro certo ipsa non impleret dicta pacta nec dictus consobrinus noster illud unquam videret impletum, imo antea dictus consobrinus noster perderet Corpus, et dictos suos filios, et ipsa esset deserta de omnibus bonis suis; et quod ipsa in despectu Comitis consobrini nostri duas partes dicti Comitatus poneret in manibus inimicorum dicti Consobrini nostri ad destructionem dicti Comitatus; quibus auditis dictus consobrinus noster fuit valde admiratus de responsionibus consobrinæ nostræ antedictæ. Dicti vero nobiles dicti Comitatus

Comitatus conuenarum, qui ibi praesentes erant dixerunt dicto Comiti consobrino nostro, quod ipsi pro certo volebant Dominum, et quod diu fuerant sine Domino, et gubernatore, et quod placeret dicto consobrino nostro, vt dictum matrimonium vellet facere cum dicto filio suo primogenito propter causas supradictas, qui quidem consobrinus noster dixit quod ipse non erat intentionis ingrediendi dictum Castrum, sed si dictam filiam adducebant quod ipse compleret voluntatem, et desiderium ipsorum, et aliorum nobilium dicti Comitatus conuenarum, et traderet dictum Johannem eius filium primogenitum postquam eis placebat in maritum dictae Margaritae Comitissae conuenarum. deinde per dictos nobiles dicta filia Margarita fuit gratanter sine alia violentia adducta in Ecclesia fratrum minorum, et ibi completum matrimonium et solemnisatum in facia Sanctae matris Ecclesiae, et tanquam vir et vxor simul Cohabitarunt, et iacuerunt, et eidem Johanni ex post obediunt tanquam Comiti, vt earum Domino et

viro ~~dicta~~ Comitissæ Margarita: deinde præfatus consobrinus noster audiens minas
feroces dictæ consobrinæ nostræ, videns quod
ex verbis per ipsam consobrinam nostram
tunc ibi prolatis apparebat, quod ipsa volebat talia facere, quod dictus Comitatus
veniret ad destructionem, et quod ipsa se
inimicam Domini mei Regis, et dicti Comitis ostendebat et ostenderet fortius, si
posset, cum ipsa sit mulier mali cordis totis viribus suis, et quod ore protulerat cona-
retur adimplere, scilicet damnum, et vituperium dicti nostri consobrini personæ
suæ ac filiorum suorum, et destructionem
dicti Comitatus, ob quæ licuit dicto Comiti
Armaniaci eandem capere specialiter, quia
ipsa Domina Johanna in manibus inimicorum Domini mei Regis, et nostrorum
se et dictum Comitatum transferre cona-
batur; maxime attenta consuetudine ca-
piendi inimicum, quæ in ducatu Aquita-
niæ ab antiquo fuit observata inter mag-
nates, et potentes. volens idem consobrinus noster Comes Armaniaci iuxta dictum

tum Sapientis magis præuenire, quam præ-
ueniri ad præces et instigationem dictorum
nobilium, et communitatum tunc ibi præsentium timentium verisimiliter, quod eis
et dicto Comitatui destructiones, et damna ir-
reparabilia eadem consobrina nostra procuraret, rogauerunt dictum consobrinum nostrum, vt eandem duceret in terra sua facere
mantionem. qui dictus consobrinus noster
eidem consobrinæ nostræ misit personas
notabiles, quæ dicerent eidem, quod postquam
ipsa erat talis intentionis talia perpetr-
andi contra ipsum consobrinum nostrum,
et filios suos, et contra dictum Comitatum
conuenarum, quod dictus consobrinus noster volebat, quod ipsa accederet in terra
sua vbi mantionem faceret, et honorabi-
liter eam ibi teneret in statu honorifico.
quæ quidem consobrina nostra in nullo
coacta vna cum certis gentibus notabili-
bus in bona societate adducta fuit ad locum
de alto vittari, et ibi per aliqua tempora ste-
tit, et deinde in ciuitate lactoræ qui est locus
magis amœnus, et delectabilis, fuit adducta

et ibi adhuc est et moratur in statu magno in dicto Castro, et magis de die in diem minando, et affirmando, quod ipsa faciet si posset peiora, quam ante dixisset; de quo verisimiliter dictus consobrinus noster formidans cam detinet, et vult quod in terra sua residentiam faciat ex iustis causis praedictis, et ne conceptum cordis sui malum contra ipsum posset complere opere, quod dixerat in sermone, et adhuc dicit quotidie incessanter minas terribiles contra dictum consobrinum nostrum, et dictum eius filium, et dictos nobiles, et communitates dicti Comitatus quotidie proferendo. Igitur praefatus consobrinus noster Comes armaniaci pro se filio suo Johanne primogenito, et dictis nobilibus, et communitatibus, et alijs quibuscumque qui in praemissis opem praestiterunt consilium, seu iuvamen, aut alias in praemissis sibi adhaeserunt licet praedicta fecerint cum intentione bona, et animo bono ad requisitionem nobilium dicti Comitatus, et aliorum popularium ibi existentium; timens quod forsitan

forsitan ex praedictis, vel aliquo praedictorum processu temporis per Dominum meum Regem, aut nos vel officiales Regios
per informationes factas aut faciendas
possent ipse, et quilibet ipsorum inques-
tare, molestare, in corpore siue bonis sup-
plicauit nobis praefatus consobrinus noster: quatenus sibi et eisdem et cuilibet ipsorum omnem poenam tam ciuilem quam
criminalem, si quam incurrerunt seu incurrere potuerunt erga Dominum meum
Regem, seu nos expremissis, vel eorum occasione remittere, quittare, et perdonare
dignaremur. Nosque volentes dictum consobrinum nostrum affectu beniuolo prosequi; attentis pluribus et diuersis seruicijs per ipsum consobrinum nostrum in
lingua occitana, in guerris Regis, et nostris
impensis attentis omnibus superius enarratis, de quibus plenarie extitimus informati eisdem consobrino nostro Comiti
Armaniaci, et Johanni eius filio, et alijs
quibuscumque; si de praedictis culpabiles
in aliquo esse apparerent omnem poenam

tam Ciuilem quam Criminalem, si quam incurrerunt aut incurrere potuerunt erga Dominum meum Regem, seu nos pro praemissis aut aliquo praemissorum, siue sit poena
raptus, vel le Iulia de vi publica, infidelita-
tis vel saluaegardiae Regis fractionis, vel pla-
gij, vel cuiuscumque alterius delicti, vel
criminis quae posset eis, et cuilibet ipsorum
imponi quomodocumque, et qualitercum-
que fuerint acta, facta commissa, vel per-
petrata remisimus, et tenore praesentium
remittimus pariter, et quittamus, perdonamus, et indulgemus, eosdemque, et quemlibet ipsorum ad eorum patriam, bona
et eorum bonam famam reducimus, et restituimus per praesentes quibuscumque
procuratoribus dicti Domini nostri Regis
et nostris generalibus, vel specialibus,
et quibuscumque alijs officialibus Regijs
atque nostris refformatoribus, aut alijs
per nos, aut quauis authoritate deputatis
vel deputandis pro et super praemissis,
et quolibet praemissorum silentium perpetuum imponendo. Cassantes et anul-
lantes.

lantes omnes processus, informationes, et inquestas contra ipsos factas, vel faciendas,
super præmissis, mandantes senescallo et
vicario Tholosæ prædictis, cæterisque alijs
officiarijs, et iusticiarijs dicti Domini Regis
vbilibet in lingua occitana constitutis,
præsentibus, et futuris, et eorum cuilibet,
et locatenentibus ipsorum, ne dictum consobrinum nostrum, nec eius filium prædictum, nec eius in hac parte complices,
nec aliquem ipsorum pro præmissis, aut
præmissorum aliquo citent, vexent, capiant, vel arestent seu alias quomodolibet
molestent in corpore siue bonis; imo hac
nostra præsenti gratia vti et gaudere
faciant, et permittant, facta quæcumque
in contrarium ad statum pristinum,
et debitum indilate reducendo, et faciendo reduci; dantes tenore præsentium licentiam dicto consobrino nostro et alijs
quorum interest et cuilibet ipsorum vt
hanc præsentem gratiam per procuratores valeant præsentari, et executioni
petere demandari; et quia quilibet ip-

sorum originale huiusmodi gratiæ habere non posset, volumus et concedimus eisdem, et cuilibet ipsorum de authoritate Regis qua fungimur in hac parte, ut vidimus seu transcriptum huiusmodi nostrarum litterarum facere valeat sub sigillis authenticis, quibus quidem vidimus, seu transcripto, et cuilibet ipsorum tantam fidem volumus adhiberi, ac si originale nostrarum præsentium litterarum ostendebatur, et hoc in iudicio et extra. quæ omnia et singula præmissa eidem consobrino nostro, et eius dicto filio primogenito et alijs eorum in hac parte complicibus et cuilibet ipsorum concedimus per præsentes de nostris certa scientia et gratia speciali, authoritateque Regia qua fungimur in hac parte salvo iure parti læsæ, si civiliter agere voluerit dumtaxat. datum Cholosæ sub sigillo nostro secreto nostro magno sigillo absente, die sexta mensis iulij, anno Domini millesimo trecentesimo septuagesimo octauo. et sur le reply per

98

Dominum ducem domino Guidone Larseyrio præsente
signé Tribou—

Extraict et collationné de son original trouvé entre les
papiers mes sire des archiues des titres de sa maiosté en la
ville de Rodez Juquet auec dautres pieces aussi trouvées
entre lesd. papiers mes sire il a esté faict une liasse En la
quelle lad. original est coté de lettre K 22. Par lordre et
en la presence de mestre Jean de doat conseiller du Roy
en ses conseils president en la chambre de comptes de Na:
uarre et commissaire depute par lettres patentes de sa
maiesté du premier Auril dernier pour faire recherche dans
les archiues des Abayes et autres communautés Eglises
et quelz ce lieu lieux de la prouince de Guienne des titres
concernans les droictz de lad. Maiesté ou qui pouruont
seruir Alhistoire faire faire des extraictz de ceux quil Jugera
necessaires et les enuoyer au garde de la Bibliotheque
Royalle par moy Gratian Capot huissier de ladite
Chambre par elle commis pour faire les extraictz des
titres des archiues de sa maiesté de son ressort par ses
aultres des vingt troisiesme Juin et neufiesme octobre
1666 Soixante Six et greffier doffice en lad. commission
faict à Rodez le sixiesme Aoust mil six cens
Soixante sept

Capot

Lettres de Jean Comte d'Armagnac par lesquelles il pardonne à Pasquerius de Prato par l'entremise et Supplication de Raymond Bastard de Sandorras invasion faite par luy et ses adherens à la suite du seigneur fothonus de Roquefeuil du fort de Sainct Eulalie quils auoient escaladé de nuit.

Du 22.º Juillet 1378.

Johannes Dei gratia Comes Armaniaci, fesenciaci, Ruthenæ et Kadrellenses, vicecomesque Leomaniæ, et altiuillaris, ac Dominus terræ Ripariæ. Vniuersis et singulis præsentes litteras Inspecturis Salutem. Cum Clamosa Insinuatione refferente ad nostram ab anno, et medio citra notitiam peruenerit, quod quadam die, de qua nobis plenarie minime recordatur, Dominus fothonus de Roquafolio miles ordinis hospitalis Sancti Johannis Jerosolimitani, vna cum certo gentium armorum numero, videlicet vsque ad numerum quadraginta hominum armorum, et amplius suorum in hac parte Complicum

inter quos pasquerius de prato domicellus de Cohituna Raimundi de Lendorra existebat, venit tanquam Inductus maligno spiritu, et Deum tunc pre oculis suis non habendo ante uel circa cum ora ab Locum sancta Eulalia de Arzaco Religionis predicti hospitalis, et senescallia Ruthena, et idem Dominus foltionus, et dicti eius in hac parte complices tunc dictum locum dicta Eulalia seu fortalicium eiusdem cum scalis de facto in Dei, et dicta Religionis offensam, et tanquam Inmemores sue salutis perditionaliter ceperunt, et occupauerunt clamando tunc, et uociferando. Armanhac, Armanhac, falso modo nobis Inscientibus et totaliter ignorantibus dictum crimen nobis applicando in nostri dedecus maximum et vituperium, et honoris nostri offensam Reuerendumque in Christo patrem Priorem Sancti Egidij prouincia Religionis predicta hospitalis Sancti Johannis Jerosolimitani, de cuius quidem prioris mensa dictus locus existit, et quem Infra dictum locum, et eius fortalicium Inuenerunt ceperunt
et

et aprisionarunt, et in quadam Camera ipsum Jntruserunt, et deinde eundem priorem omnibus Vasis suis argenteis, ac pecuniis et Jocalibus quas ibidem, et in Ecclesia eiusdem loci habebunt et repererunt, et per consequens totum Locum litteris quampluribus depredarunt, talem diffamationem, et Vituperationem falso modo nobis dando, ex quibus et non Jnmerito valde fuimus perterriti, et turbati et maiora mala fecissent, nisi per nos fuisset Subito remedium appositum, qui illico dum premissa ad nostram meam notitiam peruenerunt misimus ad dictum Locum, Carissimum consanguineum nostrum Dominum arnaldum Dominum de Landorra et Senescallum nostrum Comitatus Ruthene, qui mediante certo tractatu, dictum Dominum folkonem, et eius dictos Complices a dicto Loco exire fecerunt, dictusque pasquerius de prato se pro premissis a terra nostra absentauerit, et timeat per nos seu gentes nostras Jnsequi, et in Corpore et literis dampnificari per eisdem, et die date presentia dilectus et fidelis noster Raimundus —

Bastardus de Sandorra prædictus apud nos pro dicto pasquerio de prato intervenerit, et nobis humiliter subrequerit supplicauerit, ut cum dicto pasquerio de et super premissis agere gratiose, et misericorditer dignaremur, maxime cum dictus pasquerius quittationem et absolutionem a dicto priore Sancti Egidÿ de præmissis obtinuerit, sicut dixit. Notum facimus per præsentes quod nos dicta die datæ præsentiæ Supplicationi dicti Bastardi Inclinati attentis gratuitis seruitÿs per ipsum bastardum nobis in guerris nostris bene, et fideliter impensis, et quæ ad huc magis per ipsum impendi speramus in futurum præfato pasquerio Crimen et factum prædictum in quantum ad nos pertinet, et spectat, et omnem et quamcumque penam Criminalem, peccuniariam, et Ciuilem, quam uel quas erga nos pro præmissis aut aliquo præmissorum Incurrit, aut incurrisse quoquo potuit remisimus, quittauimus, et perdonauimus, remittimusque, quitamus, et totaliter perdonamus per præsentes de nostra certa scientia, et

gratia

gratia speciali, ipsumque pasquerium ad eius bonam famam restituimus, ac ipsum reappellamus per praesentes, omnesque processus Informationes, Inquestas, bonorum confiscationes, si qua bona in terra nostra habebat, annotationes eorumdem, et quidquid exinde contra dictum pasquerium de prato pro praemissis, aut aliquo praemissorum sequutum est, aut in futurum sequi posset, cassantes, irritantes, abolentes, et totaliter annullantes, et nullius amodo esse volentes efficaciae, vel momenti, procuratoribus nostris quibuscumque, qui nunc sunt et qui pro tempore fuerint super praemissis perpetuum silentium Imponentes: Mandantes omnibus nostris senescallis, judicibus, et aliis Justiciariis, et officiariis, ac procuratoribus quibuscumque, qui nunc sunt, et qui futuris erunt temporibus, et cuilibet ipsorum, quatenus a caetero dictum pasquerium de prato pro praemissis, nec aliquo praemissorum contra formam, et tenorem huiusmodi nostrae remissionis, et gratiae minime, citent adiornent, capiant arrestent, inquietent vel molestent, nec citari adiornari

adiornari, capi, arrestari, inquietari, uel
molestari a quoquam permittant ullo
modo in corpore, nec in litteris, quinimo ipsum pasquerium de prato huiusmodi nostra
gratia presenti, et remissione, vt ad plenum
faciant, et gaudere pacifice ac permittant
factaque uel attemptata in contrarium,
si qua fuerint, ad statum reducant, quisque
eorum pristinum seu reduci faciant visis
presentibus indilate, et absque alterius expectatione mandati. In quorum omnium
fidem et testimonium præmissorum, sigillum nostrum secretum nostro magno sigillo
absente his nostris presentibus gratia, et
remissionis litteris duximus apponendum
Datum in castro nostro de Vite die vicesima secunda mensis Julij anno Domini
millesimo trecentesimo septuagesimo octauo.

Extrait a collationne de son Original trouvé entre les
papiers van Inuentoriere en Inuentaier dix tiers dedz
aurhiuar de sa maiesté en la ville de Rodez au chapitre
de Saint germain cote de lettres S.S. Par lordre en
la presence de Messire Ivan de Doat conseiller du Roy en
Ses conseils president en la chambre de comptes de nauarre
et commissaire deputé par lettres patentes de sa maiesté

du premier Avril dernier Pour faire recherche dans les archiues
des Abayes et autres communautés Ecclesiastiques et seculieres
de la prouince de brabant des titres concernant les droits de lad:
Maiesté ou qui pourront seruir a l'histoire faire faux: dire extraire
de ceux qu'elle Jugera necessaires et les envoyer au garde de la
Bibliotheque Royalle Pannoy brabant Dapot hui lieu de
lad: chambre par elle commis pour faire lire extraiter de ce
titres donnés au hiuret de Samaiosté de bourmont pauses au otre
des vingt troisiesme Juin et neufiesme octobre Si: Soixante
Six et Greffier d'office ou lad: commission fait a Rodele
vingt troisiesme Aoust Mil six cens soixante sept

Dapot

Procés verbal du vigier de Toulouse sur l'execution des letres de commission y inserées de Louis frere du Roy Duc d'Anjou et de Touraine Comte du Mayne Lieutenant General en Languedoc en consequence desquelles il donne la tutelle de la personne de Marguerite de Comenge femme de Jean premier fils du Comte Darmagnac et l'administration de la comté de Comenge a Viguier de Golarde

Du 28. Juillet 1378.

Noverint vniuersi præsentes pariter et futuri, quod anno incarnationis Domini millesimo trecentesimo septuagesimo octauo, et die vicesima octaua mensis Julij, nobis Bernardo de Grisinhaco militi, vicario Regis Tholosæ, ex parte quorumdam nobilium, et nonnullorum amicorum carnalium ac subditorum Egregiæ et potentis domicellæ Marguaritæ, filiæ impuberis ac hæredis vniuersalis Egregij et potentis viri Domini Petri Ray=

mundi quondam comitis conuenarum, vltimo defuncti comitis atque conuenarum, nec non et quorumdam populanum aliquarum communitatum et villarum dicti comitatus conuenarum, fuerunt nobis exhibitæ et præsentatæ quædam litteræ apertæ, emanatæ ab excellentissimo principe domino duce Andegauense et Turonense, Germano et locumtenente domini nostri franciæ Regis in partibus occitanis, et eius sigillo in pendenti sigillatæ, inter cætera continentes quamdam commissionem a prædicto domino duce et locumtenente, nobis vicario prædicto directam, quarum litterarum tenor talis est, Ludouicus Regis quondam Franciæ filius, Domini mei Regis Germanus, eiusque locumtenens in partibus occitanis, dux Andegauensis, Turonensis, ac comes Cenomanensis, vniuersis præsentes litteras inspecturis salutem. grauem querelam nonnullorum nobilium, et gentium comitatus conuenarum, et aliquorum amicorum, et affinium nobilis Margaritæ Comitisæ

:tissæ conuenarum consobrinæ nostræ intelleximus, continentem quod cum nobilis Johanna mater et tutrix data, vt fertur in testamento comitis conue:
:narum vltimo defuncti, vite sui dictæ nobilis Margaritæ comitissæ conuena:
:rum filiæ, et hæredis Dominj Petri Ray=
:mundi comitis conuenarum, quondam vltimo defuncti vxoris seu sponsæ, Jo=
:hannis filij legitimj et naturalis pri=
:mogeniti, dilecti consobrini nostri Ar=
:maniacj Comitis sit absens a toto dicto comitatu, et diu fuerit, et adeo impedita, quod non potest, nec valet administrare dictam tutelam, neque comitatum præ=
:dictum regere, siue gubernare, nec alia facere, quæ pertinent ad vtilitatem dic=
:tæ pupillæ, propter quod dicta pupilla, et dicti nobiles, et et communitates ha=
:berent plura damna verisimiliter sus:
:tinere, nisi eisdem prouideretur de Re=
medio condecenti, nobisque Supplicaue:
:rint, vt nos super his de remedio oppor:
:tuno, ad vtilitatem dictæ pupillæ, et dicti Comitatus, et subditorum suorum

providere dignaremur, nasque cuius interest, etiam ex debito officij talibus pupillis, et eorum gubernationj providere,
specialiter propter pericula, quæ possent
euenire, si dicta pupilla, et eius loca dicti comitatus carerent gubernatore, et
ob hoc facilius possent per innimicos
occupari, quod absit, cum cederet in nostri, et rei publicæ læsionem, considerantes quod dicta pupilla bono modo non
potest sine gubernatore, et administratore remanere, itaque provideant in
talibus, quod vbi tutor est impeditus aliquo impedimento, quominus administrare possit, vel absens taliter quod admi-
nistrator tutelæ vaccare non possit, tunc
debet pupillis providere de curatore seu
adiuncto, qui administret, regat, et gu-
bernet loco et vice tutoris dati. ea propter
notum facimus per præsentes, quod nos
facta sufficienti inquisitione de præmissis, et subsequentibus audita bona
fama, et laudabili testimonio dilecti nostri viguerij de Golardo militis, de quibus
fide dignorum testimonio sumus plenarie

:rie informati, dictum viguerium Curato:
:rem, seu adiunctum dictæ pupillæ, ac
administratorem, et gubernatorem dictæ
pupillæ, et eius bonorum tenore præsen:
:tium litterarum damus, decernimus, co:
:nstituimus et creamus qui dictum comi:
:tatum, bona, et res dictæ pupillæ guber:
:net, administret fructus, et emolumenta
percipiat, donec dicta pupilla adoleuerit,
inuentariumque de litteris dictæ pupillæ
faciat, officialesque quoscumque in dicto
comitatu possit instituere, et destituere
si visum fuerit sibi expedire, et cœtera
alia facere, quæ ad curatoris seu adiunc:
:ti officium spectant et incumbunt de
iure. Mandamusque vicario Regio Tholosæ,
vel eius locumtenenti si necesse sit com=
:mittendo, quathenus ad loca opportuna
se transferendo, iuramentum recipiat
a dicto curatore seu adiuncto de bene ad=
:ministrando et regendo, ac etiam guber:
:nando bona dictæ pupillæ, et alia faci:
:endo, quæ de iure sunt facienda, et cau:
:tiones Idoneas recipiat ab eodem quæ fi:
:deiussorio nomine eiusdem se obligent

secundum iuris dispositionem, mandan:
:tesque omnibus subditis regijs, atque nos:
:tris, vt dicto curatorj seu adiuncto, tanqu:
:am curatorj seu adiuncto, ac gubernatorj
et administratorj dictæ pupillæ, et bono:
:rum suorum obediant in his quæ ad
eius officium spectant, et spectare pos:
:sunt, præstentque, si necesse fuerit, auxi:
:lium, consilium, fauorem, et iuuamen
Datum Tholosæ sub sigillo nostro secre:
:to, nostro magno sigillo absente, die sexta
mensis Julij, anno domini millesimo
trecentesimo septuagesimo octauo, per
dominum ducem domino guidone Laiterre
præsente Triton.   petentes et requirentes
nos vicarium, et commissarium prædic:
:tum, vt contenta in dictis litteris de punc:
:to ad punctum debitæ executionj man:
:daremus, iuxta traditam in eis nobis for:
mam. quibus quidem litteris cum ea, qua
decet, reuerentia per nos receptis, et eis per
nos perlectis, et habita matura delibera:
:tione super contentis in eisdem, comperi:
:mus quod dictus dominus dux, vt locum
tenens prædictus, certis ex causis in dictis
litteris

litteris narratis ad requestam nonnulloru[m]
nobilium, et amicorum Carnalium, et ali=
=quarum gentium dicti comitatus conue=
=narum, dicta[e] impuberj comitissa[e] conuena=
=rum prouidit de tutore adiuncto, seu cura=
=tore propter absentiam, et impedimenta
matris dicta[e] impuberis, eiusque tutricis;
videlicet de domino viguerio de Golardo
milite, eundem Dominum viguerium
dando, constituendo, et creando, ac decernen=
=do tutorem adiunctum, seu curatorem dicta[e]
pupilla[e], ac administratorem, et guberna=
=torem dicta[e] pupilla[e] et eius bonorum, et
Comitatus pr[a]edicti Conuenarum cum
certa ac plenaria potestate administr=
=andi, ac gubernandi qua[e] tutoris adiunc=
=ti, seu curatoris officium de iure perti=
=nere possunt; per quas litteras nobis vi=
=cario pr[a]edicto commisit, vt a dicto domi=
=no Viguerio de golardo tutore adiuncto,
seu curatore, ac administratore pr[a]edicto
iuramentum reciperemus de bene ad=
=ministrando, et regendo, ac etiam guber=
=nando, et alia faciendo qua[e] de iure sunt
facienda, cautionesque idoneas recipere=
=mus ab eodem domino Viguerio, qua[e] si=

fideiussorio nomine eiusdem se obligarent secundum iuris dispositionem, nosque vicarius et commissarius prædictus ut fidelis obediens, volentes mandatum nobis iniunctum a dicto domino duce locumtenente ~~nostro~~ prædicto, et in dictis litteris contentum totis nostris viribus adimplere, quod idem dominus Viguerius coram nobis vocatus non poterat, ut asseruerat nobis dare cautiones idoneas seu fideiussorem, qui esset idoneus et locuples ad se obligandum, seu esset par et idoneus oneri iniuncto, præterquam Egregium et potentem principem Dominum Johannem dei gratia Comitem armaniaci, quem promisit et obtulit nobis dare in fideiussorem pro præmissis, quia idem dominus comes coram nobis Tholosæ, vel in comitatu conuenarum certis ex causis impeditus, specialiter propter debilitatem seu infirmitatem suæ personæ venire non posset. ea propter ad locum de vite vicecomitatus leomaniæ, et infra senescalliam agennensem, ubi erat idem dominus comes, nos transtulimus, et vigore prædictæ

prædictæ nostræ commissionis fecimus venire coram nobis dictum dominum viguerium tutorem adiunctum, seu curatorem
et administratorem prædictum, solo tamen
nobis primitus accomodato quathenus
indigere poteramus, per venerabilem virum dominum Guillelmum de Ciuitate
licenciatum in legibus, iudicem vicecomitatuum leomaniæ et altiuillaris, qui de
voluntate dicti dominj comitis ibidem præsentis, dictum solum, quathenus necesse
foret pro contentis in dicta commissione
adimplendis, nobis accomodauit et concessit quoad præmissa et subsequentia dun-
taxat, et ibidem dictus dominus viguerius
de Golardo nobis sedentibus pro tribunalj
in castro de vite solo nobis accomodato iuramento a nobis delato, iurauit super sancta dei Euangelia in manu nostra ea te-
nentia, in administratione dictæ tutelæ
seu curæ, ac administrationis, et guberna-
tionis sibi commissæ dictæ pupillæ comitissæ conuenarum, et dicti comitatus conuenarum, et aliorum bonorum dictæ pupillæ, durante suo officio, bene et legaliter

se habere, vtilia procurare, inutilia euita=
:re, personam et bona dictæ pupillæ fideli=
:ter custodire, inuentarium debite facere
fideliter de eius bonis, et finita dicta tutela,
bonum et legale compotum reddere, et reli=
:qua præstare, et alia facere quæ ad tuto=
:ris adiuncti, seu curatoris, et gubernatoris
officium pertinere possunt et debent de
iure, et hoc sub obligatione et hypotheca
expressa omnium bonorum suorum præ
:sentium et futurorum. et insuper obtulit
nobis in fideiussorem dictum Dominum
Iohannem dei gratia comitem armania=
:cij; qui quidem Dominus Iohannes comes
prædictus, ibidem existens coram nobis
fideiussorio nomine, ad praeces dicti domi=
:ni viguerij se obligauit pro dicto Domino
viguerio, et pro omnibus supra per dictum
Dominum Viguerium promissis, atten=
:dendis, et complendis et inuiolabiter obser=
:uandis nobis vicario et commissario præ=
:dicto, et notario infrascripto pro dicta pu=
:pilla, et pro omnibus quorum interest,
et interesse poterit in futurum, solemni=
:ter stipulantibus et recipientibus, et si quod
damnum

damnum idem dominus viguerius tutor
adiunctus, seu curator, gubernator, et admi=
:nistrator prædictus in bonis dictæ pupillæ,
et administratione prædicta daret, promisit
idem Dominus Comes fideiussorio nomine
quo supra, de suo proprio emendare et resar=
:cire, et præmissa omnia attendere, et comple:
:re, et in contrarium non facere seu venire,
idem dominus comes promisit sub hypothe=
:ca, et obligatione efficaci omnium bonorum
suorum præsentium et futurorum, quibus
supra stipulantibus pro dicta pupilla, et
pro omnibus quorum interesse posset in=
:futurum. Super quibus renunciauerunt
omni et cuilibet actioni, et exceptioni doli
mali, et in factum, et omni alteri iuri, per
quod contra præmissa venire possent idem
dominus viguerius, et dictus dominus comes,
seu in aliquo se iuuare, et contra præmissa
omnia ~~præmi~~ et singula se non venturos,
promiserunt idem dominus comes per fi=
:dem suam, ponendo manus supra pectus,
et dictus dominus viguerius promisit, et iurauit
supra sancta dei Euangelia a se gratis et
corporaliter tacta, et ad maiorem firmita=

:tem præmissorum per nos, et coram nobis
gestorum, nos vicarius et comissarius præ
:dictus, solo nobis accomodato vt superius
continetur authoritatem nostram iudicia
lem interponimus pariter et decretum.
De quibus omnibus et singulis, supra et
infrascriptis, præfatus Dominus comes
armaniaci, de parentela dictæ pupillæ,
et reuerendus pater in Christo dominus Ber
:trandus abbas Symorræ, et nobilis vir Do
:minus Berengarius Dominus de Castroper
:cio et de Benauento miles, amici dictæ pu
:pillæ, et Guillelmus grossi Domicellus, ma
:gister Raymundus Bonelli de montesanse
:sio, magister Johannes de fabrica clericus,
et magister Guillelmus de Bosco surgicus,
habitatores de murello, et Bernardus de
monteporseto Domicellus loci de Plano
boluesry, subditi dicti comitatus conue
:narum, et dictæ pupillæ, et plures alij
tunc ibi præsentes, requisiuerunt per me
notarium infrascriptum fieri publicum
instrumentum. Acta fuerunt hæc om
:nia supradicta anno, die, et loco quibus
supra. Regnante Serenissimo principe
Domino

domino Karolo dei gratia Francorum Rege; testibus præsentibus ad præmissa vocatis specialiter et rogatis venerabili et circons= :pecto viro domino deodato de la parra le= :gum professore, maurino de Birano, do= :mino de Podio Securo et de Ruppe forti, do= :micello michaele de viridano ciue Ruthe= :næ, et Sancio de Podio loci de mancieto ha= :bitatore; et me Petro Ioanj ciue Caturci, pu= :blico authoritate Regia notario, qui requi= :situs vt supra de præmissis hoc præsens publicum instrumentum inquisiuj, et recepi, et in prothocollo meo posui, et fide= :liter notauj, et in hanc formam publi= :cam redegi, et signo meo solito, quo vtor authoritate Regia in publicis instrumen= :tis, sequenti signauj.

Et nos vicarius et commissarius prædic= :tus, ad maiorem authoritatem et firmi= :tatem præmissorum, sigillum curiæ vi= :cariatus nostri Tholosæ in præsentibus litteris, et instrumento apponi fecimus inpendenti.

Le bingthuinisme Mars mil sixcentz soixante sept apres onze apres a oste bien advenirem

Vidimer et collationné sur une autre copie
escripte en papier trouvée au trésor des archifz
du Rodez la ville de Rodez en un cas de papier
nostre cote Douzanze. Et laquelle copie aux d'autres
pieces aussy trouvées entre d'autres papiers meslés
desd. archifs il a esté fait un liasse pour estre ajouté
au inventaire des tiltres dud. tresor En laquelle lad.
copie est cotté de lettre C. 14. Par moy Soubzsigné
estant en la ville de Rodez a la suite de monsieur
de Doat conseiller du Roy en son conseil d'estat et
president en la chambre des comptes de Navarre
Suivant son ordre aud. sieur de lad. chambre des vingt
troisiesme Juin et neufiesme octobre dernier

Capot

Letres de la procuration faite par Jean Comte d'Armagnac de Fezensac de Rodés et de Charrolois pour retirer du Comte de Foix la tierce partie qu'il devoit rendre des Joyaux qui luy avoient esté baillez en gage pour l'asseurance du payement de 73000. francs d'or à cause du second payement fait audit Comte de Foix du second tiers de ladite somme.

Du 30. Juillet 1378.
En langage Gascon.

Johan per la gracia de Diu Comte d'Armagnac de Fezensac de Rodés et de Charroles Vescomte de Lomanha et d'Autuillaret Senhor de la terra de Riuera a tots aquels qui las presens letras veyran o lezir auxiran salut. Nos fam assaber per la tenor de las presens que cum de dos ans en sa per certas causas sian estats baylats en guatge per nos o per nostras gens en nom de nous a nostre Car-

Cosin lo Comte de Foix certaris ioyels et per la soma de septante tres milia francs d'aur an tals conuens que paguan a nostre digh Cosin la tersa part de la dicha soma a certan terme ia passat que el nostre digh Cosin nos degues o a nostre certan mandamen redre et restituir la tersa part dels dighs Joyels e facha per nos a nostre digh Cosin lo Comte de Foix la dicha primiera pagua el nos aia restituit la tersa part dels dighs ioyels apres a la festa de Paschas prpp da —— passada o enuiron de la dicha festa nos o nostras gens en nom de nos aiam facha la segonda pagua dels dighs septante tres francs d'aur a nostre digh Cosin per miegh laqual el nos deuia auer restituit l'autra tersa part dels dighs Joyels que es la mitat dels Joyels que el ha encaras de nos laqual causa el nonha encara facha que nos lo iorn de la data de las presens per nostre bon grat fezem et constituim et ordenem et fasen et constituem et ordenam per la tenor de nostras presens letras nostre esperial et nostre dobtos procurador nostre amat et feal bailes de Cambra Gayerin deu Borques exhibidor de las presens a demandar exhigir et recebre

recebre de nostre digh Cosin lo Comte de
foyx en nom de nos la segonda terça part dels
dighs Joyels que es la mitat dels dighs Joyels
que nostre digh Cosin ha encara de nos per la
causa dessus dicha e daquels receubuts que
los aia donar a nostre digh Cosin lo Comte
de foix reconechen absolution et quittance
E prometem per la tenor de las presens auer
per tots temps auer agradable et ferm tot so
que per lo digh Jayerin deu Borguet sus las
causas dessus dichas a nostre digh Cosin lo
Comte de foix sera exhigit et demandat et
per luy Jayerin deu Borguet nostre Procurai=
re del digh Comte nostre Cosin reconegut re=
ceubut absolut et quittat et behamen procu=
rat loqual nostre procuraire nous per la
tenor de las presens releuam et releuar vo=
lem de tota cargua de satifaction de jos la obli=
gansa et ypotheca de nostres betz presens et
aduenir et jos la renunciation de dregh et de
cauthela qualsque sian E en testimoni de
vertat et a maior fermetat de las causas dessus dichas Nos Comte Comte d'Armanhac
dessus digh auem fagh metre nostre sagel se=
cret en penden en nostras presens letras en

presencia et testimoni de Mossen d'Orde
de la Paira Rector et de Mossen C. de Car-
tuc licenciat en leys Bat en nostre Castel de la Pit lo vingt et nau jorn del mes
de Julh l'an de nostre senhor mil tres cens
septante ocyt.

Per Monsenhor lo Comte presens los
dessus nomats signat R Tayrou
Le vingt neufiesme may mil six cens soixante sept
la presente copie a esté bien et deuement vidimée et collaco
a l'original escrit en parchemin trouué aux archifs domaniaux
du Roy en laville de Rodez en vng bas coffre despapiers
mosisi duquel original auec dautres pieces a esté
trouuerté entre dautres papiers mosis loides d. au Roy Il
a esté fait vn hiam pour estre adiousté a l'inuentau
de ch..redud. tresor En laquelle led. original est
coté de lre G.I.S. Paurnoy souhsigné estque en la
ville de Rodez à lachute de monsieur de Doas auoc. de
du Roy en sad. conserlo dettat et president en lachambre
de comptes de nauarre Suiuant l'arrest arcesté dela dite
chambre du vingt troisiesme Juin mil refonne
octobre dernier
                                    Dupoy

112

Lettres de la procuration faite par Jean Comte d'Armagnac de Fesensac, de Rodes et de Charrolois pour retirer du Comte de Foix la tierce partie qu'il devoit rendre des Joyaux qu'il luy avoient été baillez en Gage pour l'asseurance du payement de 3000. francs dor a Cause du second payement fait au Comte de Foix du second tiers de ladite somme Du 30.e Juillet 1378

Traduit de L'original qui est en lāgage Gascon

Jean par la grace de Dieu Comte d'Armagnac de Fesensac, de Rodes, et de Charolois, Vicomte de Lomaigne et d'Auvillar et Seigneur de la Terre de Riviere, A tous ceux qui ces presentes lettres verront, ou orront lire, Salut Sçavoir faisons par la teneur de ces presentes que comme pour certaines causes il ait esté baillé engagé depuis deux ans en ça par nous ou par nos gens en nostre nom a nostre cher cousin le Comte de foix certains ioyaux pour la somme de soixante et treize mille francs d'or avec telles conditions, que paiant a nostre dit cousin la troisième partie de la dite somme a certain terme ia passé, que nostre dit cousin nous d'eust, ou a nostre certain mandement rendre, et restituer la troisième partie desdits ioyaux, Et fait par nous a nostre dit cousin le Comte de foix le dit premier payement il nous ait restitué la troisième partie des dits ioyaux, et que nous du depuis ou nos gens en nostre nom ayons a la feste de Pasques prochainement passée ou environ la dite feste, fait le second payement des dits septante trois francs d'or a nostre dit cousin en vertu duquel il nous devoit avoir restitué l'autre *troisième* partie desdits ioyaux qui est la moitié des ioyaux qu'il a encore de nous, laquelle chose il n'a pas encore faite que nous le iour de la presente date, de nostre bon gré avons fait et constitué, et ordonné, faisons, et constituons et ordonnons par la teneur de nos

presentes

presentes letres nostre special et nostre doblos procureur, nostre amé et feal valet de Chambre Jayerin de Bosquet exhibiteur des presentes pour demander, exhiber, et recevoir de nostre dit cousin le Comte de Foix, la seconde troisieme partie desdits Joyaux que nostre dit cousin a encore de nous pour la cause dessus dite, et d'iceux receus qu'il en ait a donner a nostre dit Cousin le Comte de Foix reconnoissance absolution et quitance, Et prometons par la teneur de ces presentes avoir pour tout temps ferme et agreable tout ce que par ledit Jayerin de Bosquet sur les choses susdites sera exhibé et demandé a nostre dit cousin le Comte de foix, et par ledit Jayerin de Bosquet nostre procureur sera reconneu, receu, absous, et quitté, et promptement procuré dudit Comte nostre Cousin, lequel procureur, nous par la teneur de ces presentes relevons, et voulons relever de toute Charge de Satisfaction soubs l'obligation hipotheque de nos biens presens et advenir et soubs la renunciation de droit et de Cautele qu'els qu'ils soient, et en tesmoin de la verité, et pour une plus grande fermeté des choses

dessus dites. Nous Comte d'Armagnac dessus
dit auons fait metre nostre Seau Secret en pendant en nos presentes letres en presence, et
tesmoins de Messire d'orde de la Peire recteur, et de Messire C. de Cartue licentié en
Loix, donné en nostre Chateau de Lauit, le
vingt et neufuieme iour du mois de Juin
lan de nostre Seigneur mille trois Cens soixante et dix et huit.
Par Monseigneur le Comte presens les
dessus nommés Signé P. Jauinj.

Le vingtneufiesme Mars Mil Sixcens Soixante sept
la presente traduction du langage Gascon en langue
francoise a esté corrigée et verifiée auoir esté fidellement
faite à l'original escrit en parchemin aud. langage
gascon trouué au tresor des archifes du Roy en la
ville de Rodes en vne Banastre de papiers moliere
duquel original auec dautres qui ont aussi trouués
entre d'autres papiers moliere dud. archif. il a esté fait
bulliasse pour estre adiouté a l'Inuentaire des Archifs
dud. Tresor en laquelle lad. original est cotté de lettre
G. 15. Par moy souzsigné estant en lad. ville de
Rodes a la Suite du monsieur de Doat conseiller
du Roy en Sa conseil d'estat espendam en la chambre
de comptes de Nauarre Suiuam le cacacristre de ladit
chambre des vingt troisiesme Juin et neufiesme octobre dernier.

Capot

Procuration de Jean Comte d'Armagnac pour faire ligue, aliance, et confederation auec Henry Roy de Castille, et l'Infant.

Du 1. Feurier 1378.

In nomine Domini

Amen. Nouerint Vniuersi, et singuli præsentes pariter, et futuri, quod anno Incarnationis eiusdem Domini millesimo trecentesimo septuagesimo octauo, die prima mensis februarij apud Ciuitatem Lactoræ, et in Castro Episcopali eiusdem Ciuitatis, regnante Serenissimo, ac Illustrissimo principe Domino Karolo Dei gratia francorum Rege in præsentia mei Notarij infrascripti, et testium subscriptorum ad hæc, et ad infrascripta vocatorum specialiter, et rogatorum personaliter constitutus Egregius, et potens princeps Dominus Johannes Dei gratia Comes Armanhaci, fezenciarij, Ruthenæ, et Kadrellensis bicecomesque

Leomaniæ, et Altivillaris, ac Dominus
terræ Ripariæ gratis, et sponte fecit, constituit, ac etiam ordinavit suos certos, veros,
et indubitatos procuratores, factores, ambaxiatores, legatosque, et nuncios speciales,
videlicet dilectos et fideles vocios, et consilia-
rios suos nobiles viros Dominum Bernardum de Grisinhaco, Dominum de Grisinhaco militem vicarium regium Tholosæ, nec non et Dominum Galhardum
Tornery Dominum de Lennagueto militem,
exhibitores huius præsentis veri et publici Instrumenti, et eorum quemlibet in solidum, ita quod non sit melior conditio occupantis, sed quod per unum ipsorum inceptū
fuerit, seu tractatum per alterum in sequi,
mediarique valeat, et finiri specialiter
et expresse vice, et nomine dicti Domini
Comitis præsentandum coram superillus-
trissimo principe Domino Henrico dig-
nissima Dei providentia Rege Castellæ
et legionis, ac coram inclito Infante, et Domino Domino Infante eius primogenito,
ac credentiam per dictum Dominum constituentem eis traditam dicendum, exponen-

dum

dum, et explicandum vice, et nomine dicti Domini constituentis, nec non, et ad faciendum ligas, et alliationes ac confederationes cum dictis Domino Rege, et dicto Domino Infante eius primogenito coniunctim, et divisim, et dicto Domino constituente Comite, et eorum successoribus, et cuiuslibet eorundem, et ad faciendum tractatum, et conventiones, ac confederationes super praemissis, et ad promittendum vice, et nomine dicti Domini Comitis constituentis, et iuramento firmandum in animam dicti Domini Comitis, quidquid per dictos procuratores, et ambaxiatores, seu alterum eorum fuerit promissum, conventum, seu super hijs concordatum, et pro praemissis personam, et bona dicti Domini Comitis constituentis, obligandum, et ad alia omnia, et singula faciendum, quae super his fuerint necessaria, seu etiam opportuna, et eis, et eorum cuilibet visa fuerint facienda. Dans et concedens idem Dominus Comes constituens dictis suis procuratoribus, ac ambaxiatoribus, et eorum cuilibet insolidum licentiam, ac liberam potestatem in, et super præmissis ligantijs, confæderationibus, et tractatibus earumdem promittendi dictū Dominum Comitem constituentem facta rum ea, quæ per eos seu eorum alterum fuerint promissa, conuenta, et acordata, et ad præmissa, quæ fuerint conuenta, et acordata dictum Dominum Comitem, et eius bona mobilia, et immobilia, præsentia et futura obligandi, et medio iuramento in animam ipsius Domini Comitis constituentis firmandi, et alia promittendi, et faciendi, quæ in præmissis, et circa præmissa idem Dominus Comes facere posset si personaliter præsens esset, etiam si mandatum exhigerent speciale, idem Dominus Comes c̄seruēs uirtu[te] iuramenti inferius per ipsum præstandi ~~constetulcucas~~ ^{promittens} se gratum ratum et firmum habiturum, quidquid per dictos procuratores, et ambaxiatores super dictis obligationibus, et conuentionibus super hijs fiendis fuerit promissum, conuentum, stipulatum, gestum, factum, seu obligatum, [v]el alias modo quolibet procuratum. Releuans præfatus Dominus Comes constituens dictos suos

procuratore[s]

procuratores, et eis substituendos, et eorum quemlibet ab omni, et qualibet onere satisdandi sub omni, et qualibet iuris, et facti renunciatione pariter, et cauthela, et sic omnia, et singula supradicta attendere, et complere, et in contrarium non facere, dicere, seu venire, promisit idem Dominus Comes constituens sua bona fide, et nichilominus suo corporali a se præstito Iuramento supradicto in Dei quatuor Euangelia a se corporaliter, et gratis tacta. De quibus omnibus, et singulis supradictis dictus Dominus Comes constituens requisiuit me Notarium publicum Instrumentum, quod sibi concessi authoritate dicti mei publici officy, prout et in quantum de iure poteram, et debebam &c. Acta fuerunt hæc &c. Et supra testibus præsentibus ad præmissis per dictum Dominum Comitem constituentem Vocatis spetialiter, et rogatis. &c.

Et me Petro Iouini Ciue Caturci authoritate regia publico Notario, qui requisitus vt supra de præmissis hoc præsens publicum Instrumentum inquisiui, sumpsi, et accepi, et in prothocolla meo posui, et fideliter notavi, et in hac formam publicam redegi, et signum eo solito sequenti signavi...

Nos vero Comes Armaniaci, Fesensiaci, Ruthenae, et Rodellensis, Vicecomesque Leomaniae, et Alturiolariis, ac Dominus terrae Ripperiae praedictae ad maiorem roboris firmitatem, et fidem, et testimonium, omnium, et singulorum praemissorum sigillum nostrum secretum nostro magno sigillo absenti, impendenti in cera viridi, post signum vera dicti Notarii, quo authoritate Regia utitur signando publica Instrumenta, et etiam post signetum, quo idem Notarius utitur ut secretarius noster signando nostras litteras a nostra curia emanantes huic praesenti Instrumento impendenti duximus apponendum.

Extrait en collationné d'une copie trouvée entre les papiers de moy soubz doczeu hier à douze heures du Roy en la ville de Rodez, delaquelle avoit d'aumosnier aussi trouvée entre les d. papiers misloz ha esté fait publicat en laquelle lad. copie est colée de lettre Q.3.Q. Par lordre en la presence de Messire Jean

117

de Doat conseiller du Roy en son conseil, president en
la chambre des comptes de Navarre, Commissaire deputé
par lettres patentes de sa majesté du premier Avril dernier
pour faire recherche dans les archifs de l'Abbaye et
autres communautes Ecclesiastiques et seculieres de
la province de Guienne des titres concernans les droits
de sad. Majesté ou qui pourront servir a l'histoire, faire
faire des extraits de ceux qu'il Jugera necessaires et
les renvoyer au garde de la Bibliotheque Royalle Par
Moy Bertrand Capot huissier de lad. chambre par elle
commis pour faire les extraits des titres des archives
de sa majesté de son ressort par ses arrests de vingt
troisiesme Juin, unxiesme octobre 9bre Soixante
six en grossier d'office de lad. commission fait a Pedeas
le vingt deuxiesme Aoust Mil Six cens Soixante Sept

De Doat

Capot

Sauuegarde donnée par le Juge de la ville de Rodés et cour commune du Comte et de l'Euesque

Du 12.ᵉ feurier 1378

In nomine Domini amen. Anno Incarnationis eiusdem millesimo trecentesimo septuagesimo octauo, et die sabbati, qua fuit duodecima dies mensis februarij Egregio, ac magnifico principe, et domino Johanne dei gratia Comite armanhaci, fesenciacj, et Ruthenæ, viceque comite leomanie, et aliij clarisé in suis comitatibus, et vicecomitatibus dominante. nouerint vniuersi, et singulj hoc præsens publicum instrumentum inspecturj, visuri, lecturj, ac etiam audituri, quod existentes, et personaliter in præsentia mei notarij, et testium infra scriptorum petrus prohm alias marques, et geraldus canhac in platea de lolmet ante hospitium dicti petrj in dicta platea confrontatur ab vna parte cum hospitio dicti geraldi Canhat, et ab alia parte cum hospitio hæredum Bernardi dimus quandam, et ab alia parte cum predicta platea de oliueto, et si qui alij sunt confines coheuerunt, Præsentauerunt Johannem guarlam iuniori baiulo villæ Ruthenensis, et curiæ communis eius-dem quasdam patentes litteras in pargameno scriptas a venerabili et circumspecto viro Domino guillelmo de granholis licentiato in legibus iudice dictæ villæ, et curiæ communis eiusdem emanatas, et sigillo eius cera Rubea inpendente sigillatas eorum saluagardiam vt dixerunt in se continentes, quarum tenor sequitur per ordinem sub his verbis guillelmus de granholis licenciatus in legibus iudex villæ Ruthenæ, et curiæ communis eiusdem poncio de boldi seruienti dictæ villæ Ruthenæ ceterisque officiarijs, et seruientibus dictæ communis curiæ has præsentes litteras visuris Salutem ad supplicationem petri prohis alias marques et alimbois eiusdem petri uxoris geraldi canhat, et Guillelmi eius uxoris habitatorum Burgi Ruthenæ asserentium et

et verisimilibus coniecturis, ac certis
nullis personis se timere iniurias infer=
ri, ac indebitas nouitates vobis, et ves=
trum cuilibet insolidum comittimus, et
mandamus quatenus ipsos vna cum
habitatoribus, et familiaribus, et bonis
eorumdem in, et sub protectione, et Sal=
uagardia dominorum de Ruthena sus=
cepimus per presentes ponatis eosdem
in eorum iustis possessionibus, liberta=
tibus, franquesijs, saisinis, et vsibus,
in quibus ipsos, eorumque predecessores
esse, vel fuisse ab antiquo inueneritis
manuteneatis, et conseruetis eosdem
et ab iniurijs, violensijs, oppressioni=
bus, vi armorum, et potentia laicorum,
et ab alijs nouitatibus indebitis tuea=
mini, seu defendatis eosdem cum eorum
familiaribus, rebus, et bonis eorumdem
tueri, et debitis faciatis non permitten=
tes contra ipsos, eorumque familiares
rebus, bonis, et libertatibus eorumdem
aliquid fieri, seu inferri in debitis no=
uitatibus, quas factas esse, vel fuisse
inueneritis in dicta Saluagardia, et

dictorum supplicantium praeiudicium ad statum pristinum iustum, et debitu reducatis, et faciatis reduci in dilate, assecuramentum legitimum iuxta patriæ consuetudinem præstare, et dictam Salua:
:gardiam publicare Rotulos, seu penu:
:cellos armis dictorum dominorum de Ruthena depictis — apponi in locis non contentiosis siue litigiosis, et dominorum de Ruthena subditis, de quibus fuerit re:
:quisiti, et in aliquo casu emergenti ne:
:cessario videbitur expedire, ne illi a qui:
:bus iniuriarum se timent per igno:
:rantiam se valeant excusare defenden:
:do in generali omnibus, et in speciali illis, de quibus fuerit requisiti, sub magnis pœnis dominis de Ruthena dan:
:di, et aplicandi, ne ipsos supplicantes eorumque familiares rebus bonis, et iu:
:ribus eorumdem aliqualiter iniuria:
:rum præsumant quoquomodo ab omnibus nostris subditis vobis et quilibet ves:
:trum in his, et ea tangentibus parere ple:
:narie volumus, et iubemus præcauen:
:tes vos, quod de his, quæ causæ cognitio
nem

nem exigunt nulla tenus vos in no-
uitate, sed partes negotiorum tangen-
tes coram nobis remittatis ad certam
diem de qua nos certificare curetis super
premissis iusticiam receptum, vt erit
rationis datum Ruthena die nona fe-
bruarii anno domini millesimo ducen-
tesimo septuagesimo octauo iudea in
forma communi merceris. quibus quidem litteris sic vt premittitur dicto baiulo presentatis, exhibitis, et productis
petierunt et requisiuerunt dictum baiulum quathenus contenta in dictis litteris compleret, et executioni demandaret
et prout in eisdem est fieri mandatum
et in casibus est fieri consuetum, quibus
quidem litteris vt premittitur per dictum petrum, et geraldum eidem baiulo exhibitis, productis et presentatis
et per eundem baiulum cum omni reuerentia, et honore quibus decet conuenit
receptis dictus baiulus obediens mandatis sui superioris, ipsisque litteris per
me notarium infra scriptum eidem
baiulo lectis in Romancio, et de verbo

ad verbum explicatis ad postulationem, et requisitionem earumdem petri, et geraldi iuxta formam, et tenorem litterarum prædictarum attendens eosdem petrum, et geraldum esse in possessione pacifica, et quieta dictorum hospitiorum Supra, et infra confrontatorum eosdem petrum, et geraldum sequendo formam, et tenorem litterarum prædictarum, eorumque vxores, liberos, et bona eorumdem in et sub protectione, et saluagardia dominorum de Ruthena possint defendendo in generali omnibus, et in Speciali sub pœna ducentarum librarum Ruthenæ dominis de Ruthena dandi, et applicandi, ne a cætero dictos petrum, ac geraldum, eorumque vxores familiares, res et bona eorumdem in Saluagardia dominorum de Ruthena, iniuriarum, molestiarum, nec perturbare audeant, seu præsumant contra formam, et tenorem dictarum litterarum Saluegardiæ prædictæ, et ne quis in præiudicium ignorantiam prætendere possit penuncellos armis dictorum dominorum depictis
in

in porta dicti hospitij dicti petri, et etiam
in quadam alia magna porta crucis
dicti hospitij apposuit et affixit seip-
sum guardiatorem, et defensorem sal-
vegardie predicte retinendo. de quibus
omnibus dictus petrus sibi fieri petijt
publicum instrumentum per me notarium infra scriptum. Postque illico quo
anno, et die predictis dictus baiulus una
cum me notario, et testibus infra scriptis attendendo, ad hospitium predictum
Geraldi Canhac, et Guillelme eius uxoris, quod hospitium confrontatur ab
una parte cum hospitio haredum Guillelmi Boerij, et ab alia parte cum hospitio dicti petri prothi alias marques
et cum platea de Lolmet, et cum alijs
confrontationibus suenoris, quiqui-
dem baiulus simili modo, et forma quibus supra inhibuit sub predicta pena
prout supra, et etiam penuncellos armes dominorum de Ruthena depictis
in porta solerij dicti hospicij apposuit
seu affixit. de quibus omnibus, et singulis supradictus geraldus sibi fieri petijt

publicum instrumentum per me notarium infrascriptum actabuerunt
hac Ruthena anno die mense et dominante predictis in praesentia et testimonio discretorum virorum magistrorum
Johannis pagani guillelmi dalhade-
rias petri lasala notariorum geraldi
de monte matone Geraldi fromeri clerici arnaldi de Ruppelania et mei
galhardi merceris habitatoris de Ruthena authoritate comitali publici
notarij, qui requisitus de praemissis
notam recepi, et in meis originalibus
reposui prothocollum et ea inde hac presens publicum instrumentum abstra-
hi, et grossari feci per petrum lasala
clericum substitutum meum, et facta
diligenti collatione cum originali, et
prothocollo quae ad invicem concordan-
tia inveni, hic me subscripsi, et signo
meo sequenti signavi in fidem, et testimonium omnium praemissorum Ego
vero gualhardus merceris notarius pre-
dictus hic me subscripsi, et signavi.

Le seizieme Decembre Mil sire cents soixante six
Caymirie

la presente copie a esté bien et deuement verifiee
et collationnee sur une copie originalle escrite
en parchemin qui est au tresor des archifs du
Roy de la ville de Rodez Inventoriee en
linventaire des tiltres dud. Tresor et cotee des lres
B. B. B. au chapitre du Rodez par moy
soubsigné estant en la ville de Rodez a la chose
de monsieur de Doat conseiller du Roy en son
conseil et president en la chambre des comptes
de navarre Suivant lre a rrest de ladite chambre
des vingt et troisiesme Juin et neufe octobre dernier

Capot

Appointement Entre Jean seigneur de Neuille Lieutenant d'Aquitaine pour le Roy d'Angleterre, et Bernard de Lanne sur la deslivrance du Chasteau et lieu de Verteuil

Du premier Mars 1378.

Sayent ces las promesses, et conuenances faites par entre le tres noble et tres puissant seigneur Monseigneur Jean seigneur de Neuille, Lieutenant d'Aquitaine pour le Roy d'Angleterre d'vne part, et Bertrand de Lanne Escuyer d'Autre part, sur la deli=

la deliurance du Lieu et Chastel
de Bertuilh tant prumerement
que ledit Bertrand de Lanne baille et met ledit Chastel de Bertuilh
à la main du Roy d'Angleterre
auecques telle condition et maniere que ledit Chastel ne soit deffait
ne mis ne remué en aucune autre main, forsque en la main des
Sires de Lebret ou de sainte Basill-
le ou de leurs hers la que sera paix
ou qu'ils ou aucun d'eulx ou leurs
fussent en l'obeissance du Roy
d'Angleterre, Et toutes cestes choses promesses et conuenances et
chacune d'Jcelles ledit Monsieur
le Lieutenant a promis et Juré
par sa foy, et serement de son
Corps de tenir, et faire tenir, et accomplir comme a Lieutenant du
Roy d'Angleterre, et soubs l'obligation de tous ses biens, et choses
moubles, et Immoubles quelque
part

part qu'ils pourront estre trouez
de sa et dela la mer, Et en le cas
que le Roy d'angleterre fist le
contraire des choses surdittes, Il
se obligé en la maniere que des=
=sus a le amender, et reparer de
chose que soit raisonnable, Et
a maiour fermeté de toutes et
chacune les choses surdittes le=
=dit Monsieur le Lieutenant a
mis a ces presentes le seel Ro=
=yal dont Il use de son office; Le
premier jour de Mars l'an de
grace mil trois cens septante huit.

Le quatriesme octobre mil six cens soixante six
lapresente copie a esté bien et duement redimeé
et collationneé sur une autre copie escripte en parchemin
qui estoit au tresor des archifs du Roy au scheau
de nerac, porteé au tresor des archifs de samajesté
au chasteau depau, Inventorieé au vieux Inven=
taire dalbret chapitre de capitalat debyn langoyran
et coteé du titre G. Par moy soubzsigné
Estant en la ville de soix a la suite de monsieur
de Doat conseilleu du Roy en son conseil

dostat u president en la chambre de comptes
de nauuore Minuans lauret dolad chambre du
vingt troisiesme Jum darnier/

Capot

Accords entre Guillem le Strop, Archambaut de Grelli captal de Buchs, Baillard de Duffort sire de Duras, d'une part, et Bertrand de Lanne d'aultre, sur la deliurance du lieu et Chasteau de Verteuil

Du premier mars 1378.

Suyvent ce las promesses et conuenances faictes par entre les honnourés seigneurs, Messire Guillem le Strop, Messire Archambaut de Gresly captal de Buch, et Messire Gaillard de Durffort sire de Duras, et de Blanquefort d'une part, et Bertrand de Lanne escuier d'aultre d'autre part, sur la delivrance du lieu et chastel de Bertuilh. Tout premierement, que ledit Bertrand de Janne baille et met ledit Chastel de Bertuilh a la main du Roy Dangleterre avecques telles condition et maniere, que ledit chastel ne soit deffait ne mis, ne ruiné en aucune autre main, forsque en la main des sires de Lebret, ou de Saincte Baselle, ou de leurs hers, la que sera paix, ou qu'ils, ou aucun d'eulx, ou leurs hers feussent en obeissance du Roy Dangleterre. Et toutes cestes choses, promesses et convenances, et chascune d'icelles les dessus nommez ont promis juré par la foy et serment de leurs corps, de faire et tenir et acomplir. Et soubz obligation de toutz leurs biens et choses moubles et inmoubles, quelque part qu'ils pourront estre trouvez, deça et dela la mer. Et en paine d'estre faulx manciens chevaliers, et foy mentiz en tous lieux

cours

cours, et places. Et en le cas que le Roy
Dangleterre fist le contraire des choses
surdites, ils se obligen en la maniere que
dessus, à les amender et reparer, De chose
que soit raisonnable. Et a maiour fermeté de toutes et chascune les choses
surdites, Les dessus nommés Messire
guillem le Strop Capral, et sire de Duras ont mis leurs propres seels à ces presentes, le premier jour de mars l'an de
grace mil trois cens septante et huict

Le vingt et deuxie Jour Septembre mil six cens
soixante six la presente copie a esté bien et
deuement vidimée et collationnée à la grosse
escripte en parchemin qui estoit au tresor des
archifs du Roy au chasteau de nerac, portée
au tresor des archifs de samaiesté au chasteau
depau Inventorieé au vieux Inventaire
dalbret chapitre Intitullé Captalat de Buch
Vicurial langoiran et podensac et est dans
le sac coté de lettre B 7. Pauroy soubzsigné
estans en la ville de pau à la suite de monsieur de Doat conseiller du Roy en ses
conseils destat et privé en la chambre

du compte de messieurs suivant l'accord de
lad. chambre du vingt et troisiesme juin dernier

Capot

Traité de paix entre Jean Comte d'Armagnac, de Fesensac, de Rodes et de Charolois, et Jean d'Armagnac son fils comte de Comenges pour eux, leurs sujets, alliés et adhérens d'une part; et Gaston comte de Foix, vicomte de Bearn et de Marsan, et Gaston son fils pour eux, leurs sujets, alliés et adhérents d'autre part, suivant la paix auparavant faite entre ledit Gaston et son fils et les procureurs y dénommés dudit Jean d'Armagnac et de son fils, dont le traité y est inseré.

Ledit premier traité est daté du 20 mars 1378.

Et le dernier du jour des Rameaux 3 avril 1379.

En langage Bearnois avec la Traduction à part

En nom deu Pay et deu Silh

et Deu Sant Sperit amen Coneguda et ma-
nifesta causa sia a tots los presens et en-
devenidors que aquest present public instrument perseveran ausiran ni
que l'an et lo iorn dius scriuts en presentia de nos que notaris et deus testimonis deius nommats personalament constituits los tres puyssans et mot nobles
senhors mossenhor Johan per la gracia de Diu comte d'Armanhac de Fesensac de Rodes et de Charrolois vescomte de Lomanha et d'Autuillar et
senhor de la terra d'Arribera et Johan
d'Armanhac son filh leyau et naturau
Comte de Comenge per lor lors subiets
aliats et valedors d'une part et mos-
sen Gaston per la gracia m comte de foissa senhor de Bearn vescomte
de Marsan et de Gavardan et Gaston
son filh leayau et naturau per lor lors
subyets aliats et valedors d'autre part
fen et acorden entre lor bone leyau perpetuau et amorosa pats en ais si cum
Premieyrament era estat acordat entre

tre lodit mossenhor lo Comte de foixs
et Gaston son filh d'una part et Mossen Joan senhor de Manhaut Cavalier mossen Sants de Serissa, prior
de Maditan et Maurin de Borian senhor de Roquefort en nom et per nom
et coma procuradors specials de Mossenhor d'armanhac auens a aisso plen-
ier poder et apres confermat et jurat per
per lodit mossenhor lo Comte d'armaignac aissi cum esta fermat per dues rolles
feitz Sober lodit acord la un feit per lo
dit mossenhor et sagerat de son saget
secret et subscriut de sa man loquau
demoure deuers Mossenhor de foixet
et l'autre rolle feit per lodit mossenhor
de foix et sagerat de son propi saget
et subscriut de sa propria man loquau
demore deuers lodit mossenhor lo Comte
d'armanhac de una semblansa et tenor d'autre part laquau tenor sensec en
aquesta maneira. Acord feit entre los
nobles mossen Johan senhor de Manhaut Cavalier Mossen Sants de Serisso

de Madiran et Maurin de Pomiach sen
:hor de Roquefort en nom et per nom
et vam us procuraÿs specials auens ple
:nier poder de tres noble et puissant senh
:or mossenhor Johan per la gracia de
Diu Comte d'armanhac de fedensac et
de Rodés et de Charroles veycomte de
Lomanhe et d'autuilar et senhor de la
terre d'arribere et a far ratificar Johan
d'armanhac Comte de Comenge son filh
et al tuor de la tres noble margarida Co
:mtesse de Comenge sa molher et a tots
autres a qui s'apartengue ni eys ap
:usquen far per dreit et obligar tots bees
et a tots autres a qui s'apartenga ni eys
apusquen far lors terres a far bon de
vn'a part et lo tres noble et puissant sen
:hor Mossen gaston per la medixes gr
:acia Comte de foixs senhor de Bearn
vescomte de marsan et de Gauardan
et a Gaston son filh lodit Gaston ab
licence et auctoritat dat deudit mossen
:hor de Foixs son pay d'autre part en
la maniere que s'ensec: Premierament
que

que bona pats amourose et perpetual-
per los dessusditz et per totz lors successors
sie entre lor lors sosmes et baledors et totes
rancuras males volantes d'une part et
d'autre sien totes remesses entro au iorn
dhuy. Los quaus baledors son nommatz à cert iorn. Item que per tal que
aquesta patz sie perpetual et durable
perpetualment es acordat que matrimoni sie feit entre Beatrix filha deu dit
Mossenhor d'armanhac de une part
et lo dessusdit Gaston filh deudit mossenhor de foix d'autre. Item de bregte
mille francs qu'en son promes per dot
lodit Mossenhor de foix las ne laxee
dets mille francs per nom de agensament car en aquesta terra nos sap-
hom ques vol dire agensament o si-
mes los platz que sie lo dot trente mille
francs goadanhe l'un sobre l'autre survi-
uent dets mille francs segon que dreit
vol loquau dot se paque cinq mille
francs a la porte de la gleise et au cap
de l'an apres seguent l'an reuolut autres

cinq mille francs e de qui auan cad e an
d'an en an aus media iorn aucus cinq
mille francs los ens recoubers l'un apres
l'autre entro lo dit dot sie pagat e si de ual:
:ue de u dit matrimoni que lo dot sie tor
:nat per la media termis que mossen
:hor de foixes l'aura pres. Item si de ualue
deu matrimoni au dit mossenhor de foixes
plats que la filha agues cad an tres mi
:le florins de france per sos aliments en
:tro que lo dot lo sie tornat. Item la tor
co folene sere baillada au dit mossenhor
de foixes et los autres locs sen thien en
albigeois et quitar au dit mossenhor de
foixes per si et per tous drets que en la dite
terre d'albigeois poudisse aber. Item
que lo dit monseignor de foix aia et ten=
que lo loc et castellanie de Sainct Iulian
am sas partenences aysi cum antiqa=
:ament se sole tenir a tote sa vida et
apres sa vita que torne au comte de
fomenge. Item que monseignor Ioan
lo prio de Luntar lo seignor de Nos lo=
seignor de La serre lo seignor de Berat
lo.

lo senhor de Gozences, Guirautto de Mauleon, m. l. mossenhot Karles d'Espanhe,
Arnaut guillem de Mauleon, P. de foyces
Sants, Dassie d'aure et autres qui are
son de la hobediençe deudit mossenhot
de foixes, fo acordat per los senhors dessus
ditz en nom que dessus que duran la
vita deudit mossenhor de foix lodit Cote de Comenge no los posque compellit
de este de sa part ni sos homis abants
ac sien deudit mossenhot de foixes et
assa ni per procés ni per guerre si no
que de lor acord abuelh en far an lor sien
thiencug de redre totz los locs que thien
en Comenge abans que fossen de la
hobediençe deudit mossenhot de foixes
et en oltre que lodit mossenhot de foixes
iutera aixi cum las autres causes dessus et deius Scriutes que eg fara am
los dessus nommatz gentils de Comenge per totes las manieires que bonaments poira ni que sabera los indusira
que los dessusditz gentils bengan a la
hobediençe deudit Comte de Comenge

per la maneire que los autres gentils de Comenge an feit et si viuen. Lo dit mossenhor de foixs losdits gentils no bien a la hobediencie deudit mossenhor de Comenge que tantost apres la mort deudit mossenhor de foixs lodit mossenhor de Comenge los ne pusque compellir lequau induction lodit mossenhor de foix aura feita per vn mes apres la pats feita. Empero quant au feit deusdits gentils et de la restitution de lors toxes losdits procuraires en nom que dessus reseruan la volontat deudit mossenhor d'Armaignac et eqs prometen et iuren de far lor leyau poder que aixi de fasse cum dessus es dit et se no a fasse que tot aquest acord fos nulle. Item la Begorje de Maubesin et de Jodoo demoren ab lodit mossenhor de foixs a perpetualitat per si et per sos. Item per mieg las causas dessus et deius dites lodit monseignor de foix et Gaston son filh de sa licentia quitteran et remetran tous los drets que poden demanar manat en lo Comtat de Comenge en quen-he maneire et condition que fos entro au iorn de uey. Item fo acordat que tous dampnatges dats de una part et d'autre et totas pars passades et totas penes encorrudes sien toutes remeses entro au-iourd'huy et que tos informations fei-tes entro si sien totes nulles et que lus dampnatges dats per monseignor d'Ar-manhac sas gens et sos valedors en la terre de Monseignor de Foixs sos sous-mes et valedors monseignor de Foixs s'en acorde am sas gens et ab los de sos valedors et que quant a Dieu — et a segle monseignor d'Armaignac no sie quite et per la medixe maneire deus dampnatges que monseignor de Foixs sas gens et sos valedors auten donats en la terre de Monseignor d'Arman-hac sas gens et sos valedors que mon-senhor d'Armanhac s'en acorde ab los de sos valedors. Item en oltre lodit mon-seignor de Foixs et Gaston son filh de sa authoritat et licentia prometen et

iuren en la maneira que las autres causes dessus et deius scriutes que els re-
metin totas demandes que far poiren
en nulle maneire per madone de Comenge mai de la molher de monseignor
de Comenge et que per pleit ni per quer-
re ni en nulhe autre maneire no la ad-
iuvaran en nulhe maneire. Item
que monseignor d'Armanhac et monseignor de Comenge ben et biaument
sens tot frau et sens tout engan gar-
daran et faran gardar a leur degut
poder et sens nulhe fente la terre las
gens et lors baledors deudit Monseignor de Foixs de tots dampnatges et
de totas gens que bonamens et degu-
damens poiran aixi cum la lor propi terre et aixi medix lodit monseignor de Foix gardara et fara gardar
a son degut poder chens nulle feinte la terre las gens et los baledors dudit monseignor d'Armanhac et de
Monsenhor de Comenge de touts dampnatges et de totas gens de lor de-
de

de sans seuer, — et de totas autres que bonaments poira, aixi cum la soe propre terra. Item que los prisoniers finaran et sian delieures aixi cum ia es estat acordat ab lor medix. Item aquestas causas sien ordenades ben et sollempnamens am sagramens et penes taformens cum far se poira. Item que aquestas causas fermades et iurades cum dessus lodit Monseignor de foixs trametam au comte d'armanhac lo terts des iniaux. Item plats audit mossenhor de foixs que quant monseignor d'armanhac et eg se sien vist et acordats que los effans los formen tantost cum eqs se buelhen. Item tots los Communes gentius homes et officiers deusdits senhors Comtes requerits l'un a l'autre dents tres sepmanes apres la requesta sien tiencuts de iurar ladite pats et sien cessades totas marques. Et si raubatoris layroniers ho autres malificis se fassen en las terres deusdits senhors que puisquen seguir los cos los autres los maufactors

factors en las dites terres ey sien hobedits
aixi cum si eren en lors propis terres per
tots los officiers ho commis on bjeran se
quen losdits maufactors. Item que los
dits mossenhor d'armanhac et Monseignor de foix per acomplir aquestas
causes sien la vespre d'arramps ço es
assaber lodit mossenhor d'armanhac
á Barssalona et lodit Mossenhor de
foix ayre et quen mien ensemps am-
lor tots los prisoniers d'une part et d'autre
si cuer los hi poden á lor leyau poder
et que mossenhor d'armanhac promette
á Mossenhor de foixs de liurar et fur-
bier los prisoniers deudit Mossenhor
de foix si atres los fase destors en lor
cami per la medixe maneire que ferma per lo senhor de Manhaut et lo
dit Mossenhor de foix per la medixe
maneire fermi audit Mossenhor d'ar=
:manhac per los soos prisoniers, las cau=
:ses dessusdites foren acordades en la
chapelle deu casteg d'ortes lo vingt
jorn deu mes de mars l'an de nostre
senhor

senhor mil tres cens septante oeyt
et iuraden sus lo sacrat cors de Dieu
per losdits Mossenhor de foixs et Gaston
son filh de sa auctoritat et licence de
vna part et per los procuraryrs dessus nō-
:mats per nom deudit Mossenhor d'armanhac d'autre en presentia deus no-
:bles Mossenhor arnaud quillem de
Beam Mossen manaud Seigneur de
Barbasan Mossenhor P. de Gauastoo
Caualiers Mossenhor B. Bust licen-
:ciat en decrets Et de so fon feits dus-
Cartels de vne tenor l'aun per Mos-
:senhor d'armanhac et l'autre per lodit Mossenhor de foixs losquaus seran senhaus per losdits Senhors Comtes
de lors propis mas et sagerats de lors
propis sagets. Rebus, losquaus rolles
dessubdits leyits et publicats per so cat
lodit acord et lo sagraments sus aque-
:ro feits et en estats acordats et feits per
los dits Comtes absens l'vn de l'autre
aras de present enterams losdits Sen-
:hors Comtes estan ensemps et fesen

l'un costa l'autre, volens aquero meter
a acabament autreian aboan et ra-
tifican et fen novelament de present
la dite patz et totas et sengles las causes
et artigles de mot a mot aixi cum en
los dits rolles et en lo present instrument son contengudas et cum en los dits
rolles fassa mention que mossenhor
d'armanhac dessa trenta mille ho vingt mille francs en dot per la dita sa
filha Beatrix a sa election mosen
d'armanhac elegit et permet a donar en
dot vingt mille francs als dits mossenhor de foix et Gaston pagadors els
termis en los dits rolles contenguts. Item
los dits Mossenhor de foixes et Gaston
son filh de sa licentia remeton et qu-
iten tos los drets et actios que aven ni
aver poden entro aquest present iorn
duey en la comtut de comenge et terre
de serrera a la dita margarida comtesse de comenge et a Mossenhor Preguet
son tutor a qui present Et a totas autres personnes que an ni aver poden
reg

dreg ni action en lodit Comtat et terre lo
dit mossenhor Bequet tutor et nos dus
notaris ius scriuts stipulans et recebens
per la dite margarida et per totas autres
personnes a qui pertenir se poire en deguna maneira iassia que en losdits rolles no fassa mention a qui faran feres la
quitansa et remission et iuran de lors
propas mas dextras sus lo sant cors de
diu sagrat en las mas deu reuerend pay
en diu Mossenhor Bequet per la gracia de Dieu Euesque de Laytore que
afsi ac tieran et obseruetan et acompl-
iran totas et sengles las causes en losdits
rolles et present instrument contengudas
et que encontre no faran ni vieran en
tot ni en partida en deguna maneira
et en cas que en res hi faillissen volen
auer renegat Dieu loquau los fossa
contra et a dampnation de lors cors et
de lors anjmes preneon lo diable per senhor et eslegin lors sepoltures en enfern
are per labets et labets per are et per la
medixa maneire ac autreian et iuran

los nobles Joan filh deudit mossenhor d'armanhac Comte de Comenge et Gaston filh deudit mossenhor de foix de auctoritat et licencia deus dits senhors Comtes lors pays et aussi medis ac autreia et iura lodit Mossenhor Beguet de Galard cume tutor que dis esser de la dita margarida Comtessa de Comenge molher deudit Johan d'armanhac Comte de Comenge lasquaus causes totas et sengles los auantdits Senhors Mossenhor d'armanhac mossenhor de foixes mossenhor de Comenge Gaston et Mossenhor Beguet tutor et cascun de lor aissi Coma lor aperten ni apertenir pot en tot o en partida prometort de far tenir obseruar et acomplir per si et per sos Successors en perpetuau pet ferma Stipulatio cascun dels auantdits senhors stipulant et recebent per si et per tots lors Successors et lodit tutor per la dita margarida Comtesse de Comenge et nos notaris deius escriuts eyssament stipulans et recebens per tots aquels

a qui

à qui aperten ni apartenir pot ni poira en deguna forma. Et a qui m'edix
feits losdits sagraments losdits senhors Comtes en senhau de la dita patz
per lor et per lors tenidore et obseruado-
re per tostemps corrugan la hostie
sagrade à lor partide per miey per lo
dit Mossenhor l'Euesque de Laytore
es baisan l'un l'autre de lors boques et
aissi medix Johan d'Armanhac et
Gaston de Foix corrugan la hostie sagrade partida per miey cum desssus
et volon et autreian losdits senhors
Comtes que outre las causas dessus
dites en losdits rolles contengudes hi
fos aiustat so que deius s'ensec que
prometen et iuren cum desssus tenir
et obseruar la dita patz, e es fer ni vier
en res contra en pena de sset traidors
conoguts en tots locs et en totas plas-
sas et en pena de trente mille marx
d'argent pagadors per lo contrafasent
ho bient à la partida hobedient et de-
liurar se en hostatges lors propres per
: Sonas

: Jones so es assaber lodit Mossenhor
d'armanhac er Mossenhor de somen=
:ge son filh à ortes e a foiais Et lodit
mossenhor de foix et Gaston son filh
à Lauardenxs o a laytora ses partir
d'aqui en nulha maneire par la vo=
:luntat l'un de l'autre segons quens-
apartiere tant entro aguesson paga=
de ladita pene et tornat à estament
deque tot so que sere menhs feit contre
ladita pene pats et que ladita trassi=
:on nos podissen estordise en nulha
manieyra se no que lo falhent se
combatosse tot sol desarmat contra
tres homis armats de la part deu que
sere hobedient totasbets ladita pats
estan et remasen per tos temps en
sa forssa et sa valor. Item son depu=
:tuts conservadors de ladita pats per
la part deudit mossenhor de foixs,
en Bearn, en Marsan et en Gauar:
:dan Mossenhor arnaud guillem de
Bearn Mossenhor Bernard Praydie
Mossenhor P. Arnaud de Bearn P.
Bertrand

Bertrand de Beygbeder Castelan de
Gauarret Mossenhot Bernard de
vilamur en lo comtat de foixs Nicolas
de Sanct arroina. Mossenhot Johan de Lantar lo senhor de Mauleon
en nebosan mossenhot Johan de Lorda
Meste Bidau de Monteths en albigeois et lauthregeois mossenhot Jalumbert de
Panassat fortaner d'astarac en Astarac
Item son deputats conseruadors de la
dite pats per la part de Mossenhor d'armanhac en sos comtats d'armanhac et
fesensac et terres d'arribere et Baronie
de Mauleon Mossenhor Bernard d'arribere senechal d'armanhac mossenh-
or manaud d'armanhac Caualiers lo
Senhor de Bergonhan meste Bernat
alait procureur d'armanhac Aymerigot de Brasordan Donsel Meste
Sans de Lausan procureur de Manhoac en la terre de Manhoac. Item
son deputats conseruadors de la dite
pats per la part deus dits Mossenhor
de Comenge en son comtat de Comenge

et terra de Serrera mossenhor Preguet de Golard Cavalier Rotgier bastard de Comenge, Ponser de Franc Castau ar:nauton de Sa ma acastolan de Laytha en Bodon ausquaus conservadors fo do:nat poder per losdits Senhors Comtes et per cascun de lor de conservar ladite patz et far reparar tot so que sere feit et innouat au contra despuis l'acord d'a:questa patz fo feit et jurat à Ortes lo vingtieme jorn deu mes de mars l'an de nostre Senhor mil tres cens septante oeyt. Item aien poder de limitar terres si ni aue tant deus Senhors Comtes quant de lors sosmes o valedors en las fronteras. Item fasson jurar à tots los gentius homes et comus ladite patz deus Comtes. Item aian poder de far rendre los loes aux gentius de Comenge que son de la hobedience deudit Mossen:hor de Foixs aixi cum es contengut en l'artigle de l'acord. Item aian poder de declarar sus tots debats si augus ni aue ini cue que torbassen ladite patz.
                                        Item

Item a en poder per lodit Mossenhor de foixs de receber las Castelanies bequerias et los los que per miey l'acord lo deuen esser lieuratz et totas las cartes et letres que mossenhor d'armanhac a de donatios deu Rey o autres quenbes que sien et d'aquero tocantz. Item los ditz conservadors iuraran sus lo sant cors de dieu sagrat de ben et leyament far tenir et acomplir las causes dessus et deius dites tant per la une part qu'ant per l'autre. Item faran cridar la dite patz per totas las terres deusditz Senhors comtes en la maniere que s'ensec. De las partz de Monseignor lo Comte se hom saber a tota maneyre de gens que patz es feite entre Mossenhor de foixs et Gaston son filh et sos sosmes et baledors de une part et Mossenhor d'armanhac et mossenhor de comenge son filh et lors sosmes et valedors d'autre part per tos temps. Perque manda hom a touts homes de quauque estat ho condition que sien que non hy

aie degun tan ausart ni ta ardit que
ause rey menhs fer contra la dita patz
en escost ni en public ni de noeyt ni de
iorn ni en nulhe maneire en pene de
perder la testa et totz sos bees et non
remens mande hom a tota maneire
de gens deu poder de nostre senhor lo
comte que a nulhes gens de l'autre partide de lor en fora caien ni a lor tornan
no recepten en lors passatges, ni ls do-
nen nulhe aiude ni confort en venen
de lors bieures ni en autre maneire de-
dens ni defore ni compren ni recepten
nuls pilhatges do escus ni a present
aus los fassan, crit et orde. Et se seguits
eren per la part dampnatgada e͞a
estat lot aiude hom acassar et a
prener et a torc tota la prisa tant com
hom poira aissi cum si lo dampnatge ere estat feit en la terre, et a las
gens propes deu dit mossenhor lo comte et asso en pene de perdre las testas
Et de emendar tantost de feit tos los dampnatges que aquetes gens au ten feit
en

en la terre ni a las gens de l'autre partide
et per tenir observar et complir aquesta bona patz et totes et sengles las causes en aquest instrument contengudas
et per pagar las dites penas si hi encorre͂
et per tantes betz cum encorreren et per
los dampnatges restituir et emendar
depuis l'acord d'aquesta patz fo feit cum
dessus es dit lodit mossenhor d'armanhac et mossenhor de comenge son filh
de son voler et licence d'une part et lo
dit mossenhor de foixs et Gaston
son filh de son voler et licence d'autre
part et cascun de lor segon que us apar-
tenen se obligan es volen es consentin
que pod ossen esser compellits per la
cambre de nostre senhor lo papa et son
saget son vicecancelier et ausidor et
per la cort de parlament et deu Castelet
de Paris per lo petit saget de mompei-
lier estan a someire per la rigor deus
sagets maiors de las seneschaucas de
Tholose et Carcassonne Beucaire et
Agenes Et per totes autres cors temporals

et spirituals la una execution per l'au=
tra, non cessan ni la una l'autre re=
tardan per caption bendition distrac=
tion et alienation de lors bees et arres=
taments de lors personnes propes aissi
cum las rigors de las dites cors et esa=
gets requerissen en ypotheca et obli=
gansa de tots lors bes Comtats Ves=
comtats et autras dignitats et tots autres
drets quenhs que sien presens et en=
deuenidors et lodit Mossenhor Regu=
er tutor dauan dit en ypotheca et obli=
gansa de tots lors bees de sa tutella re=
nuncian sober asso specialment et
expressa à la exception del dite pats
et acord et de las autres causas totas et
sengles en lo present instrument con=
tengudes aissi cum expecifficadame=
nt y son contengudes non auer feit
acordades ratificades confermades
et nouelament feites promeses et cons=
tituides et à la exception del dol mal
fraie et collusion et à contradiction
de causa non deguda sens causa de
lays

laya causa et de cause dade et rause
no enseguide et retiçiana et a la action
et exception. Infractum generali et spe=
cialj de præscriptis verbis. Et a la excep=
tion que competeis quant vne causa
se fa et autre es simulada et a tos drets
disens donation excedent la summe
de cinq cens aurs no val si no es feite
dauant iutge competent et a tots drets
disens donation per causa de ingra=
titut se pot reuocar et a tota restituti=
on a entegrat des sendent d'aquela c=
ausa generale si alcuna causa ~~iusta~~
iusta sere vista et a tota restitution per
que aus decebuts otra la mitat de iust
preft es subuenidor a laqu au restituti=
on els et cascun delot expressaments
renuncian pausat que los bes et las
causas per la vna partida bailats a
lautre ces quitats et remes et traslata=
ts plus valossan otra la mitat ho
———— ho pertans ~~ho cent~~ ———
et plus quant que fos que los drets que
lautra partida a donats remetuts ces

et quitats et à tots dregs disens translatation de merj et micati imperi no
di pot alienat ni en autre transportat
ses licentia daquet senhor direc et util
del quau las causes son tengudas en
fiu ho per lasquaus deu hom far
sagrament de fisautat ho ses ses vo-
luntat et consentiment dels vassals
et sosmes que en autra personne son
transportats et en otra renuncian expressament meiaussun lo sagrament
per lor prestat sus lo seray cors de iesus
christ cum dessus es expressat los dits
Comte de Comenge et Gaston de Lirence
que dessus maiors de quatorse ans et
mendres de vingt et cinq aff comme
aqui so dit et apare per l'esgardament de
lors personnes à tota restitution in integrum per laquau aus mendres de vingt et cinq ans naffrats et deceubuts
deu et pot esser subuenqut. Et en otra
los auantdits senhors tots ensemps et
cuscun delor renuncian au dreg disen
convention ho paction tocant testamen
noval

no val ni ten si no que sie bist et regar-
dar lo testament et á tota autra excepti-
:on per laquau contra aquesta present
pats et acord pactios et conuentios et las
autres causes dessus et deius contengudes poiren contrafer ho conuenir et eq?
otra aus drets disens donatio feite noval si la manieyre et causa per lasquaus es feita no es enseguida o si falhen
en la dita donation o si la dita donation
es feita sens causa et la donation fei-
:ta per causa futura no val si no que
la cause per laquau es feita la dite do-
:nation sie enseguida et generalmen
renuncien à tots dregs Ciuils et canoines
ab losquaus et per losquaus negun poire
contenir de present ho en futur volens
et autreyans contra aquesta general
renunciation valha à tant cum si
tots los cas de leys et de decret abs assj
eren insertits ausquaus eds et cascun
deqs entenon à renusciat et renunci-
:en expressament de lasquaus causes
totas et sengles dessusdites feites et -

expressades losdits senhors cascun per
si requerim nos dus notaris dejus es-
:riuts que per cascun ne retengossem
public instrument d'une forme et d'u-
:ne tenor losquaus volin et consentin
que poguessen estre feits et ordenats
et reire ordenats toutes bets quantes bets
sere mestier ab totas autres renuncia-
:tions et cauthelas de dreyt ajustadoras
ab coceth de sains substantia enpe-
:ro no mudade aisso fo feit lo jorn d'a-
:tramps que fo lo ters jour deu mes d'a-
:briu l'an de la incarnation de nostre
senhor mil tres cens setante et nou
en las plasses patens que son enceray-
:ra et Prossalonne en una lotga on
misse fu cantade laquau fo feita per
aque fer ladite pats regnan Mossen-
:hor Karle per la gracie de Diu Rey
de france et losdits seignors Comtes en
lors comtats vescomtats et terres sen-
horigas. Et mossenhor Philip Patriar
:cha de Iherusalem perpetual admi-
:nistrador de la glieyja d'auxes estan
                                    en

en presencia et testimoni deu reuerend
payre en Christ Mossen Bequer Abes=
que de Laytora et dels nobles et pucha=
ns senhors Mossen Johan de Labarte
Senhor d'aura Mossen Ayssiu de Montesquiut senhor de Brazian mossen
Od de Montaud senhor de Tremont
Mossen Johan Senhor de Manhant
Mossen Manaut de Brarbasan Ber=
nad d'arribat Senechal d'armanhac
Mossen Manhaut d'armanhac et
Caualier Arman d'arbin Senechal
de Lomanhe mossen Guillem de Ciu=
tat Judge de Lomanhe mossen Sants
de Verisao prior de Madiran et mau=
rin de Brian Senhor de Roquefort
de la part et hobedience deu dit Mossen
hor d'armanhac Et deu reuerent pai=
re en Christ Mossenhor guillem Eues=
que d'Oloron et deus nobles et puissans
Senhors mossen arnaud guillem de
Bearn Senhor de Morlane Mossen=
hor P. de Bearn Mossenhor P. Ar=
naud de Bearn Mossen Ramon

Senhor d'andonhs Mossen P. de Sauas=
:tos Mossen Pey de Nauals Mossen
Bernat Bardia, Mossen Gassi arna=
:ud Senhor d'assarank Caualiers Mos
:sen Bertrand de Brusi licenciat en
decrets Iutge de Bearn de la part et ho=
:bedience deudit Mossenhor de foixes
testimonis aperats et pregats à las cau=
:ses dessusdites que iuren aqui medis
sus lo berayg cors de Iesuchrist de tenir
et obseruar la dite pats. Et de mry Pey
de Mayres notarj requu qui ensemps
am maystre Bernard de Lunes
notarj d'ortes et general deudit Mos=
:senhor de foixes retengu aquest present
public instrument per aras et tostemps
mes valedor a fin de perpetual me=
:moria de las causes dessusdites. Et
en mas nostes la nota et apres la gr=
:osse de ma propi man et lo senhe de
mon senhau acostumat.

Extrait etcollationné de la grosse trouuée entre
papiers non Inuentoriez des archiues dit titre
de la maison en la ville de Rodés Iolaquelle act

dautres pieces aussi trouvées entre lesd. papiers de H.
a esté fait une liasse en laquelle lad. copie est cotée
dolettre X, 30, Par lordre et en lapresence de m. m.
Jean de doat conseiller du Roy en son conseil, president
en lachambre des comptes de nauarre et commissaire
deputé par lettres patentes de sam.té du premier
auril dernier pour faire recherche dans les archives
des Abayes, autres communautés ecclesiastiques
en particulier de laprouince de guienne des titres concernans les droicts de sad. mai.té ou qui pourront
seruir al'histoire, faire faire des extraits de ceux quil
jugera nous sauoir esté donnez en garde de labiblio:
:theque Royalle par moy bratian Capot huissier
d lad. Chambre par elle commis pour faire les
extraits des titres desd. archiues de sam.té de son
ressort par sacomm.té des vingt troisiesme Juin et
Neufiesme octobre gr. soixante six et grossier d'office
dlad. commission fait a Rodeirle vingt trois
Aoust mil sixcens soixante sept

de doat

Capot

Traité de paix entre Jean Comte d'Armagnac, de Fezensac, de Rodes, et de Charrollois, et Jean d'Armagnac son fils Comte de Comenge pour eux, leurs suiets, aliés, et adherents d'une part, et Gaston Comte de Foix Vicomte de Bearn, et de Marsan, et Gaston son fils pour eux, leurs suiets, aliés, et adherents d'autre part suiuant la paix auparauant faite entre ledit gaston et son fils, et les procureurs y denommés dudit Jean d'Armagnac et de son fils dont le traité y est inseré

Ledit premier traité est daté du 20 Mars 1378.

Et le dernier du Jour des Rameaux 3 auril 1379.

Traduit de l'original qui est en langage Bearnois.

Au nom du Pere et du fils et

du sainct esprit amen. Soit chose conneüe et manifeste à tous les presens et aduenir qui le present public Instrument verront, orront ou apperceuront, que l'an et le iour cy dessous escrit en presence de nous deux notaires, et des temoins cy dessoubs nommés personellement constituées les tres nobles Seigneurs Messire Iean par la grace de Dieu Comte d'Armagnac, de fezensac, de Rodes, et de Charolois, vicomte de Lomaigne et d'Auuillar, et seigneur de la terre de Riuiere, et Iean d'Armagnac son fils naturel, et legitime Comte de Comenge pour eux, leurs alliez et valiteurs d'une part, et Messire Gaston par la mesme grace Comte de foix Seigneur de Bearn, vicomte de Marsan, et de Gauardan, et Gaston son fils naturel et legitime pour eux leurs suiets, aliés et valiteurs d'autre part font, et accordent entre eux bonne loyalle perpetuelle et amoureuse paix ainsi qu'auparauant il auoit esté accordé entre lesdits messire le Comte de foix et Gaston son fils d'une part, et messire Iean seigneur de Manhauc cheualier Messire Ians de Serizo prieur de Madiran, et Mapiu de de Brian seigneur de Roquefort au nom, par nom, et comme procureurs speciaux de Messire d'Armagnac aians sur ce plain pouuoir, et ensuites confirmé et iuré par ledit Messire le Comte d'Armagnac ainsj quil apert par deux rolles faits sur ledit accord, l'on fait par Messire d'Armagnac, et scellé de son sceau secret, et soubscrit de sa propre main, lequel demure par deuers ledit Messire de Foix, et l'autre rolle fait par ledit Messire de Foix, et scellé de son propre sceau et soubscrit de sa propre main, lequel demure par deuers ledit Messire d'Armagnac l'on et l'autre dvne mesme teneur. Laquelle sensuit en ceste maniere. Accord fait entre les nobles Messire Jean seigneur de Manhaut, cheualier, Messire Sants de Perizo de Madiran, et Maurin de Brian seigneur de Roquefort au nom, par nom, et comme procureurs speciaux, et ayans plain pouuoir des tres noble et puissant seigneur Monseigneur Jean par la grace de Dieu Comte d'Armagnac, de Fezensac, de Rodes, et de Charolois, vicomte de Lomaigne, et d'Auruillar, et seigneur de la terre de —

Riviere, et pour le faire ratiffier a Jean d'armagnac Comte de Comenge son fils et au tuteur de la tres noble Marguerite Comtesse de Comenge sa femme, et a tous autres a qui il apartienc, et qui puissent le faire par droit et obliger leurs biens et a tous autres a qui il appartienc, et qui puissent le faire leurs terres pour tenir bon d'une part et le tres noble et puissant Seigneur Messire Gaston par la mesme grace Comte de Foix Seigneur de Bearn, Vicomte de Marsan et de Gauardan, et a Gaston son fils, ledit Gaston auec la permission et authorité dudit Messire de Foix son pere d'autre part en la maniere que s'ensuit. Premierement que bonne paix amoureuse et perpetuelle soit par les susdits et pour tous leurs successeurs entre eux leurs sommis et valiteurs, et que toutes inimities et mauuaises volontes de part et d'autre soient remises Jusqu'aujourdhuy, lesquels valiteurs seront nommés a certain Jour. Item qu'afin que cette paix soit perdurable et dure eternellement est accordé que mariage soit fait entre Beatrix fille dudit Monseigneur

Monseigneur d'Armagnac d'une part, et le susdit Gaston fils dudit Monseigneur de foix
d'autre. Item que des trente mille francs
qui ont este promis par dot ledit Messire
de foix leur en quite dix mille francs par
nom d'agencement, Car en ce pais icy l'on
ne scait point que veut dire agencement
si mieux n'ayme que la dot soit trente
mille francs, et que le suruiuant gaigne
sur l'autre dix mille francs suiuant que
le droit le veut. Laquelle dot doit se paier
cinq mille francs a la porte de l'Eglise
et au bout de l'an apres ensuiuant l'an
reuolu, autres cinq mille francs et de la
auant chacun an le mesme iour, autres
cinq mille francs les années expirées l'une
apres l'autre iusques a ce que ledit dot soit
paié, et s'il desaduenoit dudit Mariage que
le dot soit rendu aux mesmes termes que
Monseigneur de foix l'auroit paié. Item
s'il desaduenoit dudit Mariage audit monseigneur de foix plaist que la fille ait
chaque année trois mille florins de france
pour ses aliments iusques a ce que ledit dot
luy ait este rendu. Item que la tour de

Coffolens sera baillée audit Monseigneur de foix, et tous les autres lieux qil en tient en albigeois, et quitte audit Monseigneur de foix, et tous les autres lieux qil en tient en albigeois et quitte audit Monseigneur de foix pour soy et pour les siens tous les droits quil pourroit auoir en ladite terre d'albigeois. Item que ledit Monsieur de foix ait et tiene le lieu et la chatellenie de sainct Julien auec ses apartenances ainsi qu'anciennement on auoit accoustumé de le tenir, et ce durant le cours de sa vie, et qu'apres sa mort il reuiene au Comte de Comenge. Item feut accordé par les susdits seigneurs que durant la vie dudit Monseigneur de foix ledit Comte de Comenge ne puisse point constraindre Jean le Prieur de Lantar, le seigneur de Nos, le seigneur de Laserre, le seigneur de Berat, le seigneur de Gorenxs, Guiraumo de Maulion, Monseigneur Charles d'Espaigne, Arnaud Guillem de Mauleon, L. de Coyces, Sainct Cassin d'aure, et autres qui sont presentement de l'obeissance dudit Monseigneur de foix d'estre de son party, ni ses hommes, mais plustost le seront du Comte

Comte de foix, et cella nj par proces nj par
guerre a moins quils veuillent le faire de
leur gré, au contraire que lon soit obligé de
leur rendre tous les lieux quils tenoient
en Comenge auparauant quils feussent
de l'obeissance dudit Monseigneur de foix.
Et en outre que ledit monseigneur de foix
jurera ainsj que les autres choses cj dessus et
dessous escrites, quil faira auec les sus nommés Gentilhomes de Comenge par toutes les
manieres que bonnement il pourra, nj scaura,
et les induira que les susdits viennent
en l'obeissance dudit susdit Comte de Comenge
par la maniere que les autres Gentilshom-
mes de Comenge l'ont fait, Et sj viuant
ledit Monseigneur de foix lesdits gentils.
ne venoient en l'obeissance dudit Monseigneur de Comenge qu'immediatement apres
la mort dudit Monseigneur de foix ledit
Monseigneur de Comenge puisse les y constraindre, laquelle induction ledit Monseigneur de foix aura faite vn mois apres
la paix faite, quand au fait desdits gentils
et de la restitution de leurs lieux lesdits procureurs au nom que dessus reseruerent la

volonté dudit Monseigneur d'Armagnac, et promirent et jurerent de faire leur loyal pouvoir qu'il le fasse ainsi que dessus est dit, et s'il ne le faisoit point que tout cest accort fut nul. Item les vegueries de Maubesin, et de Lodon demeurent a perpetuité audit Monseigneur de foix pour soy et pour les siens. Item qu'au moyen des choses dessus et dessous dites ledit Monseigneur de foix et Gaston son fils de sa licence quiteront et remetront tous les droits qu'ils peuvent demander en la Comté de Comenge en quelque manieres et condition que ce soit jusques aujourd'huy. Item est accordé que tous les dommages donnés d'un costé et d'autre, et toutes les paix passées, et toutes les peines encourues soint entierement remises jusques aujourd'huy, et que toutes les informations faites jesques icy soient nulles, et que des dommages donnés par Monseigneur d'Armagnac, ses gens, et ses valiteurs en la terre de Monseigneur de foix ses sousmis et valiteurs. Monseigneur de foix s'en accorde avec ses gens et avec ceux de ses valiteurs, et que
Monseigneur

Monseigneur d'Armagnac en soit quite deuant Dieu et deuant les hommes, et par mesmes manieres des domages que Monseigneur
de foix, ses gens, et ses valiteurs auront donné
en la terre de Monseigneur d'Armagnac, ses
gens, et ses valiteurs, que Monseigneur
d'Armagnac s'en accorde auec ceux de ses
valiteurs. Item en outre ledit Monseigneur
de foix et Gaston son fils de son authorité
et liance promettent et Jurent en la maniere,
que les autres choses dessus et dessous escrites
qu'ils remettront toutes les demandes qu'ils
pourroient faire en aucunne maniere
pour Madame de Comenge mere de ladite
Marguerite, femme dudit Monseigneur
de Comenge, et que par procés ny par guerre,
ny par autre maniere ils ne l'ayderont
en aucunne maniere. Item que Monseigneur d'Armagnac et Monseigneur
de Comenge bien loyaument et sans
aucunes fraudes ny deception garderont et
fairont garder a leur deu pouuoir, et sans
aucunne feinte la terre, les gens, et les valiteurs dudit Monseigneur de foix de tous
dommages et de toutes gens qu'ils pourront

bonnement et deuement ainsi que leur propre terre, et de mesme ledit monseigneur de foix gardera, et faira garder a son loyal pouvoir sans aucune feinte la terre les gens, et les valiteurs dudit Monseigneur d'Armagnac et de Monseigneur de Comenge de tous domages, et de toutes gens de Lourde, et de Sainct Seuer et de toutes les autres que bonnement et deuement il pourra ainsi que de sa propre terre. Item que les prisonniers financent, et soint deliurés ainsi qu'il a esté accordé auec eux mesmes. Item que ces choses soient bien et solempnellement ordonnées auec serment et auec peine aussi fortement que faire se pourra. Item ces choses affirmées et jurées comme dessus ledit monseigneur de foix enuoyra audit Monseigneur d'Armagnac le tiers des joiaux. Item plaist audit Monseigneur de foix que lors que ledit Monseigneur d'Armagnac et luy se soient veus et accordés, leurs enfans jurent ledit accord le plustost qu'ils voudront. Item que toutes les communautés, gentils hommes et officiers desdits seigneurs Comtes requis l'un par l'autre
soient

soient tenus trois sepmaines apres la requisition de iurer ladite paix, et que toutes merques cessent, et s'il se faisoit des voleries, larrecins, ou d'autres malefices, es terres desdits Seigneurs, que les vns et les autres puissent poursuiure les malfaicteurs dans lesdites terres, et qu'ils y soient obeis comme s'ils estoient dans leurs propres terres, et ce par tous les officiers des Communautés, ou ils viendroient poursuiuant lesdits malfaicteurs. Item que lesdits monseigneurs d'armagnac et de foix, se rendent la veille des rameaux pour accomplir ces choses c'est a sçauoir ledit Monseigneur d'armagnac a Barselone, et ledit Monseigneur de foix a Ayre, et qu'ils amenent auec eux tous les prisonniers de l'on et de l'autre part, s'ils les y peuuent auoir a leur loyal pouuoir, et que Monseigneur d'armagnac promete a Monseigneur de foix de liurer et faire venir les prisonniers dudit Monseigneur de foix, si personne leur aportoit quelque empechement en leur chemin par la mesme maniere qu'il le promit au seigneur de Manhaut

et que par la mesme maniere ledit Monseigneur de foix promete audit Monseigneur d'Armagnac pour ses prisonniers. Les choses susdites furent accordées dans la chapelle du chateau d'Orthes le vingtiesme iour du mois de mars, l'an de nostre seigneur mil trois cens septante huit, et iurées sur le sainct sacré corps de Dieu par lesdits Monseigneur de foix et Gaston son fils de sa licence et auctorité d'une part, et par les procureurs cy dessus nommés dudit Monseigneur d'Armagnac d'autre part, en presence des Nobles messire Arnaud Guillaume de Bearn, messire Menaud seigneur de Barbasan, messire P. de Gabaston chevalier, messire B. de Buy licentié en decrets, et de cecy ont esté faites deux Cartes d'une teneur, l'une pour ledit Monseigneur d'Armagnac, et l'autre pour ledit Monseigneur de foix, lesquelles seront signées des propres mains desdits seigneurs Comtes et scellées de leurs propres sceaux. ʃRebus ʃ lesquels rolles dessusdits leus et publiés, parce que ledit accord et les sermens sur ce faits auoient esté accordés.
et

149

et faits par lesdits Comtes l'on en absence
de l'autre, asture depresent lesdits Seign=
eurs Comtes estans tous deux ensemble, et
assis l'on a costé de l'autre voulans metre fin a cella octroierent, auouerent, et
ratiffierent, et font nouuellement a-
present ladite paix et toutes et chacunes
les choses et articles de mot a mot ainsj
qu'esdits rolles et dans le present Instrument sont contenues, et comme dans
lesdits rolles soit faite mention que
Monseigneur d'Armagnac baillast
trente mille francs ou vingt mille
francs en dot pour sadite fille Beatrix
a son choix. Messire d'Armagnac choi-
sit et promet de donner en dot vingt
mille francs ausdits Monseigneur
de foix, et Gaston, payables aux termes
contenus dans lesdits rolles. Item les=
dits Monseigneur de foix et Gaston son
fils de sa licence remettent et quitent
tous les droits et actions quils ont et peuuent auoir jusqu'a ce jourdhuy en la Co=
mté de Comenge, et terre de Serrere a la=
dite Marguerite Comtesse de Comenge

et a Monseigneur Beguet son tuteur la present, et a toutes autres personnes qui ont ou peuuent auoir droit ou action dans ledit Comté et terre, et nousdits notaires cy dessous escrits stipulans et receuans pour ladite Marguerite et pour toutes autres personnes a qui cella pourroit appartenir en aucunne maniere Jaçoit quil ne soit faite mention dans lesdits rolles a qui ils fairont ladite quitance et remission, et jurerent de leurs propres mains dextres sur le Sainct et Sacre Corps de Dieu es mains du Reuerend Pere en Dieu Monseigneur Beguer par la grace de Dieu Euêque de Lectore, qu'ainsj tiendront, obserueront et acompliront toutes et chacunes les choses esdits rolles et present Instrument contenues, et quils ne fairont nj viendront au contraire en tout nj en partie en aucune maniere et en cas quils y faillissent en rien ils veulent auoir renié Dieu, et quil leur soit contraire, et a la damnation de leurs corps et de leurs ames ils prenent le Diable pour Seigneur et choisissent
leurs

leurs sepultures en enfer des a present com=
me des lors, et des lors comme des a present.
et par la mesme maniere l'octroierent,
et iurerent les nobles Jean fils dudit
Monseigneur d'Armagnac Comte de Com=
enge, et Gaston fils dudit Monseigneur
de foix de l'authorite et licence desdits
Seigneurs Comtes leurs peres, et tout de
mesme l'octroya et iura ledit Monseig=
neur Beguer de Galard comme tuteur
ainsj quil dit de ladite Marguerite Co=
mtesse de Comenge, femme dudit Jean
d'Armagnac Comte de Comenge, toutes
et chacunes lesquelles choses lesdits Seign=
eurs Monseigneur d'Armagnac, Monsei=
gneur de foix, Monseigneur de Comenge,
Gaston, et Monseigneur Beguer tuteur,
et chacun d'eux ainsj quil leur apartient
ou peut appartenir en tout ou en partie
promirent de faire tenir, obseruer, et aco=
mplir par eux et par leurs successeurs
a perpetuité par ferme stipulation cha=
cun desdits seigneurs stipulant et Rece=
uant pour soy et pour tous leurs successeurs,
et ledit tuteur pour ladite Marguerite

Comtesse de Commenge, et nous cy dessous escrits pareillement stipulans et recevans pour tous ceux a qui il apartient, peut ou pourra apartenir en aucunne forme, et la mesme faits lesdits sermens lesdits seigneurs Comtes en signe de ladite paix tenable et inviolable a tousiours par eux, et par les leurs mangerent l'hostie sacrée a eux partagée par moitie par ledit Monseigneur l'Evesque de Lectore, et se baiserent l'on a l'autre de leurs bouches, et pareillement Jean d'Armagnac, et Gaston de foix mangerent l'hostie sacrée partagée par moitie comme dessus, et vouleurent et octroierent lesdits seigneurs Comtes, qu'outre les choses dessusdites contenues esdits rolles, il y feut aiousté ce que cy dessous s'en suit quils promettent et iurent comme dessus de tenir et observer ladite paix sans faire ni venir en rien au contraire a peine d'estre cōnus traistres en tous lieux et en toutes places, et a peine de trente mille marcs d'argent payables par le contrevenent a la partie obeissante, et
de

delivrer en hostages leurs propres personnes. C'est a sçauoir ledit Monseigneur d'arma=
gnac, et Monseigneur de Comenge son fils a Orthes, et a foix, et ledit Monseigneur de foix, et Gaston son fils a Lauardenx ou a Lectore sans partir dela en aucunne maniere l'vn contre la volonte delau=
tre ainsj quil apartiendroit, jusqu'a ce quils eussent paié ladite peine, et remis a deub estat tout ce qui seroit fait au pre=
iudice deladite peine, et paix, et quils ne puissent s'excuser deladite trahison en aucunne maniere, si ce n'est que le defaillant se combatist tout seul et des=
armé contre trois hommes armés dela part de celuy qui seroit obeissant, toutes=
fois ladite paix estant et demeurant a tousiours en sa force et vigueur. Item feurent deputes conseruateurs deladite paix pour la part dudit Monseigneur de foix en Bearn, en Marsan, et en Ga=
uardan Monseigneur Arnaudguilhem de Bearn, Monseigneur Bernard d'Ay=
die, Monseigneur P. Arnaud de Bearn, P. Bertrand de Betbedet chastelain de

Gauarret, Monseigneur Bernard de Si-
lamur en la Comté de foix Siotas de
Sainct arroina, Monseigneur Jean de
Lantar, le Seigneur de Mauleon en Ne-
bousan, Monseigneur Jean de Lorda, Mais-
tre vidau de Montelhs en albigeois, et
Lautregeois. Monseigneur Galaubio de
Lanasac fortaner d'astarac en astarac.
Item feurent deputes conseruateurs de ladite paix pour la part dudit Monseigneur d'armagnac en Ses Comtés d'armagnac et fezensac, et terres de Riuiere, et
Baronie de Mauleon, Monseigneur
Bernard d'arribere Senechal d'armagnac,
Monseigneur Manaud d'armagnac cheualiers, le Seigneur de Bergonhan, Maistre Bernard alait procureur d'armagnac,
Aymerigot de Basordan donsel, maistre
Sans de Lausan procureur de Manhoac
en la terre de Manhoac. Item sont deputes conseruateurs de ladite paix pour la
pour la part desdits Monseigneur de Comenge en son Comté de Comenge, et terres de Ferrere Monseigneur Beguer de
Golard cheualier, Rogier Bastard de
Comenge

Comenge, Ponset de franc Casau, arna=
uton de Sama, a castolan de la ylha en
Dodon, ausquels conseruateurs feut donné
pouuoir par lesdits seigneurs Comtes, et
par chacun deux. De conseruer ladite
paix et faire reparer tout ce qui seroit
fait, et ynnoue au contraire depuis la=
cord de ceste paix qui feut fait et juré
a Orthes le vingtiesme jour du mois de
mars, lan de nostre seigneur mille trois
cens septante huit. Item quils aient
pouuoir de limiter terres, sil y en auoit
tant des seigneurs Comtes, que de leurs
soubsmis, ou valiteurs dans les frontieres.
Item quils facent Jurer a tous les gen=
tils hommes et Communautés ladite
paix des Comtes. Item quils aient pou=
uoir de faire rendre les lieux aux gentils
hommes de Comenge, qui sont de Lobeis=
sance dudit Monseigneur de foix ainsj
quil est contenu en l'article de l'acord. —
Item quils aient pouuoir de declarer
sur tous debats se aucuns en y auoit, ou
arriuoit que troublassent ladite paix.
Item quils aient pouuoir par ledit Mon=

seigneur de foix de recevoir les chatelleries, vegueries, et les lieux qui au moyen dudit accord luy doivent estre livrés, et toutes les Cartes, et letres que Monseigneur d'Armagnac a de donations du Roy ou autres quelques quelles soient ce concernant. Item lesdits conservateurs jureront sur le sainct Corps de Dieu sacré de bien et loiaument faire, tenir, et acomplir les choses cy dessus et dessous dites tant par l'on que par l'autre party. Item fairont publier ladite paix par toutes les terres desdits seigneurs Comtes en la maniere que sensuit. On fait sçavoir de la part de Monseigneur le Comte a toute maniere de gens que paix est faite entre Monseigneur de Foix, et Gaston son fils, et ses soubsmis, et valiteurs d'une part, et Monseigneur d'Armagnac, Monseigneur de Comenge son fils, et leurs soubsmis, et valiteurs d'autre part pour tousiours, Parquoy on mande a tous hommes de quelque estat ou condition quils soint, quil n'en y ait point aucun, si ozé, ni si hardj de
rien

rien attenter contre ladite paix en secret
nj en public, de nuit nj de iour, nj en au=
cunne maniere a peine de perdre la teste,
et tous ses biens, Et pareillement on ma=
nde a toute maniere de gens du pou=
uoir de nostre seigneur le Comte, que a
aucunes gens de lautre partj sortant
de ches eux, ou s'en y retournant, ne
recoiuent point en leurs passages nj ne
leur donnent nul aide nj confort en
vendant de leurs viures, nj en autre
maniere dedans nj dehors, et n'achep=
tent nj recoiuent point aucuns pillages
secretement, nj publiquement, ains leur
facent crj, et ordes et Sils estoient pour-
suiuis par la partie endomagée qu'on
l'aide a les chasser, et a prendre, et a
oster toute la prise, tant qu'on pourra
tout de mesme que sj le domage auoit
esté fait en la terre, et aux gens propres
dudit Monseigneur le Comte, et ce a
peine de perdre les testes, et de reparer
entierement tous les domages que ces
gens auroient fait en la terre, et aux
gens de l'autre partj, et pour tenir, obseruer

et acomplir ceste bonne paix, et toutes et chacunes les choses en cest Instrument contenues, et pour paier lesdites peines, s'ils les encourent, et pour toutes les fois quilz les encourroient, et pour restituer et reparer les domages depuis l'accord de ceste presente paix qui feut fait comme dessus est dit, ledit Monseigneur d'Armagnac, et Monseigneur de Comenge son fils de son vouloir et licence d'une part, et ledit Monseigneur de foix et Gaston son fils de son vouloir et licence d'autre part, et chacun d'eux ainsj quil leur apartient s'obligent, et veulent, et consentent quilz puissent estre compellés par la chambre de nostre Seigneur le Pape, et son Sçeau son vicechancelier, et auditeur, et par la Cour de Parlement, et du chatelet de Paris, par le petit Sçeau de Montpelier estant a Someire, par la rigueur des grands Sçeaux des Senechaucées de Tholose, Carcassonne, Beaucaire, et agennois, et par toutes autres Cours temporelles, et spirituelles l'une execution ne cessant par l'autre, ny l'une ne retardant
point

point l'autre pour Saisie, vendition, dis=
traction, alienation de leurs biens, et em=
prisonnement de leurs personnes ainsj
que les rigueurs desdites Cours, et Sçeaux
le requierent Sous hypoteque, et obliga=
tion de tous leurs biens Comtés, vicomtés,
et autres dignités, et tous autres droits quels
quils soient presens et aduenir, et ledit
Monseigneur Beguer susdit sous hipo=
teque et obligation de tous les biens de
sa tutelle, renonçant sur ce specialement
et expressement a l'exception de ladite paix
et accord, et de toutes et chacunes les au=
tres choses dans le present instrument
contenues ainsj quelles sont exprimées, et
contenues auoir fait accordées, ratifiées,
confirmées, et nouuellement faites pro=
mises, et constituées, et a l'exception de dol,
mauuaise fraude, et collusion, et a contra=
diction de chose non deüe sans dilation
de cause, et de chose donnée, et chose non
insinuée, et authorisée, et a l'action, et
exception in factum generali, et speciali
de præscriptis verbis, et a l'exception qui
compete, quand vne chose se fait et —

qu'une autre est Simulée, et a tous droits
disant donation, excedent la Somme de
cinq cens aurs ne vaut point, si elle n'est
faite devant juge competent, et a tous
droits disant que donation se peut re-
uoquer pour cause d'Ingratitude, et a
toute restitution, et entier decendant de
cette clause generalle, si aucune chose in
iuste estoit veue, et a toute restitution
qui peut Subuenir aux deceus, outre la
moitié du iuste prix, a laquelle restitution
eux et chacun d'eux renoncerent expressement,
posé que les biens et les causes baillés, cedés,
quités, et transportés par l'one partie a l'autre valeussent plus que de la moitié, ou
autant ou cent ouplus, quoy que ce feut;
que les droits que l'autre partie a donnés,
remis, cedés, et quités, et a tous droits disant
translatation de mer et mixt jmperi-
ne se peut point aliener, nj se transporter
ailleurs sans permission du Seigneur directe, ou de celuy de qui les choses sont tenues en fiefs, ou pour Lesquelles on doit
faire serment de fidelité, ou sans le vouloir et Consentement des vassaux, et.
Soubmis

155

soubsmis, qui en autre personne sont transportés, et en outre renoncent expressement moyenant le serment par eux presté sur le vray corps de Jesus christ, comme dessus est exprimé lesdits Comte de Comenge, et Gaston de Licenee que dessus maieurs de quatorze ans, et moindres de vingt et cinq, ainsi que là feutdit, et aparoissoit par l'aspect de leurs personnes a toute restitution en entier, par Laquelle aux moindres de vingt et cinq ans laizés, et deceus doit, et peut estre subuenu, et en outre les susdits Seigneurs tous ensemble, et chacun d'eux renoncerent au droit disant convention ou paction, concernant testament ne vaut ny ne tient point, si ce n'est que le testament soit veu, et regardé, et a toute autre exception, par Laquelle ils pourroient venir aucontraire de ceste presente paix, acord, pactions, conuentions, et autres choses cy dessus et dessous contenues; et en outre aux droits disant donation faite ne vaut, si la maniere et chose pour Laquelle elle faite n'est insinuée, ou si elles manquent en ladite donation, ou si ladite donation est faite sans cause, et

que la donation faite pour chose future
ne vaut, si ce nest que la chose pour laquelle ladite donation est faite soit insinuée, et generallement renoncent a
tous droits Civils, et Canons, auec lesquels,
et par lesquels aucun pourroit a present
ou a l'aduenir voulant, et octroiant que
ceste generale renunciation vaille autant
que si tous les cas de Loix, et de decret y estoient inseres, ausquels eux et chacun d'eux
ils entendent renoncer, et renoncent expres
sement de toutes et chacunes Lesquelles
choses dessusdites faites, et exprimées lesdits
Seigneurs chacun pour soy requirent nous
deux notaires cy dessous escrits, que pour
chacun nous en retinssions Instrument
public d'vne forme, et d'vne teneur, voulant et consentent quils peussent estre
faits, ordonnés, et reordonnés toutes et
quantes fois que besoing seroit auec toutes autres renonciations, et Cautheles de
droit qui y seront adioutées auec conseil
de sages la Substance non changé, Cecy
fut fait le Jour de Rameaux qui fut le
troisiesme iour du mois d'auril, lan de
     l'Incarnation -

l'Incarnation de nostre seigneur mille trois cens septante neuf, dans les grandes places qui sont en Cerayre a Barselonne dans une loge ou messe feut chantée, laquelle feut celebrée a l'honneur deladite paix. regnant Messire Charles par la grace de Dieu Roy de france et lesdits seigneurs Comtes en leurs Comtés, vicomtés, terres, et seigneuries, et Monseigneur Philippe Patriarche de Iherusalem perpetuel administrateur de l'Eglise d'aux estant en presence et tesmoing du Reuerend Pere en christ Messire Beguer Cueque de Lectore, et des nobles et puissans seigneurs Messire Iean de Labarte seigneur d'aure, Messire ayssiu de Montesquiut Seigneur de Bazian, Messire od de Montaud Seigneur de Gramont, Messire Iean Seigneur de Manhaut, messire Manaud de Barbazan, Bernard d'arribere senechal d'armagnac, messire Manhaut d'armagnac cheualier, arman d'arbiu senechal de Lomagne, messire Guillem de Ciutat Iuge de Lomagne, Messire Sans de Serizgo prieur de Madiran.

et Maurin de Brian seigneur de Roquefort de la part et obeissance dudit Monseigneur d'Armagnac, et du Reuerend
Pere en christ Monseigneur Guillem
Eueque d'oloron, et des nobles et puissans seigneurs Messire Arnaud guillem
de Bearn Seigneur de Morlane, Monseigneur P. de Bearn, Monseigneur P.
Arnaud de Bearn, Messire Ramon Seigneur d'andoinx, Messire P. de Gauaston
Messire Pierre de Nauals, Messire Bernard d'aydie, Messire Gassj Arnaud
Seigneur d'Assaranh cheualiers, Messire
Bertran de Busj licentié en decrets Iuge
de Bearn du partj et obeissance dudit
Monseigneur de foix tesmoins apellés,
et priés aux choses dessusdites, qui Iurerent la mesme Sur le vraj corps de Iesus christ de tenir, et obseruer ladite
paix, et de moy Pierre de Maires notaire
Royal, qui conjointement auec Maistre
Bernard de Lunes notaire d'Orthes, et
general dudit Monseigneur de foix retins
ce present public Instrument, valable pour
ores, et pour tousiours, afin d'eterniser la
memoire

memoire des choses dessusdites et dans
mes registres l'enregistray et ensuite la
grossoiay, et la signai de mon Seing
acoustumé.

La presente Traduction en langue francoise a esté
corrigée et verifiée avoir esté bien et fidellement faite
d'une copie trouvée entre les papiers de mon Inventorie
des archives des chartiers de Sa maiesté en la ville de Rodez
escrite en langage beaunois, de laquelle et une d'autres
pieces aussi trouvées dans lesd. papiers il a esté fait
une liasse en laquelle lad. copie est cotée de lettre X.30,
par l'ordre et en la presence de Mre Jean de Doat conser
du Roy en ses conseils president en la chambre des comptes
de Navarre et commissaire deputé par lettres patentes
de Sa maiesté du premier Avril dernier Pour faire
recherche dans les archives des abayes et autres
communautés Ecclesiastiques et Seculieres de la
province de Guienne des titres concernants les droits
de Sad. Maiesté ou qui peuvent servir a l'histoire
faire faire des extraits de ceux qu'il Jugera necessaire
et les envoyer au garde de la Bibliotheque Royalle Par
Moy Gratian Capot huissier de lad. Chambre Par elle
commis pour faire les extraits des titres des archives
de Sa maiesté de son ressort Par deux autres du vingt
troisieme Juin et onziesme octobre 1663 Soixante
Six au greffier d'office de lad. commission fait a Rodez
le vingttroisme Aoust 1667 Soixante Sept

Capot

Articles de la Paix entre Gaston comte de foix, seigneur de Bearc et vicomte de Marsan, et Gaston de foix son fils d'une part, et Jean comte d'armagnac et Jean comte de Comenge son fils, et le tuteur de marguerite comtesse de comenge sa femme d'autre part, lesquels le mariage entre Gaston de foix fils et Beatrix fille du comte d'armagnac est arresté, et les articles furent Jurés par ledit comte de foix et son fils, sur le saint sacre corps de Dieu et par les procureurs du Comte d'armagnac en la chapelle du chateau d'Orthés, le 20 mars 1378, et par le comte d'armagnac et son fils en presence des envoyés du Comte de foix au chateau de Vic.

Le 24° mars 1378

En langage Gascon
Avec la Traduction à part.

Accord feyt enter lo tres noble et puxant senhor Mossen Gaston, per la gracie de Diu Comte de foix, senhor de Bearn, vescomte de Marsan et de Gauardan, et Gaston son filh, loudit Gaston de licencie et auctoritat deudit Mossen de foix son Pay de una part

Et lous nobles Mossen Johan senhor de Manhan caualer Mossen Sans de Serisso prior de Madyma Et Mauzin de Viraa senhor d'Arroquef en nom et per nom et cum aprocuraires specials et auens plener poder deu tres noble et puxant senhor mossen Johan per la gracie de Diu Con d'Armagnac, de fesensac, de Rodes e de Carolhes, vescomte de Comenge et d'Autvillar et senhor de la terra de Ribi et a far rattifficar a Johan d'Armagnac Comte de Comenge son filh et au tutor de la tres noble Marguerite Comtesse de Comenge sa molher et a touts autres a qui s'apartengu ni egs a puscan far per dret et obliga lors bees et lors terres a far bon dauh part en la maneire que sensec

Prumerament que bona patz amorosa et perpetual per lous des-sus dits et per tots lors successors sia enter lor lors sosmes et valedors et totes

totes rancos et malvolences de una
part et d'autres, sian totes remeses entro
au iour de hoey, lousquoaus valedors
seran nominats a cert iour.
Item que per tal que aquesta pats
sie perpetual et durable, perpetualmens
es accordat que matrimoni sie feyt
enter loudit Gaston filh deudit Mossen
de Foix de una part, et Beatrits filha
deudit Mossen d'Armagnac d'autre.
Item de trente mille franx que u son
promes per dot, loudit Mossen de Foix
lous ne lexe dets mille franx per nom
de agencement, car en aquesta terre
no sap hom que vol disser agencem:
ent ou si mes lous plats que sia lo dot
trente mille franx, gadan he l'un sus
l'autre lo soberviuent dets mille franx
segont que dret vol. Loquau dot se pa:
gue cinq mille franx a la porte de
l'aglisi. Et au cap de l'an apres segu:
ent l'an revolut autres cinq mille fr
:anx et d'aqui auant cada an de an
en an au medix iour autres cinq mille

franx (ous an reuoluts (un apres-
l'autre entro loudit dot sie paguat
et si desbie deudit matrimoni que lo
dot fos tornat per lous medix termis
que Mossen de foix laure pres.
Item si desbie deu matrimoni a
Mossen de foix plats que la filha ages
cada an tres mille florins de france
per sous aliments entro que lo dot lo
fos tornat.
Item LaTor de Coffolenx sera baillad
audit Mossen de foix et lous autres
locs siri thien en Albigees et quitar
audit Mossen de foix per si et per lous
sous tots drets que en ladite terre dal-
biges podossen auer.
Item que loudit Mossen de foix aic
et tengue lo loc et la Castellanie de
Sainct Juliaa ab sas aperthiences
aixi cum antiquemens se sole thier
a tote sa vite, et apres sa vite que torne
au Comte de Comenge.
Item que Mossen Johan lo Poto de
L'autar, lo senher de Noé lo senher de

La serre. Lo senher de verat. Lo senher de Gosenx. Guirauto de Mauleon Mossen Charles despaigne Bernard de Mauleon P. de Toyhées sans Gassie d'aure et autres qui ares son de la obedience deudit Mossen de foix, fo accordat per lous senhors dessusdits en nom que dessus, que durant la vite deudit mossen de foix loudit Comte de Comenge no lous pusque compellir de esser de sa part ni sous homis abans ac sien deudit Mossen de foix et asso ni per procés ni per guerre sino que de lor accort a vulhen far ans lous sien tenguts de reder touts lous Locs que thien en Comenge abans que fossan de la obedience deudit Mossen de foix. Et en outre que loudit Mossen de foix iurera aixi cum las autres causes dessus et deius escriutes que eig fara ab lous dessus nomiats gentius de Comenge per totes las Maneiras que bonnement poyra ni sabera lous indussira que lous

dessusdits vienguen a la obediença
deudit Comte de Comenge per la
maneira que lous autres de Comenge an feit, Et si viuent loudit Mossen
de foix lousdits gentius no vien a la
obediença deudit Mossen de Comenge
que tantost apres la mort deudit
Mossen de foix loudit Mossen de
Comenge lous ne pusque compellir,
laquau induction loudit Mossen de
foix aura feyte per vn mes apres la
pats feite·

Item las vegueries de Mauberii et
de Godoo demoren ab loudit Mossen
de foix a perpetualitat per si et peus
sous

Item per miey las causes dessus et
deiusdites loudit Mossen de foix et
Gasto son filh de sa licencia quitteran et remetteran touts lous drets et
actions que poden domandar en la
Comtat de Comenge en quenhe maneire ou condition que fos entro au
iour de hoey·

         Item

Item fo accordat que tots dampnatges dats de vna part et dautre et totes
pats passades et totes penas encour-
rudes sien totes remeses entro au jour
de hoey et que totes informatios feitas
entro si sien toutes nulles et que deus
dampnadges dats per mossen de foix
sas gens et sous valedors en la terra de
Mossen d'armagnac sous sosmes et
valedors mossen d'armagnac sen accorde
ab sas gens et ab lous de sous valedors
et que quant a diu et segle loudit Mossen de foix ne sie quiti Et per la medixe
maneire deus dampnadges que Mossen d'armagnac sas gens et sous valedors auran donats en la terra de
Mossen de foix sas gens et de sous
valedors Mossen de foix sin accorde
ab sas gens et ab los de sous valedors
Et que quant a diu et segle Mossen
d'armagnac ne sie quiti
Item en outre loudit Mossen de foix
et Gasto son filh de sa auctoritat et
licencie prometen et juren en la-

maneire que las autres causes desus et deius escriutes quels remetterā
totes demandes que far poyren en
nulhe maneyre per madame de
Comenge may de ladite Marguerite
molher deudit Mossen de Comenge
et que per pleyt ni per guerre ni en
nulhe autre maneire no lauderan
en nulle maneire

Item que mossen de foix ben et
leiaument seys tot frau et seys tot
engan gardera et fara gardar a son
degut poder et seys nulhe finte la
terre, las gens et lous valedors deusdits Mossen d'armagnac et Mossen
de Comenge de touts dampnadges
et de totes gens de Lorde et de sainct
seuer et de toutes autres que bonem-
ens et degudemens poyra aixi cum
sa propi terre, et aixi media loudit
Mossen d'armagnac et Mossen de
Comenge ben et leiaumens seys tot
frau et seys tot engan garderan et
faran gardar a lor degut poder et
seys

sens tote fin te la terre, las gens et lous
valadors deudit Mossen de foix de tots
dampnadges, et de totes gens que bonne-
mens et deguidemens poiran aixi cum
lor propi terre

Item que lous presoners finen et sien
deliures aixi cum ia es estat accordat
ab lor medix

Item aquestes causes sien ordonades
ben et solempniamens ab segramens
et ab penes ta fortamens cum far se
poyra

Item aquestes causes fermades et
iurades cum dessus, loudit Mossen de
foix, tremettra audit Mossen d'armagnac lo ters deus Joyeus

Item plats audit Mossen d'armagnac que quant Mossen de foix et el
se sien vists et acordats, que lous enfans se fermen tantost cum egs se
vulhan

Item touts lous comus Gentius homis et officiers deusdits senhors Comtes
requerits l'un a l'autre dens tres sepmanes

apres la requeste sien tenguts de
Jurar ladite pats et sien Cessa de totes marques, Et si raubatoris Lauroici
o autres maleficis se fasen en las terras deusdits senhors, que puscan segur
lous uns sus lous autres lous maufey-
tos en lasdites terras et que sien hob-
dits aixi cum si eran en lors propis
terres per touts lous officiers et comus
on vieran seguen lousdits maufeytors

Item que lousdits Mossen de foix
et Mossen d'armagnac per acomplir
aquestas causas sien la vespre dar-
ramps, so es assaber loudit Mossen de
foix Ayr, Et loudit Mossen d'armagnac a Barsalona et quey mien ensemps ab lor touts lous presoners
dune part et d'autre si auen lous y poden a lor leyau poder, et que Mossen
de foix ferme audit Mossen d'armagnac
de liurar et far vier tots los presonets
deudit Mossen d'armagnac si ares
lous fase destourbi en lor Camis, Et
per

per la medixe maneire loudit Mossen
d'armagnac ferme audit Mossen de
foix de liurar et far vier touts lous
presoners deudit Mossen de foix si ar-
res lous fase destourbi en lor camu-
per la medixe maneire que ferme
per lo senhor de Manhaut.
Las causas dessusdites fon acordades en la capere deu casteig d'orthez
lo vingtiesme iour deu mes de mars
l'an de nostre senhor mille tres cens
septante oeyt et iurades sus lo sanct
corps de Diu segrat per lousdits Mossen de foix et Gaston son filh de sa
licencie et auctoritat de una part, et
per lous procuraires dessus nomiats
deudit Mossen d'armaignac d'autre
part en presencie deus nobles Mossen
Arnaud guillem de Bearn, Mossen
Menaud senhor de Barbasan, Mossen
P. de Gauaston caualiers, Mossen
B. de Busi licentié en decrets et desso
fon feyts deux cartels d'une tenor, la
un per loudit Mossen de foix, et l'autre

per loudit Mossen d'armagnac lous
quaus seran senhats per lousdits sen
hors Comtes de lors propis mas et sa:
gellats de lors propis saget̃s lousqua
us fon senhats so es assaber lou que
loudit Mossen d'armagnac agou per
la man deudit Mossen de foix lanet
lo iour et loc presens lous testimonis
dessusdits. Et lo que loudit Mossen de
foix agou fo senhat per loudit Mossen
d'armagnac lo vingt et quoatte iour
deudit més et lan dessusdit en son Cas
teig de vic presens lous nobles et puis
sans senhors Mossen Iohan de La
Barte senhor d'aure, Mossen aissiu
de Montesquiu Mossen B. d'arribere
senechal d'armagnat caualiers Et
Petit d'arbiu seneschal de Lomanha
Et Mossen P. de Gauasto Caualier
Mossen B. de Busi licencie en decret
de la part deudit Mossen de foix los
quoaus Mossen P. et Mossen B. eran
venguts audit Mossen d'armagnac
per veder far loudit segrament. Et lo

vin far de feyt signés ~~Gabarret~~ Jean
~~..~~

Præsens Copia est correcta cum originali Rotulo præsentis pacis per me
P. de Mayres Notarium Regium qui de
hoc una cum magistro Bernardo de
Lunhs notario villæ de Ortesio et terra Bearnij ac secrettario Domini Comitis fuxi retinui Instrumentum.

P.

Extrait et collationné d'une copie trouvée entre les dc
papiers non Inventoriés des archives dits titres de Sa
Majesté en la Ville de Pau, de laquelle avec d'autres
pieces aussi trouvées avec lesd. papiers Il a été fait
Tesliasse en laquelle lad. copie est cotée dela lettre Q 30
Par l'ordre exprès de la prenée de Messire Jean de Doat conseiller
du Roy en son conseil, presidens en la chambre des comptes
de Nauarre et commissaire deputé par lettres patentes de
Sa Majesté du premier Auril dernier pour faire recherche
dans les archiues dict Bayou et autres communautés
Ecclesiastiques et seculieres de la prouince de Guienne et
autres conservans les droicts de Sad. Majesté ou qui-
peuuent seruir a l'histoire Suresfait et extraire de ceux
qu'il jugera necessaire et les envoyer au garde de la
Bibliothèque Royalle Par moy Gratian Capot Greffier
de lad. Chambre par elle commis pour faire l'extrait
desd. titres doit auxservice de Sa Majesté de son ressort pour

Soixante dix huit vingt troisieme Juin unze siesme octobre Soixante six engrossier doffice en lad. commission fair a Rodez le vingt troisieme aoust Mil Six cent soixante sept.   Dedouai

Capot

Articles de la paix entre Gaston Comte de Foix Seigneur de Bearn et vicomte de Marsan et Gaston de Foix son fils d'une part, et Jean Comte d'armagnac, et Jean Comte de Comenge son fils, et le tuteur de Marguerite comtesse de Comenge sa femme d'autre, par lesquels le mariage entre Gaston de Foix fils, et Beatrix fille du Comte d'armagnac est arresté, et les articles furent iurés par led. Comte de foix, et son fils sur le S. sacré corps de Dieu, et par les procureurs du Comte d'armagnac en la Chapelle du Chateau d'Ortes le 20. mars 1378. et par le Comte d'armagnac, et son fils en presence des envoiés du Côté de foix au Chateau de Vic. le 24. mars 1378.
Traduit de l'original qui est en langage Gascon.

Acord fait entre le noble et puissant

seigneur monseigneur Gaston par la grace de
Dieu Comte de Foix seigneur de Bearn viromte
de Marsan, et de Gauardan, et Gaston son fils,
ledit Gaston de licence et authorité dudit monseigneur de Foix son pere d'une part, et les nobles messire Jean seigneur de Manhant Cheualier Messire Sans de Serissos Prieur de
Madiran et Maurin de Biran seigneur de
Roquefort au nom et par nom, et comme procureurs speciaux, et aians plein pouuoir du
tres noble et puissant seigneur Monseigneur
Jean, par la grace de Dieu Comte d'Armagnac de Fesensac, de Rodés, et de Charolois, Vicomte de Lomaigne, et d'Auuillar, et seigneur
de la terre de riuiere, et pour faire ratifier à
Jean d'Armagnac Comte de Comenge son
fils, et au tuteur de la tres noble Marguerite
Comtesse de Comenge sa femme, et à toux
autres, à qui il apartient, ni qui puissent le
faire par droit et obliger leurs biens, et terres
pour le faire bon d'autre part en la maniere qui sensuit.

Premierement que bonne paix amoureuse,
et perpetuelle sera pour les dessusdits et pour tous

us leurs successeurs entre leurs soubsmis et cvalideurs, et que toutes les rancunes et malveillances d'une part et d'autre soient toutes remises iusques auiourd'huy, lesquels validurs seront nommés à certain iour.

Item afin que ceste paix soit perpetuele et durable perpetuellement est acordé que mariage soit fait entre ledit Gaston fils dudit monseigneur de Foix d'une part, et Beatrix fille dudit monseigneur d'Armagnac d'autre.

Item de trente mille francs qui furent promis pour dot ledit messire de Foix leur en laisse dix mille en nom d'agencement, car l'on ne sçait point en ce païs que veut dire agencement, ou sils aiment mieux que la dot soit trente mille francs que le survivant gaigne sur l'autre dix mille francs suivant que le droit le veut, lequel dot se payera, cinq mille francs à la porte de l'Eglise et au bout de l'an après ensuivant, et l'année revolue autres cinq mille francs, et de la vivant chaque année d'an en an au mesme iour autres cinq mille francs les ans escheus l'un après l'autre iusques à ce que le

dit dot soit paié, et s'il desauenoit dudit maria
:ge que le dot soit rendu aux mesmes termes
que monseigneur de foix l'auroit paié.

Item s'il desauenoit dudit mariage messire
de foix veut, que la fille ait chaque annee trois
mille florins de france pour la subsistance ius
ques à ce que le dit dot lui ait esté rendu.

Item la tour de Coffolens sera baillée audit
Monseigneur de foix, et tous les autres lieux,
s'il en tient en albigeois, et quiter audit mon
:seigneur de foix pour soy, et pour les siens
tous les droits, qu'ils pourroient auoir en lad.
terre d'Albigeois.

Item que ledit monseigneur de foix ait, et tie
:ne le lieu, et la Châtelenie de Saint Iulien
auec ses apartenances ainsi qu'il étoit ancie
:nement de coustume de le tenir, et ce durant
le cours de sa vie, et qu'apres sa mort il reuiene
au Comte de Comenge.

Item que messire Iean de Poto de Lautut
a seigneur de nos̃ le seigneur de la Serre,
le seigneur de Verat, le seigneur de Goserix,
Bernard de Mauleon, messire Charles d'Espagne
Bernard de Mauleon L. de Ioyées
Sans

sans Jassie d'aure, et autres qui sont presenteme
nt de l'obeissance dudit monseigneur de foix, fut
acordé par les susdits seigneurs en nom que des
sus que durant la vie dudit messire de Foix
ledit Comte de Comenge, ne les puisse contrain
dre d'estre de son parti, ni ses hommes: mais
plustost le seront du Comte de foix, et cela ni par
procés, ni par guerre, à moins qu'ils veuillent
le faire de leur gré, au contraire que l'on soit
obligé de leur rendre tous les lieux qu'ils tenoient
en Comenge auparauant, qu'ils feussent de
l'obeissance dudit Monseigneur de foix, et en
outre que ledit monseigneur de foix iurera ainsi que les autres choses dessus et dessous escrites,
qu'il faira auec les sus nommés gentilhommes
de Comenge par toutes les manieres, qu'il pourra et bonnement sçaura et les induira à ce
que les dessusdits vienent en l'obeissance dudit
Comte de Comenge par la maniere que les autres de Comenge l'ont fait; Et si viuant ledit
monseigneur de foix lesdits gentils ne venoient en l'obeissance dudit monseigneur de Comenge, qu'immediatement apres la mort dudit
Monseigneur de foix ledit monseigneur de
Comenge puisse les y contraindre, laquelle

induction ledit monseigneur de Foix aura faite
ung an apres la paix faite.

Item que les vegueries de Nuweiliy, et de
Sodon demeurent a perpetuité audit Monsei:
:gneur de Foix pour soy et pour les siens.

Item qu'au moien des choses dessus et dessous
dites ledit monseigneur de Foix, et Gaston son
fils par sa permission quiteront et remectront
tous les droits et actions, qu'ils pourroient deman=
dot en la Comté de Comenge en quelque manie=
:re et condition que ce fut jusqu'aujourdhuy.

Item fut acordé, que tous les dommages donnés
d'un costé et d'autre, et toutes les paix passées,
et toutes les peines encourues soient toutes remises
jusques aujourdhuy, et que toutes les informations
faites jusques icy soient toutes nulles, et que des
domages donnés par monseigneur de Foix, ses ge=
ns et ses valideurs en la terre de monseigneur
d'armagnac, ses soubmis, et valideurs Mon=
seigneur d'armagnac s'en acorde avec ses ge=
ns, et avec ceux de ses valideurs, et que ledit
Monseigneur de Foix en soit quitte devant Dieu
et

et l'Eglise, Et par la mesme maniere que des domages que monseigneur d'Armagnac ses gens, et ses valedeurs auront causés en la terre de monseigneur de Foix de ses gens, et de ses valedeurs monseigneur de Foix s'en acorde auec ses gens et auec ceux de ses valedeurs, et que monseigneur d'Armagnac en soit quite deuant Dieu et deuant l'Eglise.

Item en outre ledit monseigneur de Foix et Gaston son fils (par son authorité et permission) promettent, et iurent en la maniere que les autres choses dessus et dessous escrites, qu'ils remettront toutes les demandes qu'ils pourroient faire en aucune maniere pour madame de Comenge mere de ladite Marguerite femme dudit monseigneur de Comenge, et que par procés, ni par quatre, ni par aucune autre maniere ils ne l'aideront en aucune maniere.

Item que monseigneur de Foix bien, et loiaument sans aucune fraude, ni deception gardera, et faira garder à son toial pouuoir, et sans aucune feinte la terre, les gens, et les valedeurs dudit monseigneur d'Armagnac, et de monseigneur de

Comenge de tous domages, et de toutes les gens de
Lourde et de S.t Sever et de toutes les autres que
bonnement et duement il pourra, ainsi que sa
propre terre, et de mesme ledit monseigneur d'armagnac et monseigneur de Comenge bien et
loiaument sans fraude, et sans aucune deception garderont et fairont garder par leur pouvoir,
et sans aucune feinte la terre, les gens, et les
valedeurs dudit monseigneur de foix de tous domages et de toutes les gens, qu'ils pourront bonnement et duement ainsi que leur propre terre.

Item que les prisonniers financent, et soient
delivrés ainsi qu'il a esté acordé avec eux mesmes.

Item que ces choses soient bien et solemnellement
ordonnées avec Serment et avec peine aussi fortement que faire se pourra.

Item ces choses afirmées et iurées comme dessus,
ledit monseigneur de Foix envoira audit monseigneur d'Armagnac le tiers des ioiaux.

Item ledit Monseigneur d'armagnac veut
que lors que Monseigneur de Foix, et luy
se

se seront veus et accordés leurs enfans le confir‑
ment de la maniere qu'ils le voudront.

Item que toutes les communes, gentilhommes,
et officiers desdits Seigneurs Comtes requis l'un
par l'autre soient tenus trois sepmaines apres
la requisition de iurer ladite paix, et que toutes
merques cessent, et s'il se faisoit des voleries,
l'arrecins, ou d'autres mechancetés es terres des
dits seigneurs ils puissent poursuivre les uns
sur les autres, les malfaicteurs dans lesdites ter‑
res, et qu'ils soient obeis comme s'ils estoient
dans leurs propres terres, et ce par tous les offi‑
ciers et commis, ou ils viendront poursuivre
lesdits malfaicteurs.

Item que lesdits Monseigneur de foix et mon‑
seigneur d'Armagnac se rendent le iour auant
les rameaux, pour acomplir les choses, C'est à
sçauoir ledit monseigneur de foix à Ayre, et
ledit monseigneur d'armagnac à Barrelon‑
ne, et qu'ils menent auec eux tous leurs prison‑
niers d'une part et d'autre s'ils pouuoient les
auoir de tout leur loial pouuoir, et que mon‑
seigneur de foix asseure audit monseigneur
d'armagnac de garentir et faire garentir toutes

les personnes dudit monseigneur d'armagnac
si personne leur apartoir quelque en pechem-
ent en leur chemin, et par la mesme maniere
ledit monseigneur d'armagnac asseure audit
monseigneur de foix de garentir, et faire garentir toutes les personnes dudit monseigneur de
foix si personne leur aporte empechement en
leur chemin et l'asseure par la mesme maniere pour le seigneur de Manhauts.

Les choses susdites furent acordées en la chapelle du Chateau d'orthes le vingtième iour du mois
de mars l'an de nostre seigneur mil trois cens septante huict et iurées sur le saint sacré corps
de Dieu par lesdits monseigneur de foix et
Gaston son fils par sa permission et authorité d'une part, et par les procureurs cy dessus
nommés dudit monseigneur d'armagnac d'autre part, en presence des nobles, messire arnaud Guillaume de Bearn, messire menaud seigneur de Barbasan, messire P. de Gabaston
chevalier, messire P. de Buos licentié en decrets; Et de ce ont esté faites deux cartes d'une teneur, l'une pour ledit monseigneur, et l'autre
pour ledit monseigneur d'armagnac, lesquelles
seront signées des propres mains desdits seigneurs
comtes

comtes et scellées de leurs propres seaux, lesquelles furent signées c'est à scavoir celles que ledit monseigneur d'armagnac eut, par la main dudit monseigneur de foix l'an et le iour et lieu presens les tesmoins dessusdits, et celle que ledit monseigneur de foix eut, fut signée par ledit monseigneur d'armagnac le vingt quatrième iour dudit mois et an dessusdit en son chateau de Vic, presens les nobles et puissans seigneurs messire Jean de Labarte seigneur d'aure, messire Assiu de Montesquiu, messire B. d'arribere senechal d'armagnac cheualiers, et Petit d'arbiu senechal de Lomaigne. Et messire P. de Gauaston cheualier, messire B. de Busi licentié en decrets de la part dudit messire de foix, lesquels messire P. et messire B. estoient venus vers ledit monseigneur d'armagnac pour luy voir faire ledit serment, et le virent faire en effect. Signé Jean.

Præsens copia est correcta cum originali rotulo præsentis paris per me P. de maires notarium Regium, qui de hoc vna cum magistro Bernardo de Junhs notario villæ de Orthesio, et terræ Bearnij, ac secretario Domini Comitis fuxi retinuj instrumentum.

La presente Traduction en langue françoise a esté

corrigée et vérifiée avoir esté bien et fidellement faite
d'une copie escrite en langage gascon trouvée entre
les papiers de mon Inventoire et archieus des titres
de Sa Maiesté en la ville de Rodes, de laquelle aut-
dheur priorat aussi trouvée entre lesd. papiers
Il a esté fait une liasse en laquelle lad. copie est cotée
dolthe 230, Par l'ordre et en la presence de Messire
Jean de Doat conseiller du Roy en ses conseils, president
en la Chambre des comptes de Navarre et commissaire deputé
par Lettres patentes de Sa Maiesté du premier Avril
dernier pour faire recherche dans les archives des
Abayes, chapitres, communautéz Ecclesiastiques et Seculiers
de la province de Guienne et extraire tout ce qui lui droicte
de Sad. Maiesté ou qui pourroit servir à l'histoire, faire
faire des extraits de ceux qu'il jugera necessaire et les
envoyer au garde de la Bibliotheque Royalle. Par
moy Brahan Capot huissier de lad. Chambre pour elle
commis pour faire les extraits des titres des archivds
de Sa Maiesté, soubsigné, par lest arresté du vingt
troisiesme Juin et neufiesme octobre ql. soixanteux
et greffier d'office en lad. commission faict à Rodes le
vingt troisiesme Aoust mil six cens soixante sept

Doat

Capot

Acte de l'homage fait par Arnaud Guillem de Monteluduno Seigneur de Meillan a Jean Comte d'Armagnac, et de Rodes et vicomte de Lomagne pour ledit lieu de Meillan auec ses apartenances.

Du 25 Mars 1378.

In Nomine Domini amen. Nouerint vniuersi, et singuli præsentes pariter, et futuri huius præsenti publici instrumenti seriem inspecturi, visuri, lecturi, ac etiam audituri, quod anno Domini millesimo trecentesimo septuagesimo octauo, die vicesima quinta mensis martij apud vicum Regnante Serenissimo, et illustrissimo principe Domino Karolo Dei gratia francorum Rege, in mei notarij infrascripti, et testium subscriptorum ad hæc specialiter vocatorum, et rogatorum præsentia personaliter constitutus arnaldus Guillelmus de Monteluduno Dominus de Milhano, et de Castino Domicellus gratis, et sponte genibus flexis, et abstracto Caputio, ac manibus com-

plexis, siue iunctis existens inter manus
Egregij, et magnifici Domini Domini Johannis Dei gratia Comitis armaniaci, feseusiaci,
Ruthenæ, et Kadrellensis, vicecomitisque Leomaniæ, et altiuillaris, ac Domini terræ Rippariæ fecit homagium pro infrascriptis dicto
Domino Comiti, ut Comiti feseusiaci præsenti,
et solemniter stipulanti, et fidelitatis præstitit iuramentum supra librum missalem,
et crucem existentes supra genua dicti Domini Comitis, sic dicendo, quod ipse Domicellus Dominus de Milhano, et de Castiuo deueniebat hominem, et vassallum ipsius Domini Comitis, et promisit, et iurauit ut supra
ipse Domicellus, quod esset dicto Domino Co-
muti bonus vassallus, et fidelis, et custodiret
Corpus, vitam, et membra ipsius Domini
Comitis, et eius secreta, quæ sibi manifestaret,
consiliumque bonum, quotiens per eiusdem
Dominum Comitem fuerit requisitus sibi
daret, et eidem Domino Comiti, et iustitiarijs,
ac officiarijs suis obedientiam præstaret, utiliaque sua sibi Domino Comiti procuraret,
et inutilia pro viribus euittaret, et omnia
alia

alia, et singula Capitula contenta in Sacramento fidelitatis fideliter adimpleret. quibus
actis ibidem dictus Dominus Comes sponte
dictum homagium, et fidelitatis iuramentum
ab eodem Arnaldo Guillelmj Saluo iure Suo, et
quolibet aliena accepit, et in signum amoris
inter ipsos osculum interuenit, et ibidem
dictus Arnaldus Guillelmj Domicellus Dominus de Milhano, et de Castino recognouit
se tenere, et debere tenere sub homagio, et fidelitatis iuramento antedictis à dicto Domino Comite vt supra stipulante, Suosque
praedecessores tenuisse ab eodem, Seu praedecessoribus suis præsensiaci comitibus ea,
quæ Sequntur, videlicet dictum locum de
Milhano cum omnimoda iuridictione alta,
media, et bassa, et mero, ac mixto imperio vna
cum eius iuribus, Dominijs, deuerijs, pertinentijs, ac iuridictionibus alijs vniuersis, quæ
quidem pertinentiæ loci prædicti confrontantur ab vna parte cum pertinentijs de Ordano,
et ab alia parte cum pertinentijs auxitaniæ,
et ab alia parte cum pertinentijs de la Roqueta cum alijs suis confrontationibus, si-

quæ sint. Item et locum de Castiçio cum pertinentijs, iuribus, Dominijs, deuerijs, et iurisdictionibus vniuersis, in quibus habet iurisdictionem vsque ad sexaginta quinque
solidos morlanorum. cuius loci pertinentiæ
confrontantur cum pertinentijs auocis
ab vna parte, et ab alia parte confrontantur cum pertinentiis de Castilhon, de Mas-
sas, et ab alia parte cum pertinentiis Sancti Lari, et ab alia parte cum pertinentijs
de Durando, et si qui alij sint confines cum
eorum, et cuiuslibet ipsorum iuribus, Dominijs, deuerijs, iurisdictionibus, et pertinentijs suis vniuersis prædictis. De quibus omnibus vniuersis, et singulis supradictis
tam dictus Dominus Comes, quam etiam
dictus Arnaldus Guillelmi Domicellus
memoratus requisiuerunt me notarium
infrascriptum, vt sibi, et eorum cuilibet
facerem, et conficerem publicum instrumentum, quod et quæ Ego notarius infrascriptus sibi, et eorum cuilibet concessi, prout de iuris authoritate dicti mei publici
officij facere poteram, et debebam. Acta
fuerunt

173

fuerunt haec vt supra anno, die, mense, loco, et regnante quibus supra, et dicto Domino Comitate in dictis suis Comitatibus, et viccomitatibus, ac terra ripparia dominante. Testibus praesentibus ad praemissa vocatis specialiter, et rogatis Domino Baulato de Baulato, Arnaldo de Malartico, Bertrando de Costantino, Petro de furco alias Caseras, et Arnaldo de Lorbatano, et pluribus alijs, Et me Petro Jouini Clerico Ciue Caturci authoritate Regia publico notario, ac etiam authoritate dicti Domini Comitis per totam terram suam, eiusque pertinentias, et ressortum, qui requisitus vt supra de praemissis omnibus, et singulis hoc praesens publicum instrumentum inquisiui, sumpsi, et recepi, et in meo prothocollo posui, et fideliter notaui, et in hanc formam publicam pro parte dicti Domini Comitis Armaniaci Redigi feci per Johannem de Balmelis clericum Diocesis, et Senescalliae caturcensis fidelem coadiutorem meum sufficientem, et ydoneum in hac parte iuratum, et facta Collatione cum originali inferius manu mea propria

me subscripsi, et signo meo solito, quo utor
authoritate dicti Domini Comitis in publicis instrumentis sequenti signaui in fidem, et testimonium omnium, et singulorum praemissorum. Signé Petrus Jouinio

Extraict et collationné de la grosse trouuée dans les
archiues d'arthes de Sa Maiesté en la ville de Rodés entre
les papiers meslés. De laquelle auec d'autres pieces aussi
trouuées entre lesd. papiers meslés Il a esté faict une
liasse pour estre aioustée à l'inuentaire desd. tittres
En laquelle lad. grosse est cotée dela lettre Y. 21. Par
lordre et en la presence de Messire Jean de Doat coner
du Roy en ses conseils president en la Chambre de comptes
de Nauarre et commissaire depute par lettres patentes de
Sa Maiesté du premier Auril dernier pour faire recherche
dans les archiues des Abayes et autres communautés
Ecclesiastiques et seculieres de la prouince de Guienne des
tittres concernans les droicts de Sad. Maiesté et qui
pourront seruir a l'histoire faire faire des extraicts de ceux
qui Jugera nous sauoir et les enuoyer au garde de la Bibliotheque Royalle par moy Bratian Capot Huissier
de lad. Chambre par elle Commis pour faire les extraicts
des tittres des archiues de Sa Maiesté de son ressort par
ses arrests des vingt troisiesme Juin et neufiesme
octobre 9br. Soixante six, grossier d'office en lad. commission
faict a Rodés le sixiesme Aoust Mil six cent soixante
sept

Capot

Acte de l'Homage fait par Armand Darmo Senechal de Lomaigne à Jean Comte d'armaignac Du lieu de Popanis.

Du 27. mars 1378.

In nomine Domini amen. Noue-
rint vniuersi, et singuli præsentes pariter
et futuri, huius præsentis publici Instrumenti seriem inspecturi, visuri, lecturi, ac etiã
audituri, quod anno Domini millesimo trescentesimo septuagesimo octauo, die vicesima
septima mensis martij apud vicum regnante serenissimo, et illustrissimo principe Domino Karolo Dei gratia francorum Rege,
in mei notarii infrascripti, et testium subscriptorum ad hoc specialiter vocatorum et
roquatorum præsentia personaliter constitutus Arnaldus Darmo, alias petit Darmo.
Domicellus, senescallus Leomaniæ gratis,
et sponte, genibus flexis, et abstracto capucio,
ac manibus complosis siue Iunctis existens, inter manus Egregii, et magnifici —

Domini, Domini Johannis Dei gratia Comitis Armaniaci, Fesensiaci, Ruthenæ et Kadrellensis, vicecomitisque Leomaniæ et altivillaris ac Domini terræ Ripparia fecit homagium pro infrascriptis dicto Domino Comiti, ut comiti Fesensiaci præsenti et solemniter stipulanti, et fidelitatis præstitit iuramentum supra librum missalem, et crucem existentem supra genua dicti Domini Comitis, sic dicendo quod ipse Domicellus deveniebat hominem, et vassallum ipsius Domini comitis, et promisit et iuravit ut supra ipse domicellus quod esset dicto Domino comiti bonus vassallus, et fidelis et custodiret corpus, vitam et membra ipsius Domini Comitis et eius secreta quæ sibi maniffestaret, consiliumque bonum quotiens per eundem Dominum comitem fuerit requisitus sibi daret, et eidem Domino Comiti et iustitiariis, et officiariis suis hobedientiam præstaret, vtiliaque sua sibi Domino comiti procuraret, et inutilia pro posse suo evitaret, et omnia alia et singula capitula contenta in sacramento fidelitatis fideliter

fideliter adimpleret. Quibus actis ibidem
dictus Dominus comes sponte dictum ho:
magium, et fidelitatis iuramentum ab eo:
dem armando salvo iure suo, et quolibet alieno accepit, et in signum amoris inter ipsos
osculum interuenit, et ibidem dictus Domi:
cellus recognouit se tenere, et debere tenere
sub homagio, et fidelitatis iuramento an:
tedictis a dicto Domino comite, vt supra
stipulanti, suosque predecessores tenuisse
ab eodem, seu predecessoribus suis fesensiaci
Comitibus, eaque sequntur, videlicet locum
de Popanis cum suis confrontationibus vni
uersis nec non, et cum suis iuribus, Dominiis,
Deueriis, iurisdictionibus, et pertinentiis
vniuersis. De quibus omnibus vniuersis
et singulis supradictis, tam dictus dominus
Comes quam etiam dictus armandus Do:
micellus memoratus requisiuerunt me
notarium infrascriptum, vt sibi et eorum
cuilibet facerem, et conficerem publicum
instrumentum, quod et qua Ego notarius
infrascriptus sibi et eorum cuilibet conces:
si prout de iure authoritate dicti mei publici

officii facere poteram et debebam. Acta
fuerunt hæc ut supra anno, die, mense,
loco, et regnante quibus supra, et dicto domino Comite in dictis suis comitatibus et
vicecomitatibus ac terra Ripperiæ dominante; testibus præsentibus ad præmissa
vocatis specialiter, et rogatis dominis,
Hugone, Domino de la graulet Baulato
de Baulato, Domino de Pratonerou, arnaldo de Malartico, Gaillardo de Biera,
Ramundo de Capespert et pluribus aliis,
et me Petro Jonini, clerico, Ciue Caturci, authoritate regia publico notario, ac etiam authoritate dicti domini comitis per totam terram suam eiusque pertinentias, et ressortu,
qui requisitus ut supra de præmissis omnibus et singulis hoc præsens publicum
Instrumentum inquisiui, sumpsi, et recepi,
et in prothocollo meo posui, et fideliter notaui et in hanc formam publicam pro
parte dicti Domini comitis armaniaci
redigi feci per Johannem de Baliuelis
clericum Diocesis, et senescalliæ Caturcensis
fidelem coadiutorem meum, sufficientem

et idoneum in hac parte iuratum, et facta
collatione cum originali inferius manu
mea propria me subscripsi, et signo meo
solito quo utor authoritate dicti Domini
Comitis in publicis instrumentis, sequenti signaui. Petrus Ionini

Le Sixiesme auril Mil Six cents soixante Sept la presente
copie a esté bien eudiement Uidimée et collationnée sur
Une copie escripte en parchemin Trouuée au tresor d'ict
archiues du Roy en la ville de Rodez en Un sac de
papiers en lettre de laquelle copie auec d'autres pieces
aussi trouuées entre autres papiers mis led. archiues
Il a esté dit mis a de pour estre aioutée a inuentaire
dud. tresor En laquelle lad. copie est cotée de lettre
C. 17. Par Roy soubs signé Estant en la ville de Rodez
a la fin de Monsieur de Doat conseiller du Roy en ses
conseils d'estat et president en la Chambre de comptes de
Nauarre Cuy au bureau d'icre de lad. Chambre Ves Vingt-
troisieme Jun et neufiesme octobre dernier
                                                Dupot

Acte de l'homage fait par Bernard de Castillon a Jean Comte d'armaignac pour le Chateau de Castillon et autres choses y exprimées. Du 27. Mars 1378.

In nomine Domini amen. Noueri:
nt vniuersi, et singuli præsentes pariter et
futuri huius præsentis publici instrumenti
seriem, tenorem, et continentiam inspecturi,
visuri, lecturi, ac etiam audituri quod anno
Domini millesimo trescentesimo septuagesi:
mo octauo, die vicesima octaua, mensis martii
apud vicum, regnante serenissimo et illustris:
simo principe Domino Karolo Dei gratia fr:
ancorum Rege, in mei notarii infrascripti,
et testium subscriptorum ad hæc specialiter
vocatorum, et rogatorum præsentia, persona:
liter constitutus Bernardus de Castilho -
Castri noui Elizani gratis, et sponte, genibus
flexis et abstracto caputio, ac manibus com:
plosis, siue iunctis existens, inter manus Egre:
gii, et magniffici Domini Domini Johannis

Dei gratia comitis Armeniaci, Fesensiaci, Ruthenensis et Kadurcensis vicecomitisque Leomaniae, et Altuillaris ac Domini terrae Ripparia fecit homagium pro infrascriptis dicto Domino Comiti, ut Comiti
Fesensiaci praesenti et solemniter stipulanti,
et fidelitatis praestitit iuramentum supra
librum missalem, et crucem existens in supra genua dicti Domini Comitis, sic dicendo,
quod ipse Bernardus deveniebat hominem, et
vassallum ipsius Domini comitis, et promisit
et iuravit ut supra ipse Bernardus quod esset
dicto Domino comiti bonus vassallus, et fidelis,
et custodiret corpus vitam et membra ipsius
Domini comitis, Domini sui superioris et in-
mediati - et eius secreta quae sibi manifes-
:taret, consiliumque bonum quotiens per
eundem Dominum comitem fuerit requisi-
:tus sibi daret, et eidem Domino comiti et iusticiariis ac officiariis suis hobedientiam praes-
:taret, utiliaque sua sibi Domino comiti
procuraret, et inutilia pro posse suo evi-
:taret, et omnia alia et singula capitula
contenta in sacramento fidelitatis fideliter
adimpleret

adimpleret, Quibus actis ibidem dictus do:
:minus Comes sponte dictum homagium,
et fidelitatis superius per ipsum Bernardū
prestitum iuramentum ab eodem Bernardo
saluo iure suo et quolibet alieno accepit, et
in signum amoris inter ipsos osculum interuenit, et ibidem dictus Bernardus recogno:
:uit se tenere, et debere tenere sub homagio et
fidelitatis iuramento antedictis a dicto domino Comite, ut supra, stipulanti suosque
predecessores tenuisse ab eodem, seu predeces:
:soribus suis fesensiaci Comitibus, ea quae se-
quutur videlicet castrum de Castilhone cū
suis pertinentiis, quod est in Bailiatgio cas:
:tri noui de Eliziano, et totum id quod habet
in loco, et pertinentiis de Barreria, Item et
totum id quod habet in affariis de Moleras
prope de sos, cum eorum et cuiuslibet ipsorū
Dominiis iurib' deueriis iurisdictionibus,
confrontationibus, et pertinentiis vniuer:
:sis, tamen ibidem protestatus fuit dictus Ber:
:nardus deu castilho, quod ipse tenet a nobili Johanne Domino de Pardelhano Justi:
:tiam dicti loci de Castronouo   vinatas

et iius falsaru̅ mensuraru̅ et questas
Domini Maioris. De Quibus omnibus
vniuersis et singulis supradictis, tam dictus
Dominus comes quam etiam dictus Bernar:
dus requisiuerunt me notarium infrascrip:
tum, vt sibi et eorum cuilibet facerem et
conficerem publicum instrumentum, quod
et qua ego notarius infrascriptus sibi et
eorum cuilibet concessi prout de iure autho:
ritate dicti mei publici officij facere poteram
et debebam, acta fuerunt hac vt supra anno,
die, mense, loco, et regnante quibus supra, Et
dicto Domino Comite in dictis suis comitati:
bus et vicecomitatibus ac terra Rupparie
Dominante, testibus praesentibus ad praemis
sa vocatis specialiter et rogatis Dominis,
Geraldo de Iauleio, Domino de Barreria,
Baulato de Baulato, Domino de Tratouer:
oue, Hugone, Domino de Grauleto, Petro de
Furco alias Caseras, Bertrando de Furco
et pluribus aliis, Et me Petro Ionini cleri
co Ciue Caturce̅s̅i̅ authoritate Regia
publico notario, ac etiam authoritate dicti
Domini Comitis per totam terram suam

eiusque pertinentiis et ressortu qui requi-
sitas ut supra de præmissis omnibus, et singulis hoc præsens publicum instrumentū
iriquisiui, sumpsi, et recepi, et in prothocollo
meo posui, et fideliter notaui, et in hanc formam publicam pro parte dicti Domini Comitis Armaniaci redigi feci per Johannem
de Baluelis clericum diocesis, et senescalliæ
Caturcensis fidelem coadiutorem meum suffi-
cientē, et idoneum in hac parte iuratum,
et facta collatione cum originali iferius
manu mea propria me subscripsi, et signo
meo solito quo vtor authoritate dicti Domini Comitis in publicis instrumentis sequenti, signaui. Petrus Ionini.

Le dixiesme Auril Mil Six cents Soixante Sept la
presente copie esté bien eadueuuement vidimée et
collationnee Sur vne copie escrite en parchemin Trouuee
entre les de papiers mesles autre dor de archiues du
Roy en la ville de Rodex. De laquelle copie auec dautres
pieces aussi trouuees entre dautres papiers mesles auds
archiues Il a esté fait vne liasse pour estre adiousté a-
l inuentaire desdittes dudit Tresor En laquelle la dite copie
est cottée de lotre R.17. Par moy Soubz Signé estant
en lad. ville de Rodex a la suitte de monsieur de Doat
conseiller du Roy en Son conseil et estat et president

En la chambre de comptes de Navarre Seigneurs Sieg-
naires ôté de lad. chambre dix vingt troisieme Juin et
Neufiesme octobre dernier

Capot

Acte de l'homage fait a
Jean Comte d'armagnac
par aisinus de Lauardaco
Seigneur de Omensano,
pour ladite terre et autres
y mentionnées.
Du 29.e mars 1378.

In Nomine Domini amen.

Nouerint vniuersi præsentes pariter et futuri, huius præsentis publici instrumenti Seriem, tenorem, et continentiam inspecturi, visuri, lecturi, ac etiam audituri, quod anno Domini millesimo trecentesimo Septuagesimo octauo, die vicesima nona mensis martij apud locum de vico, Regnante Serenissimo, et illustrissimo principe Domino Karolo Dei gratia francorum Rege, in mei notarij infrascripti, et testium Subscriptorum ad hoc specialiter vocatorum et rogatorum præsentia, personaliter constitutus Ayssinus de Lauardaco Dominus de Omensano Domicellus, gratis et Sponte genibus flexis, et abstracto capu-

tio, ac manibus complosis, siue Iunctis existentibus inter manus Egregij, et magnifici Domini
Domini Johannis Dei gratia comitis armaniaci,
fezenziaci, Ruthenæ et Kadurcensis, vicecomitisque Leomaniæ et altiuillaris, ac Domini terræ
Ripperiæ, fecit homagium pro infrascriptis
dicto Domino Comiti vicecomiti fezensiaci præsenti, et solemniter stipulanti, et fidelitatis præstitit iuramentum supra librum missalem, et crucem existentes, supra genua dicti Domini Comitis sic dicendo, quod ipse Domicellus Dominius
de Omensano deueniebat hominem, et vassallum ipsius Domini Comitis, et promisit et iurauit vt supra ipse Domicellus quod esset dicto
Domino Comiti bonus vassallus, et fidelis, et
custodiret corpus, vitam et membra ipsius Domini Comitis, et eius secreta, quæ sibi manifestaret, consiliumque bonum, quostiens per
eundem Dominum comitem fuerit requisitus,
sibi daret, et eidem Domino Comiti et iusticiarijs
et officiarijs suis hobedientiam præstaret, vtiliaque sua sibi Domino Comiti procuraret, et inutilia pro posse suo euitaret, et omnia alia et singula capitula contenta in sacramento fidelitatis

tatis fideliter adimpleret quibus actis, ibidem
dictus Dominus Comes sponte dictum homagium,
et fidelitatis iuramentum ab eodem Ayssino,
salvo in omnibus et per omnia iure suo, et
quolibet alieno accepit, et in signum amoris
inter ipsos osculum intervenit, et ibidem dictus
Ayssinus Domicellus sepedictus recognouit se
tenere, et debere tenere sub homagio, et fidelitatis
iuramento antedictis a dicto Domino Comite
ut supra stipulante, suosque praedecessores
tenuisse ab eodem seu praedecessoribus suis fesensiaci comitibus ea quae sequntur videlicet, dictum locum de Otensano cum omnibus suis iuribus, et pertinentijs vniuersis, qui quidem loci-
us est in bayliatgio de Vico, in quo habet iuridic-
tionem ut dixit vsque ad sexaginta quinque
solidos mortenses. Item et omnes census, et oblias, quos et quas habet in loco et pertinentijs
de Sancto paulo, et etiam omnes terras et nemo-
ra, feuda, seu oblias, quae et quas habet in pertinentijs de Marambato in territorio de Mase-
ras. Item et feuda, quae habet, et possidet in loco
de Vico cum eorum, et cuiuslibet ipsorum iuribus,
Dominijs, deueriis, iuridictionibus, confrontatio-

nibus, et pertinentijs universis. de quibus praemissis omnibus et singulis supradictis tam dictus Dominus Comes, quam etiam dictus Assisinus
Domicellus memoratus requisiuerunt me notarium infrascriptum, ut sibi et eorum cuilibet
facere et conficere publicum instrumentum,
quod et quae Ego notarius infrascriptus sibi et
eorum cuilibet concessi, prout de iure authoritate mei publici officij facere poteram, et debebam
acta fuerunt haec ut supra anno, die, mense,
loco et Regnante quibus supra, et dicto Domino
Comite in dictis suis comitatibus, et vicecomitatibus, ac terra Ripparia dominante testibus praesentibus ad praemissa vocatis specialiter et rogatis Domino vgone de Grauleto Baiulato de Baulato Domino de Prato necnon militibus Bernardo
Guido de . . . . Lartico, et
Bernardo de Monteclaro receptore vici, et me petro Jouini clerico Ciue Caturci authoritate Regia
publico notario dicti Domini Comitis, per totam
terram suam, eiusque pertinentias, et ressortum.
qui requisitus ut supra de praemissis omnibus et
singulis, hoc praesens publicum instrumentum
inquisiui, scripsi, et recepi, et in meo protocollo po-
posui et

et fideliter notaui, et in hanc formam publicam
pro parte dicti Domini Comitis armaniaci redigi
feci, et grossari per Johannem de Balmelis Clericum Diocesis et senescalliæ Caturcensis fidelem
co-adiutorem meum sufficientem, et Idoneum
in hac parte Juratum, et facta diligenti Collatione cum originali inferius manu mea propria
me subscripsi, et signo meo solito, quo utor authoritate dicti Domini Comitis in publicis instrumentis sequentibus signaui.

Le Seizieme Auril Mil Six cens soixante sept la presente
copie a esté bien et deuement vidimée et collationnée sur
une copie escrite en parchemin Trouvé au tresor des archives
du Roy en la ville de Pau en un Sac de papiers en ceste
cote Hommages de laquelle copie auec dautres pieces aussi
trouuées entre dautres papiers dedans ledit archiues il
a esté fait une liasse pour estre adiousté aliinuentaire des
titres dud. tresor En laquelle lad. copie est cotté dotée
N. 18 Par moy soubzsigné estant en lad. ville de Pau
a la suitte de Monsieur de doat conseiller du Roy en
son conseil d'estat presidant en la chambre du compte
son auuore suiuant les arrestz de lad. chambre des
vingt trois iour Juin et troisieme octobre dernier

Capot

Acte de l'hommage fait par les Consuls et Sindicqs du lieu de Valen a Jean Comte de Fesensac pour ledit lieu de Valen.

Du 29. Mars 1378.

Auec un Acte du Sindicat fait en faueur de deux habitans de ladite ville de Valen pour s'obliger en faueur de Tibaud de Petrucia, et de Dominique de Montelauduno Bastard en la somme de 1200. franc d'or promis par ladite Ville de Valen aux Anglois qui demeurpient a Lourde pour racheter Gerald de Verdusan qui auoit cautioné pour ladite somme ladite Ville de Valen par comandement du Comte d'Armagnac.

Du 8. feurier 1377.

In nomine Domini Amen.

Anno Incarnationis eiusdem millesimo trecentesimo septuagesimo octavo, et die vicesima nona mensis Martij Regnante Domino Karolo Illustrisimo principe Dei Gratia francorum Rege, et egregio et magnifico principe et egregio et magnifico principe Domino Johanne eadem gratia Comite Armagniaci, fezenciaci, Ruthenensi, et Kadrellensi, Vicecomiteque Leomanie et Altiuillaris, ac Domino terrae Ripariae Duarum in presentia mei Notarij infrascripti, et testium subscriptorum ad hec et ad infrascripta vocatorum, et rogatorum personaliter constitutus dictus Dominus Comes ut Comes fezenciaci gratis, et sponte, et ex sua certa scientia pro se et suis recognouit, et in veritate confessus fuit pure, et simpliciter prudentibus viris Geraldo de Montibus . . . . Astarac consulibus, et Johanne de Podio, et Guillelmo deu deus sindicis, ut dixerunt, et Bernardo de Barbazan habitatori dicti loci de Valentia Comitatus fezenciaci ut dixerunt, quod omnes ipsi statim superius nominati habitatores de Balentia nomine eorum consulatus

=sulatus, sindicatus universitatis, ac
singularium habitatorum dicti loci de
Valentia, et pertinentiarum suarum sibi Domino Comiti Domino suo immediato, ut
Comiti fezenciaci fecerunt veram hobe=
dientiam, et fidelitatis prostiterunt iuramen=
tum, et quod promiserunt eidem ut Domino
suo, et Comiti fezenciaci, quod dicti consu=
les, sindici, et omnes singulares eiusdem
loci essent abhinc in antea dicto Domino
suo Comiti fezenciaci, et suis in posterum
successoribus Comitibus fenzenciaci boni
subditi, et fideles, et quod honorem, et como=
dum ipsius Domini Comitis suo posse
procurarent, et inutilia pro viribus evita-
rent, secreta que quae sibi panderet sub secreto custodirent, et quod bonum consilium
dum per eum fuerint requisiti, sibi Do=
mino suo darent, et omnia alia, et singu=
la eidem Domino Comiti facerent, quae boni, et fideles subditi suo Domino superiori, et immediato facere debent, et tenentur
et vice versa ipsi omnes superius nominatis dicto Domino Comiti ibidem etiam
prasenti, et solemniter stipulanti, pro

se, et sitis supradicta fecisse ut praefertur sponte recognouerunt, et confessi fuerunt et ad maiorem firmitatem praemissorum dicti sindici nomine quo supra docuerunt ibidem de potestate sua per quoddam publicum Instrumentum sumptum, et receptum per Magistrum Johannem de Casis Notarium Valentiae, et eius signo signatum, ac sigillo authentico dicti consulatus in cera rubea in pendenti sigillatum, ut euidenter prima facie apparebat, non viciatum, non cancellatum, non abolitum, nec in aliqua sui parte corruptum, sed prorsus omni vitio, et suspitione carens. cuius quidem instrumenti tenor de verbo ad verbum inferius est descriptus, et nichilominus promiserunt dicti consules sindici, et singulares eidem Domino Comiti ut supra solemniter stipulanti quod bonum, et sufficientem sindicatum quo ad praemissa sibi ostenderent, traderent, et adportabunt infra decem dies a die datae praesentis computandos et inmediate sequendos, quodque similem recognitionem obedientiae ac fidelitatis iuramentum

modo

modo simili facerent fieri, et præsta=
ris, eidem Domino suo per alios consu=
les, et singulares habitatores dicti loci tunc
absentes . . . . . . infra dictum ter=
minum decem dierum, et facerent fieri per
sufficiente Notarium publicum Instrumen=
tum, et dicto Domino Comiti, aut michi
Notario infrascripto eius nomine in for=
mam publicam adportabunt, de quibus
omnibus, et singulis supradictis tam dic=
tus Dominus Comes quam dicti superius
nominati requisiuerunt me Notarium
infrascriptum ut ipsis partibus et earum
cuilibet de præmissis omnibus, et singulis
facerem, et conficerem publicum instru=
mentum quod sibi concessi faciendum cum
consilio peritorū facti substantia non
mutata prout de iuris authoritate mei
publici officij facere poteram, et debebam
Acta fuerunt hæc anno die, mense, loco
Regnante, et Dominante quibus su=
pra testibus præsentibus ad præmissa
per dictas partem vocatis, et Rogatis
Domino Hugone Domino de Lyraule=
to milite. Arnaldo de Malartico Amanuio

de Aurrasio Domicello Domino Johannes ferrandi iudice ordinario Armagniaci, et Magistro Bernardo de Noya Notario de Nugarolio, et me Petro Jouini ciue Caturci publico authoritate Regis, et dicti Domini Comitis authoritate per totam terram suam eiusque pertinentias, et ressortum Notario qui requisitus ut supra de premissis hoc presens publicum instrumentum inquisiui, et recepi et in prothiocollo meo posui, et fideliter Notaui, et in hanc formam publicam pro parte dicti Domini Comitis redigi feci per Johannem de Baliuelis Clericum Diocesis et Senescalliæ Caturcensis coadiutorem meum sufficientem, et ydoneum in hac parte iuratum, et facta collatione cum originali inferius manu mea propria me subscripsi, et signo meo solito quo utor authoritate Regia in publicam Instrumento sequenti signaui manu mea primitus me subscripto post tenorem dicti sindicati, cuius tenor sequitur isto modo Nouerint uniuersi præsentes pariter et futuri, quod cvocata, et congregata

gata cum campanis pulsatis vniuer=
sitates hominum, et iurisdictiones Va=
lentiæ vt moris est in comuni platea
dicti loci ante Ecclesiam, et ipsā vniuer=
sitatem in vnum congregatam spetia=
liter pro infrascriptis videlicet Sancius
d'Estariaco Johannes de Lobayno, et Ar=
naldus, deu Lacay consules dictæ Villæ
Valenciæ eorum consulatus nomine nec
non Martinius de Coronis Bernardus de
Laubuysono vitalis de Fautalemo Pe=
trus de Ruppibus Guillelmus de la Por=
querio Stephanus de Carambaco, San=
cius Sortio, Petrus de Bascalis Vitalis
Barua Johannes de Mariastanco Vi=
talis de Lescar, Vitalis de Lodoysio, Ra=
mundus de Auerano Bernardus de Na=
ualhano Petrus de Manso senior Vitalis
de Sabasano, Magister Ramundus de oli=
uo Surgicus Vitalis Beusa Bernardus
de Roquero, Arnaldus Beusa Guillel=
mus de Daufario, Ramundus de Ijio
Guillelmus de Soba, Manaldus de Labar=
ta, Petrus de foresta, Petrus de Manso Ju=
nior Sancius de Solerijs, Johannes de

Podio at Johanan Magister Bernardus de Casanea Notarius Dominicus de Manso Ramundus de Mitholio Petrus de Gaysiano Vitalis de yragolio Gerardus de Oliuo Vitalis de Cautirano Petrus de Sobirano Dominicus de ferano, fortius de Saurosa, Ramundus ferreti Petrus de Sagino Vitalis de Arblada Johannes de Bordis, Geraldus de Calhacs Oddo de Artigia, Petrus Sera Bernardus de Pontelhs, Magister Arnaldus de virano, Notarius Johannes Carbonelh Guillelmus de Begio, Petrus de Castronouo Guillelmus de Carito vitalis de Gramote, Simonus de Barbazano, Bernardus de Bineis Petrus de Sioho Guillelmus de Barbazano, Vitalis de Rimbes, Johannes de Vineis, Johannes de Beyria Petrus de Bacato, Johannes Barblada Geraldus de Garderia, Johannes de Cenaco Pontius de Boscalh Pontius de Manso Johannes de filholco, et Vitalis de Manso habitatores Villæ Valenciæ, et eius pertinentijs facientes, et representantes Vniuersitatem dictæ Villæ Valenciæ videlicet Vniuersi, vt vniuersi, et singuli vt singuli ibidem
præsentes

presentes, pro se ipsis, et aliis vice, et nomine consulatus, ac totius universitatis
et singularium dicti loci de Valen eis adherentes, et adherere volentes, dictique consules
de voluntate, et concensu dictorum singularium universitatis facientium et maiorem
partem et saniorem totius universitatis fecerunt constituerunt ac etiam ordinauerunt
preter et citra reuocationem aliorum sindicorum antiquorum dicti loci alias constitutorum suos veras certos denuo generales et
spetiales procuratores et sindicos, yconomos
actores, factores, et negotiorum dicte Ville
gestores, videlicet discretos viros Johannem
de Podio, et Guillelmum de Bausio habitatores
Valentie, et eorum quemlibet insolidum
ita quod melior conditio occupantis non existat, et hoc ad obligandum erga nobilem
et potentem virum Dominum Theobaldum Dominum de Petrucia militem, ac
et nobilem Dominicum de Monte Lau-
duno Bastardum in raille, et ducentos
francos auri per dictam Villam Valentie
Anglicis comorantes in loco de Lorda
forepromissos pro redemptione nobilis

Geraldi Domini de Verdusano, qui pro dictis mille et ducentis franchis auri certo termino exsoluendis habet cauere, pro dictis constituentis et nomine vniuersitatis Valenciæ ad iussum serenissimi Domini nostri Comitis Armagniaci erga dictos Anglicos de Lorda modo, et forma, quibus dictis Dominis intercedentibus placuerit, et alias videbitur faciendum quos quidem fideiuxbentes, nec eorum quemliber præfati constituentes minime reuocare promiserunt donec et quousque de dictis mille et ducentis franchis auri eisdem Anglicis nomine quo supra, vel alio, seu alijs eorum nomine integraliter extiterit satiffactum dantes, et concedentes — prædicti — consules, et alij supra nominati de vniuersitate prædicta constituentes pro se, et vice, et nomine eorum consulatus, et vniuersitatis, ac singularium ipsius Villæ Valenciæ prædictæ procuratoribus suis, sindicis, et negotiorum gestoribus et eorum cuilibet insolidum plenam, et liberam potestatem, facultatem et spetiale mandatum dictos mille, et ducentos francos auri nomine dictorum —
consulum

consulum, et aliorum supra nominatorum constituentium, et totius Universitatis dictæ Villæ Valentiæ, et singularium ipsius loci præfato Domino de Perucia militi, et nobili Dominico Bastardo de Monte Landuuio sub quouismodo verborum, et
forma obligandi, et Ypothecandi, et promittendi soluere Instrumentum que huiusmodi obligationis faciendæ dandi conficiendi, et concedendi, et generaliter omnia
alia uniuersa, et singula, quæ circa præmissa sunt necessaria, et etiam opportuna
faciendi, complendi, et exercendi quod causarum
merita postulant, et requirunt, et quæ boni, veri, et legitimi debent, et possunt facere
procuratores, sindici, actores, factores, et
negotiorum gestores si, et prout mandatum ea hi sunt speciale, et quæ dicti constituentes uniuersaliter, ut uniuersi, et singulariter, ut singuli facerent, vel facere
possent, et deberent, si in præmissis præsentes essent promittentes dicti constituentes,
et ipsorum quilibet uniuersaliter, ut uniuersi, et singulariter, ut singuli michi Notario infrascripto, ut personæ publicæ ex-

officio stipulanti, et recipienti vice, et
nomine omnium illorum, quorum interest, intererit, et interesse poterit in futurum, se ratum, gratum, et firmum, et
stabile perpetuo habere, et etiam habitu-
rū quidquid per dictos procuratores suos
sindicos, actores, factores, et negotiorum
gestores, actum, factum, obligatumue
fuerit, seu modo quolibet alio quo ad hoc
promissum, et concessum, et alias procuratum, rem ratam habere, iuditio sisti, et
obligatum, ut iudicatum, sive promissum
solui cum omnibus suis clausulis vniuersis in, et sub ypotheca, et expressa obligatione omnium bonorum suorum, et dictæ
vniuersitatis, iurisque facti renuntiatione
pariter, et cauthelæ releuantes insuper
dicti constituentes, et ipsorum quilibet
vniuersaliter vt vniuersi, et singulariter
vt singuli prædictos procuratores suos
sindicos, actores, factores, yconomos, et
negotiorum gestores, et ipsorum quemlibet ab omni honore satis dandi, de quibus
omnibus, et singulis supradictis voluerunt
dicti constituentes, et ipsorum quilibet, et
me

me sup. dictum Notarium requisiuerunt
ut eis retinerem, et conficerem publicum
Instrumentum in quo modo sigillum au=
thenticum dictæ Villæ Valenciæ inferius
impendenti ad maiorem omnium, et sin=
gulorum præmissorum roboris firmita=
tem habendam apponi voluerunt. Actum
fuit hoc apud Valen. die octaua mensis
februarij Anno Domini millesimo tre=
centesimo septuagesimo vicesimo sep=
timo Regnante Domino Karolo Francorum
Rege, Domino Johanne Comite Arma=
gniaci, Fezenciaci, Ruthenensi, et Kadrel=
lensi, ac Vicecomite Loomaniæ et Altiuil=
laris Dominante Domino Philippo diuina miseratione Auxis Archiepiscopo existente
testes huius rei sunt Arnaldus de Bar=
bazano, Clericus Ramundus de ficali, Ar=
naldus de Lobanio Bertrandus de Arma=
gnaco, et Magister Johannes de Casis publicus Valen. Notarius, qui hanc cartam
recepit, et in suo prothocollo notauit a quo
prothocollo, ego Arnaldus de Birano No=
tarius coadiutor suus substitutus iura=
tus hanc cartam abstraxi principali-

substantia non mutata scripsi, et grossavi
et facta diligenti collatione cum originali idem Notarius signum suum
consuetum apposuit in eadem.

Le Seizieme Mars mil six cens soixante sept la
presente copie a esté bien et duement vidim. et
collationnée sur ung grosse escrite en parchemin trouvée
au trésor des archifz du Roy en la ville de Pau en un
sac de papier inscrit côté Fezensac de laquelle grosse
avec d'autres pieces aussi trouvées en un sac de papier
nous l'avons dud. aussi esté. Il a esté dit une liasse pour estre
ajoutée à l'inventaire des tiltres dud. trésor En laquelle
lad. grosse est cotté de l'tre A 12. Par moy soubzsigné
Estant en lad. ville de Pau a la suite de Mre monsieur de
Doat conseiller du Roy en son conseil d'Estat et president
en la chambre des comptes de Navarre suivant les arrests
de lad. chambre des vingt troisieme Juin et Neufieme
octobre dernier

Capot

Lerres de grace, et d'abolition de Jean Comte d'armagnac en faueur de Jean Seigneur de Larea, lequel contre ses deffenses estoit sorti de ses terres a cheual et en armes pour aler seruir le Roy de Nauarre Ennemi du Roy de france, et ledit Comte luy auoit confisqué ledit lieu de Larea

Du mars 1378

Johannes Dei gratia Comes Armaniaci, fesentiaci Ruthenæ, et Kadrelensis vicecomesque Leomaniæ, et altiuillaris, ac Dominus terræ Aiosse. Notum facimus vniuersis tam præsentibus, quam futuris harum tiarum præsentium literarum seriem jnspecturis, ac etiam audituris, quod cum nos ex certis causis nos mouentibus ab anno circa jn villis, et locis nostris tatabilibus nostræ præsentis patriæ Vasconiæ voce præconia

præconia seu tube præcedentis proclamare
fecerimus publicè, vt nemo noster subditus
cuiuscumque statuz vel conditionis existe-
ret, a terra nostra exire cum armis ausus
foret, absque nostri licentia, et voluntate,
et hoc sub pœna corporali bonorum, et
alia quacumque, quam erga nos posset incurrere, et Inhibitione et proclamatione
prædictis, in aliquo non obstante, Nobilis
Johannes Dominus loci de Larea Domicellus Comitatus nostri Armaniaci in
nostri vilipendium et contemptum, et vna
audatia præsumptiua contra dictas proclamationes et Inhibitiones de nostri mandato factas exierit à dicta tota terra nostra
vasconiæ in equis, et armis, et contra voluntatem nostram in Comitiua Dominj
arnaldj guillelmj Bastardj de Armaniaco militis pro eundo ad succursum, et
Juuamen Regis Nauarræ Inimici Domini nostri franciæ Regis. Nosque
ex post et pro præmissis dictum locum
de Larea, et totam aliam terram dicti
Johannis dominj Dicti loci de Larea Domicelli

-micelli sub ditione nostra existentem, tanquam nobis confiscatam ad manum nostram poni, et explectari. Et nihilominus contra ipsum Johannem ad viam banni, et alias prout requirit ordo juris procedi fecerimus. Postque post pauci temporis spatium idem Johannes Dominus de Larea agnoscens reatum suum redierit de Partibus Regni Nauarrae ad partes istas eo vt asseritur: quia suspicabatur nos debere habere guerram cum nostris Inimicis specialiter cum consanguineo nostro Comite Fuxi, Et die date praesentium praefatus Dominus de Larea pro praemissis apud nos intercesserit, et nobis humiliter supplicauerit, vt de et super praemissis omnibus et singulis cum eodem gratiose et misericorditer agere, et sibi locum et terram suam praedictam reddere, et restituere dignaremur, quod nos supplicitioni dicti Johannis Domini de Larea praedicta Inclinati praemissis omnibus et singulis attentis, et consideratis, et attento etiam, quod per ipsum Dominum de Larea nullum dampnum factum fuit contra

dictum

dictum Dominum nostrum franciæ Regem,
nec eius valitores, et pluribus alijs attentis,
quæ nostrum mouent animum et etiam
attentis pluribus gratuitis seruicijs per
dictum dominum de Larea nobis in guerris nostris, et alias hactenus bene et fideliter jmpensis, et quæ de die in diem
impendit, et per ipsum magis jmpendi
speramus in futurum præfato Domino
de Larea omnem, et quācumque pœnam
criminalem, pecuniariam, et ciuilem, si
quam vel quas erga nos pro præmissis, aut
aliquo præmissorum jncurrit, aut jn-
currisse quoquomodo potuit remisimus,
quitauimus, et perdonauimus, remittimusque, quitamus totaliter, et perdonamus per præsentes. Et dictum locum de
Larea, et aliam totam terram suam
per nos seu de mandato nostro sic vt
præmittitur Captam, et ad magnum
nostram detentā ipsi Domino de Larea
restituimus, et restitutos esse volumus
per præsentes, ipsumque Dominum de
Larea ad eius bonam famam, et ad alia bona

= na sua mobilia et immobilia, quæcum=
que sint, quæ extant de præsenti reduci=
mus, Et restitutum esse volumus. nihilomi=
nus per præsentes de certa nostra scientia, et
gratia speciali dictas proclamationes, et Jn=
hibitiones, in quantum dictum dominum de
Larea tangunt et tangere possunt, et con=
tra ipsum faciunt, nec non omnes infor=
mationes, processus, Jnquestas, banna, pœ=
nas, mulctas, bonorum confiscationes, et
annotationes eorumdem, et quidquid pro
præmissis, aut aliquo præmissorum secu=
tum est, aut in futurum sequi posset
cassantes, irritantes, abolentes, et nullius
amodo esse volentes efficaciæ, vel mo=
menti Procuratorj nostro Armaniacj,
qui nunc est, et qui futuris erit tempo=
ribus super præmissis, et quolibet præmis=
sorum perpetuum Silentium Jmponentes.
Mandantes Seneschallo et Judicibus, ac
procuratoribus nostris Armaniaci, et Fesen=
ciacj, cæterisque Justitiariis, et officialibus
nostris, qui nunc sunt, et qui dictis futuris
fuerint temporibus tenore præsentium
      Jnhibentes =

inhibentes, quatenus a cætero pro præmissis, nec aliquo præmissorum dictum Dominum de Larea minime citent, vexent, adiornent, molestent, et etiam prosequantur contra formam, et tenorem huiusmodi nostræ præsentis gratiæ, et remissionis, nec citari, vexari, adiornari, molestari, vel prosequi a quoquam faciant, aut permitant ullo modo; quinimo dictum dominum de Larea huiusmodi nostris præsentibus gratia, et remissione uti ad plenum faciant, et gaudere pacifice, ac permitant, factaque vel attemptata in contrarium si quæ sint ad statum quisque eorum reducant pristinum, seu reduci faciant visis præsentibus indilate, et absque alterius expectatione mandati. in quorum omnium, et singulorum fidem, et testimonium præmissorum, Sigillum nostrum secretum nostro magno sigillo absente his nostris præsentibus literis gratiæ, et remissionis duximus apponendum. Datum in Castro nostro de Vico die . . . mensis martij Anno Domini

Domini millesimo trecentesimo septuagesi=
mo octauo.

Le vingt neufiesme Mars mil six cens soixante sept
la presente copie a esté bien et duement vidimee et
collationnee a loriginal escrit en parchemin trouué
au tresor des chartres du Roy en la ville de Rodés en un
Sac de papiers intitulé cot. F. Zandas Duquel l'original
auec d'autres pieces aussi trouuees entre d'autres
papiers inuentoriés dud. archiste il a esté fait une liasse
pour estre adiouté a l'inuentaire des titres dud. tresor
en laquelle ledit original est coté y.14. Par moy
soubzsigné estant en la ville de Rodés a la suite de
monsieur de Doat conseiller du Roy en ses conseils d'estat
et president en la chambre des comptes de Nauarre Suiuant
l'arrest d'icelle dud. chambre des vingt troisiesme Juin
et neufiesme octobre derniers.   Capot

Actes de deux Homages rendus a Jean Comte d'Armagnac l'Un par Geraldus de Arblada et l'autre par Bernardus de Conseigheur de Casamonte

Le premier du 5 Auril Et l'autre du 12 Auril 1319.

Anno quo supra die, quinta mensis aprilis apud Barsalonam in presentia mei notarij et testium infrascriptorum personaliter constitutus Geraldus de Arblada Labrassau ~~diocesis~~ Sponte flexis genibus, et absque Eupucio, et manibus complosis, siue iunctis existens inter manus domini Johannis Comitis Armaniaci fecit homagium et fidelitatem, præstitit Juramentum et &c̄a. Et recognouit se tenere ab eodem dictum Locum de Arblada La Coritau cum suis pertinentiis, in quibus habet iurisdictionem trium solidorum et quatuor

Morlanorum cuius Iurisdictio confrontat cum pertinentiis de Bergonha et cum pertinentiis de Barsalona et cum pertinentiis deu Lin, pro quibus promisit eidem esse bonus et fidelis et fuit receptus per Dominum salvis iure suo et quolibet alieno. Testes Domini Ayssimius de Montesquivo, Dominus Johannes, Dominus de Manhauta, Dominus Raymundus de Ripparia dici Ripparia Milites Poleconibus Ratherus de Landorra Maurinus de Birano Arnaldus Guillermi de Montelugduno Domicelli et plures alij Et Ego P. Tomni notarius qui de praemissis cecepi instrumentum.

Acte de Bernardus de... Conseigneur de Casamõte.

Anno quo supra, die septima mensis aprilis in dicto Loco de Barsalona personaliter constitutus Bernardus de B.... Condominus de Casamonte Simili modo fecit homagium dicto Domino Comiti

Comiti cot Comiti armaniaci ac etiam præstitit fidelitatesq; iuramentum, et recognouit se tenere ab eodem medietatem pro indiuiso Loci de Casamonte et pertinentiarum suarum cuius iurisdictio cum territorio Villæ et Mansi adurensis et cum pertinentiis Loci de Berneda et &ca. In quibus villam habet Iurisdictionem et fuit homagium receptum, et in signum amoris pacis osculum inter eos interuenit testes fuerunt Dominus ayssimus de Montesquiuo Johannes de Bouethano, Et arnaldus Raymundi de Berneda domicelli, et plures alij, Et Ego P. Jomni notarius et &ca Duplicari

Le quinziedme Decembre Mil six cent soixante six la présente copie a esté bien eduement vidimée et collationnée sur une autre copie escrite en papier qui est au tresor dict auxlittres du Roy de la ville de Rodex Inuentoriee en linuentaire dont titre dud: tresor et cotee du letre PPP. au chapitre Intitulle Testamens et Mariages par moy soubz signé estant en la ville de Rodex a la suitte de Monsieur de Doat conseiller du Roy en ses conseils et president en la chambre des comptes de nauarre Jurant secretaire d'icelle chambre doze vingt et troisiesme Juin et Mardi 6.me Octobre dud[it]

Capot

Contract de Mariage
de Gaston de Foix fils
de Gaston comte de Foix,
et de Beatrix d'armagn=
ac fille de Iean comte
d'armagnac.

Du 5 Auril 1379

Auec vn acte du mes=
me iour par lequel ledit
Gaston tenant la main
de l'Euesque de Lescar et
la main droite de la dite
Beatrix declara qu'il la
prenoit a femme par pa=
roles de present.

In Nomine sancto et
indiuiduæ Trinitatis Patris et filij et
spiritus sancti amen. Nouerint Vn=
iuersi præsentes pariter et futuri Seri=
em et tenorem huius præsentis pu=
blici

blici instrumenti visuri, audituri, lecturi, vintellecturi, ac etiam percepturi, quod cum attentis et consideratis guerris, brissis dissentionibus, locorum destructionibus, stragibus, dampnis, et molestiis factis, habitis, passis, et sustentatis per eorum terras, eorumque subditos, valitores, vassallos eorumque alligatos, et consortes inter Egregios et Potentes Dominos Dominum Johannem Dei gratia Comitem Armaniaci, Fesenciaci, Ruthenē simet Kadrellensem Vicecomitemque Vicecomitatuum Leomaniæ et Altivillaris et Dominum terræ Ripparie ex parte vna, Et Dominum Gastonem Dei gratia Fuxi Comitem dominum Bearnij, Vicecomitemque Marsani, et Gauardani ex parte altera, eorumque progenitores, ac prædecessores vtrius que eorumdem, instiganteque maligno spiritu sua peruersa suggestione inimico humani generis a vero tramite iusticiæ, et
     vinculo

vinculo amoris, fœderis, ac dilectionis eosdem Dominos Comites deuiare cupientes, dubitareque ad huc maiores guerras, et acriores, et maiora dampna per dictos Dominos Comites, eorumque Barones, Milites, Vassallos, subditos, eorumque alligatos et confœderatos, ciuitatesque, Villas, castra, et oppida eorumdem Dominorum Comitum adinuicem dari et inferri, et haberi, sustineri hinc et inde imposterum, pro præmissisque querris, bricis, dampnis, molestiis, stragibus, incendiis, locorum destructionibus, et aliis diuersis molestiis ab hinc in antea cedandis inter dictos Dominos Comites, eorumque subditos, consortes, et colligatos et pro bono pacis et concordie, ac fœderis in perpetuum inter dictos Dominos Comites, eorumque successores habendæ et obseruandæ, hoc Sancti Spiritus gratia et diuina prouidencia ordinante et disponente, versus usias maligni Spiritus propulsante, et expellente, tractantibusque Militibus, Nobilibus, baronibus

bus, et aliis Nobilibus amicis vtrius-
que partis, et procceribus, hominibus
interuenientibus, sit et fuerit tractatū
inter praedictos Dominos Comites,
quod sit inter eos et eorum successores
ab hinc in antea per imperpetuum Pax,
bona concordia, fœdus, et amicitia, ac be-
niuolencia, et inter caetera, quae in tractatu dictae Pacis habentur contineatur
prout ibi assertum, et dictum fuit vt
dicta Pax in perpetuum melius valeat perseuerare et firmitatem obtinere
quod Matrimonium fieret inter Egregiam, ac Potentem Dominam Dominam Beatricem de Armaniaco filiam
Legitimam et naturalem dicti Domini Johannis Armaniaci Comitis ex
parte vna, Et Egregium ac Potentem
Virum Nobilem Gastonem de Fuxo
filium Legitimum et naturalem dicti do-
miny Gastonis fuxi Comitis ex parte
altera, et dictum Matrimonium fiendum
et celebrandum inter dictum Nobilem
Gastonem, et dictam Egregiam dominam
       Beatricem

Beatricem iam sit concordatum, et per dictos Dominos Comites, et eorum quemlibet solempniter iuratum, et idem Dominus Comes Armaniaci iam promisit constituere, atque dare pro dicta sua filia in dotem, et dotis nomine dicto Domino Gastoni Fuxi Comiti, eiusque filio Gastoni de Fuxo viro et coniugi futuro dictæ Dominæ Beatricis viginti milia francos auri boni ~~auri~~, et legitimi ponderis cugni Domini nostri franciæ Regis, Est Sciendum quod dicta. Egregia et potens Domina domina Beatrix de armaniaco antedicta anno, die et loco infrascriptis personaliter constituta in mei notarij, ac testium infrascriptorum præsentia ad hoc specialiter vocatorum et rogatorum coram venerabili ac circunspecto viro Domino. ferrardi. Licenciato in utroque iure, Judice ordinario Armaniaci ibidem pro tribunali sedente, maior ~~tredecim annis~~ Et asseruit et prima sui facie apparebat tredecim annis minor vero viginti quinque, quæ iuravit

ad Sancta quatuor Dei Euangelia manu sua dextra gratis et corporaliter tacta non venire contra contenta in presenti publico instrumento ratione sue minoris etatis nec alias ullo modo, nec petere beneficium restitutionis in integrum certificata ac etiam cerciorata de facto et iure suis et omnibus et singulis superius enarratis habitaque matura deliberatione, ac maturo Consilio plurium Nobilium et Potentum virorum baronum et Militum eius agnatorum et cognatorum omni vi, dolo, metu, fraude, suggestione, inductione, circunuentione et seductione cessantibus quibuscumque, ut dicta Pax, foedus et amicitia per in perpetuum melius possint et valeant obseruari et ut dictus Dominus Comes Armaniaci Pater suus feruentius ad dictam pacem et Matrimonium celebrandum animetur pro dictis viginti millibus franchis auri, quod ipsa in dotem dandis, exsoluendis, pariterque constituendis dicto Domino comiti Fuxi, eiusque

que filiæ Nobili Gastoni de Fuxa de qua quidem dote, promissa, aut promittenda, iam constituta aut constituenda, et pro dicto eius matrimonio exsoluenda ipsa Domina Beatrix se habuit pro bene paccata, pariterque contenta gratis et sponte, pro se ac successoribus suis vniuersis et singulis quittauit remisit penitusque absoluit dictum Dominum Johannem Armaniaci Comitem Patrem Suum licet absentem, Dominamque Johannam de Petragoris Comitissam armaniaci matrem suam Legitimam et naturalem, ibidem præsentem dictam quitationem, et absolutionem pro se et Successoribus suis in se Suscipientem, et recipientem me notario infrascripto pro dicto Domino Comite Stipulanti et recipienti et de omnj iure, omnique actione, quæ sibi competit, aut competere potest quoquo modo ratione institutionis, vel Substitutionis, Legati, vel fidei commissi, vel ratione alterius

iuris cuiuscumque sibi pertinentium
ex testamento, vel ab intestato ex dispositione vel ordinatione auorum, aui:
arum proauorum, proauiarum,
paternorum aut maternorum, paternarum au maternarum omnique future successioni paterne ac materne
sibi profuture, et que sibi possunt ue-
nire ac deberi per mortem dictorum
Domini Comitis et Domine Comitisse
et alterius eorundem ratione Legitime
vel ratione Suplementi Legitime, etiam
si dicta Dos quod ipsa ex soluenda usque
ad Legitimam de iure sibi debitam non
ascenderet, necnon etiam quitauit et absoluit Egregium ac potentem Dominum
Dominum Iohannem de Armaniaco
Comitem Conuenarum de omni iure
sibi competenti, aut competituro de presenti aut de futuro ratione Successionis paterne, aut materne Legitime
falcidie trabellianisse, et alterius portionis cuiuscumque in quibus sibi teneri posset modo quolibet in futurum
                                        ratione

rationn successionis paterne aut mater:
ne, institutionis, vel substitutionis, legati
vel fidei commissi auorum ac proauorum, auiarum et proauiarum, paternorum aut paternarum, maternorum ac
maternarum, necnon etiam simili modo
quitauit et absoluit Egregium ac Poten:
tem virum Bernardum de Armaniaco
etiam eius fratrem, de et pro omni iure pa-
terno, materno, auitino, pro auitino, ac
etiam fraterno, si ratione fratrische per
mortem dicti Domini Johannis Comitis
Conuenarum fratris sui, aliqua iura ei:
dem Dominæ Beatrici possent pertine:
re si successionem paternam, mater=
nam, ac earum hæreditatem, fraternam
que successionem ad dictum Nobilem Bernardum in posterum contingeret euenire,
liberosque dictorum Domini Johannis
de Armaniaco Comitis Conuenarum,
ac Nobilis Bernardi de Armaniaco fratrum suorum ab ipsis decendentibus ex eorum corporibus propriis et ex legitimo
matrimonio procreatis me notariis infra

scripto pro dictis Domino Comite Armaniaci eius Patre licet absente, et Domino Johanne de Armaniaco Corvenarii
Comiti, et dicto Nobili Bernardo de Armaniaco Licet absentibus, et pro omnibus illis quorum interest, intererit, ne aut modo quolibet vir futurum poterit interesse
Stipulanti et recipienti remittens generaliter dictis Dominis parentibus ac fratribus suis, et eorum cuilibet modo et forma praemissis omnia iura, omnesque
actiones competentia, acw competentes,
competitura aut competituras, quae eidem
pertinent et spectant ac pertinere et spectare ad eam poterunt modo quolibet in futurum ratione dictarum institutionis,
substitutionis, legati, vel fidei commissi
legitime, vel pro suplemento eiusdem,
si quis dictae eius Legitimae deerat falci-
diae Trabellianicae, vel alterius iuris et portionis cuiuscumque de iure tam civili
quam Canonico, aut de consuetudine,
usu, Stilo, aut observancia Regni franciae, Vicecomitatus Parisius comitatuum
                armaniaq

armaniaci, fesenciaci, Ruthenæ, et Ca-
drellensis, Vicecomitatuumque Lomaniæ
et Altivillaris, terræque Ripariæ aut statuto eorundem, Civitatumque, Villarum,
Castrorum et terrarum dicti Domini Co=
mitis Armaniaci, Ducatusque Acquita=
niæ regni Principatus Ducatus terrarum et Dominationum, seu potestatis
alterius cuiuscumque, Quam quidem
renunciationem, quitationem, et absolutionem dictorum iurium auitinorum,
Paternorum, maternorum, ac etiam
fraternorum sibi aut suis Successoribus competentium, aut in posterum
competendorum, dicta Potens et Egregia
domina Domina Beatrix antedicta fecit pro se ac Successoribus suis Universis et singulis dictis Domino Johanni
Comiti Armaniaci, et Dominæ Johannæ
de Petragoris parentibus suis Legitimis
et naturalibus, dictisque fratribus suis
Domino Johanni Comiti Convenarum
et Nobili Bernardo de Armaniaco pro
se et eorumque Liberis et suis propriis
corporibus, et ex legitimo matrimonio

procreandis me notario infra scripto stipulanti et recipienti ut supra, quod dictis
Domino Comite Armaniaci et dicto domino Johanne Comite Conuenarum,
Et Nobili Bernardo de Armaniaco in praesentia praefati Domini Johannis ferra-
ndi Judicis ordinarij armaniaci sedentis pro tribunali existens maior ut praedicitur tredecim annis ut asseruit suo iuramento
per ipsam ad Sancta quatuor Dei Euangelia corporaliter praestito faciens pactum expressum et conuentionem mihi praedicto notario pro dictis Domino Comite
Armaniaci et domino Comite Conuenarum, et Nobili Bernardo de Armaniaco
Stipulanti, et recipienti, et dicto Domino
Comitissa ibidem praesenti, etiam pro se
Stipulanti, et recipienti de aliquid aliud
ulterius non petendo, quam dictam dotem, et etiam pactum expressum de non
agendo contra dictos eius parentes,
nec eius fratres, nec alterum eorundem
nec contra eorum Comitatus, Vicecomitatus, terras, Ciuitates, Villas, et Castra, et
alia iura

alia iura, quacumque præsencia ac futura aliqua actione reali, personali, mixta, Ciuili vel prætoria, aut in rem persecutoria ratione nec ex causis alicuius institutionis vel Substitutionis eidem factarum nec ratione Legitimæ, nec suplementi eiusdem trabellianisse falsidiæ, nec alterius iuris, seu portionis cuiuscumque, quæ sibi competunt aut competere poterunt in futurum Licet et ipsa certa sit, prout ipsa asseruit quod dicta dos pro ipsa exsoluenda osque ad Legitimam de iure sibi debitam non ascendit, quæ sibi deberetur de bonis paternis, et maternis, et fraternis. hanc autem renunciationem dictorum iurium sibi competentium, ac competere debentium, et volentium de præsenti aut in futurum ratione dictæ Successionis Paternæ, maternæ, auitinæ, et fraternæ, quitationemque et absolutionem dicta Domina Beatrix fecit ratione et ex causa dictæ pacis et concordiæ, fœderis, amicitiæ, et beneuolenciæ per in perpetuum inter dictos Dominos Comites et eorum Successores tenendarum et observandarum et ratione, et ex causa dictæ Dotis pro ea iam ordinata et disposita, dari et exsolui dicto domino Comiti Fusci, eiusque viro futuro Nobili Gastoni ratione, et ex causa dicti sui Matrimonij fiendi, et celebrandi pro honeribus dicti Matrimonij melius supportandis. Et in casu, quo dicta iura eidem competentia, aut imposterum competitura plus valerent, quam sit dicta dos, dicta Domina Beatrix ea omnia et singula sibi pertinentia, et pertinere valentia ratione alicuius Legati vel fidei commissi substitutionisque eidem factæ ex aliqua dispositione auitina, rationeque Legitimæ ac Successionis, quæ sibi deberetur, ac debere posset de iure, consuetudine, statuto Munisipali aut Prouinciali, vsu, stilo et obseruancia dictorum regni franciæ, Comitatuum et Vicecomitatuum Ducatus, et Principatus cuiuscumque, eadem Domina Beatrix dedit, cessit, et transtulit præfatis Dominis parentibus, ac fratribus suis, pro eorumque successorum omnimodis voluntatibus faciendis

faciendis pro dictis viginti milibus franchis Auri dari et exsolui promissis, dispositis, ac etiam ordinatis, rationeque et ex causa dictæ pacis melius observandæ, pluriumque aliorum diuersorum beneficiorum, amorum, plaseriorum, diuersorumque iocalium aureorum, et perlorum diuersisque aliis gemmis ornatorum per ipsam Dominam Beatricem habitorum et receptorum a dictis parentibus et fratribus suis, et quolibet eorundē, Propterquæ eadem Domina Beatrix se reputabat et tenebat astrictam erga eius parentes et fratres suos, et quemlibet eorundem, et ad antidota obligatam dicens et recognoscens dicta Domina Beatrix, quod dicta dos pro ea exsoluenda, et iam dari et exsolui dispositi et ordinata, dictaque dona et beneficia, amores, plaseria, et iocalia per eam habita et recepta plus valent et assendunt quam valeant, nec assendant dicta iura per eam æmissa, cessa et donata, quæ sibi competebant hodie de præsenti, aut quæ

præsent competere in futurum ratione successionis Paternæ, maternæ, ac fraternæ contra eius parentes, aut fratres aut alterum eorumdem, eorumque bona præsentia ac futura et iurauit expresse dicta Domina Beatrix pro se et successoribus suis præsentem quitationem, remissionem et absolutionem dictorum iurium eidem competentium aut imposterum competendorum eorundemque iurium præsentium ac futurorum donationem, cessionem, et transactionem per eam facta dictis progenitoribus suis Domino Comiti et Dominæ Comitissæ Armaniaci ac Domino Johanni de Armaniaco Comiti conuenarum, et Nobili Bernardo de Armaniaco fratribus suis tenere per in perpetuum dictum iuramentum præstando corporaliter manu sua dextra ad sancta Dei quatuor Euangelia et quod contra præsentem quitationem, remissionem et absolutionem dictorum iurium eidem competentium, aut imposterum competendorum, per—
dispositio=

dispositionem et ordinationem progenitorum ac predecessorum dicti Domini Comitis Armaniaci et Dominæ Comitissæ factam et ordinatam in eorum testamentis et Codicillis, epistolis, aut eorum ultimis voluntatibus non obviet, rationes minoris ætatis, vel deceptionis, nec ratione restitutionis in integrum perquam minoribus viginti quinque annis lesis et deceptis, valet et potest de iure subvenire, et minoris viginti quinque annis lesi et decepti in integrum possent restitui, nec ex illa clausula generali, si qua mihi iusta causa evidebitur, nec ex aliqua alia, restitutioni in integrum propter quam lesi et decepti valent in integrum restitui ratione alicuius deceptionis concessa vel concedenda ab homine vel a iure, etiam, et si, ipsa eadem Domina Beatrix reperiretur decepta ultra dimidiam iusti precij atque ― lesa in dictis quitatione, remissione que, et absolutione dictorum ~~~~~ iurium nunc sibi competentium aut imposterum competerdoru

per et post mortem dictorum Dominorum Comitis et Comitissæ Armaniaci, ac
dictorum Domini Johannis Comitis Conuenarum, Nobilisque Bernardi de Armaniaco fratrum suorum, aut alterutrius
eorundem acto tamen et reseruata, sibi expresse retento per dictam eandem dominam Beatricem, quod si quam institu-
tionem, substitutionem, legatum, vel fidei commissum vniuersale, aut singu-
lare, donationem inter viuos vel etiam
causa mortis ab hinc in antea eidem dominæ Beatrici faciendas, si quam vel
si quas, si quod, vel si quæ eidem Dominæ Beatrici in posterum fieri contingeret
ab hinc in antea per alterutrum dictorum Domini Comitis et Dominæ Comitissæ Armaniaci Patrum, ac progenitorũ
eiusdem Dominæ Beatricis vel Domini Johannis Comitis Conuenarum, ac
dicti Nobilis Bernardi de Armaniaco in
suis vltimis testamentis, aut codicillis,
et ultimis voluntatibus, aut donationibus,
seu contractibus inter viuos conficiendis,
vel

vel alias quocumque titulo eidem aliquid dari
et assignari contingeret ultra dictas vig=
intimilia franchas auri, quod ea quocumque
relicta titulo eidem danda et relinquenda
ipsa eadem Domina Beatrix, eiusque
successores possit habere et capere non
obstante hac quitatione presenti, re=
missioneque et absolutione in presenti
instrumento contentis et expressatis, ne=
que iuramento per eam sibi prestito
de et super presenti quitatione ita paru[m]
in aliquo obstante. Et renunciavit dic=
ta Domina Beatrix iuri nundum intro=
ducto, ac competenti, cuis renunciare
non potest, iurique dicenti pactum de fu=
tura successione non valere, nec tenere,
et omni alij iuri scripto, et non scripto, ca=
nonico et Civili in favore mulierum con=
cesso vel concedendo omnique usuj et
consuetudinj exceptionique et deffencio=
ni, per quae posset venire contra conten=
ta in presenti publico instrumento
iurique dicenti generalem renunciatio=
nem non valere, nisi quatenus sit

expressum, et iurauit dicta Domina Beatrix ad sancta dei quatuor Euangelia manu sua propria dextra corporaliter tacta per dictam quitationem, remissionem, nec non etiam praedictam cessionem ac donationem dictorum iurium per ipsam factas, et omnia alia et singula in hoc praesenti instrumento publico contenta pro et omnibus successoribus suis coniuersis et singulis tenere, complere, adimplere, et inuiolabiliter perpetuo obseruare per in perpetuum et non contra facere, dicere, nec venire per se, nec per aliquam aliam personam interpositam directe nec indirecte, clam, palam nec manifeste, nec alicui alteri contra facienti, dicenti vel uenienti aliqualiter consentire, nec instigare, nec procurare in Judicio, nec extra Judicium ullo modo, aliqua ratione, vel causa, et in casu, quo faceret, quod absit, voluit dicta Domina Beatrix et expresse consentiit, mandauit, et ordinauit pro se ac successoribus suis omnibus vniuersis et singulis quod ei et om-

et omnibus coniuersis et singulis suc-
cessoribusque suis, et ab eo, vel ab eis causam habentibus in futurum et eorum
procuratoribus, actoribus, petitoribus, fac-
toribus, nuncijs et nogotiorum gestoribus
quacumque ratione, vel causa, qui contra facerent dicerent, vel venirent, insti-
garent, vel procurarent, quod eis et eorū
cuilibet omnis ad hibitus Iudiciarius, et
omnis audientie denegetur, tanquam
periuris et infamibus ut inmemoribus
sue salutis eterne, et ut venientibus contra suum proprium prestitum iuramentum, et voluit et expresse consentiit dicta Domina Beatrix quod istud
instrumentum ordinari, reordinari, fieri
et refieri valeat cum sufficientibus re-
nunciationibus iuris, et Cauthelis utri-
usque iuris tam Ciuilis quam canonici
de et cum consilio peritorum semel, secundo, et tertio, et totiens quotiens opus
erit donec et quousque robur et firmitatem obtineat ad voluntatem, utilitatem, et commodū dictorum Domini Io

hannis Comitis Armaniaci, et dominae Johannae de Petragorio parentum
ac etiam Domini Johannis Conuenarum Comitis et dicti Bernardi fratrum
suorum superius nominatorum et cuius
libet eorundem ac successorum suorum
prout ad ipsorum quilibet pertinet, ac
quomodolibet in futurum poterit pertinere, facti tamen substantia in aliquo
non mutata, non obstantes semel aut
pluries grossatum fuerit aut non grossa:
tum, et in Judicio productum aut non
productum, totiens quotiens per alterum
dictorum Domini Comitis Armaniaci,
Dominae Johannae de Petragorio, et
etiam Domini Johannis Comitis Conuenarum et Egregij Domini Bernardj
de Armaniaco, ac successorum suorum
ex eorum corporibus proprijs et ex Legitimo matrimonio procreatorum, Ego notarius fuero requisitus scrip per procura:
torē aut nuncium eorundem me notario infra scripto tanquam persona
publica prodictis Dominis Domino
Johanne

Johanne Dei gratia Armaniaci Comites, Et Egregia Domina Domina Johanna de Petragorio Armaniaci Comitissa et Domino Johanne de Armaniaco Comite, Conuenarum et dicto Egregio Bernardo de Armaniaco et Successoribus suis uniuersis et singulis et pro omnibus illis, quorum interest, intererit ue aut modo quolibet in futurum poterit interesse in omnibus casibus praemissis et singulis in hoc praesenti instrumento contentis et expressatis, ac etiam intellectis Stipulanti Solempniter et recipienti Acta fuerunt haec in Castro de Mauretto die quarta mensis aprilis anno domini millesimo trecentesimo Septuagesimo nono regnante Domino Karolo francorum Rege dicto Domino Comite Armaniaci dominante &c Testibus praesentibus vocatis et rogatis Dominis Arnaldo de . . . . . . Judice appellationum armaniaci et fesenciaci, Bernardo de Prato Auxitansi procuratore Fensenciaci Licenciato in Legibus Et Ray=

mundo de Marthia Licenciato videcretis Procuratore fesenciaci citra Baysiam Magistro Guillermo de Puciomontilli, Magistro in medicina Domino Petro Bertrandi de ... Monasterij beatæ Mariæ de Ysesta et me Petrus Jomini notarius Regius, et dicti Domini Comitis, qui de præmissis ad postulationem et requisitionem dictæ Dominæ Beatricis recepi hoc publicū instrumentum &ca. quibus omnibus et singulis supradictis sit vt primittitur pactis, et rite, et Legitime coram nobis, Johanne feruardi alicenciato in utroque iure, et Judice ordinario Comitatus Armaniaci per dictam Dominam Beatricem de Armaniaco factis. Nos Judex prædictus ad postulationem et requestā dictæ Dominæ Beatricis volentis, petentis, et requirentis in præmissis auctoritatem nostram Judiciariam interponimus, et interponimus, tenorem huius præsenti publici instrumenti pariter et decretum, et huic præsenti publico instrumento sigillū Curiæ nostræ authenticum pendenti duximus

duximus apponendum in fidem et testimonium praemissorum. Postque eadem
die circa horam vesperarum in dicto Castro
In praesencia mei notarii et testium infrascriptorum personaliter Dominus Bernardus de Buxi licenciatus in decretis Judex Bearnij, Dominus Petrus de Nauastono et dominus Bernardus d'Aydie milites terrae Bearnij ad postulationem Reuerendi... in Christo Patris Domini Biguerij Episcopi Lascurrensis asseruerunt medio iuramento
per ipsos et eorum quemlibet praestito, quod
Papa Gregorius Sanctae memoriae vndecimus
dispensauerit seu eius primarius cardina-
lis quod matrimonium fieret et posset fieri inter Gastonem filium Comitis Fuxi ex vna
parte, et Beatricem de Armaniaco filiam
Legitimam et naturalem Domini Johannis
Comitis Armaniaci et quod ipsi viderant
Literas apostolicas dispensationis antedicte
quodque die hodierna debebunt esse insi-
tato Adurensi et post ostendendas domino
Comiti Armaniaci quibus sit affirmatis
et concessis praefatus Dominus Episcopus

ibidem processit ad dictum Matrimonium
perficiendum per verba de præsenti sic quod
dictus Gasto de Fuxo filius Comitis fuxi tenens manum dicti Domini Episcopi et etiam tenens manum dexteram dictæ Dominæ Beatricis dixit quod ipse accipiebat in
uxorem suam per verba de præsenti dictam
Beatricem de Armaniaco et dicta Domina
Beatrix etiam quod ipsa accipiebat eodem
modo in Dominum et virum seu spon-
sum suum per eadem verba de præsenti
dictum Gastonem de Fuxo, et in signum
et ad maiorem firmitatem dicti celebrati
matrimonii dicti coniuges osculo pacis
dictum Matrimonium confirmauerunt,
de quibus omnibus et Singulis tam dictus
Dominus Episcopus Lascurrensis pro se
quod etiam Venerabilis et Religiosus vir dominus Sancius de Seriso Prior Prioratus de Madirano ordinis sancti Benedicti
Procurator Domini comitis armaniaci ac etiam dictæ gentes seu Procurator
Comitis fuxi requisiuerunt me notarium supra et infrascriptum et sibi et eorum cuilibet
facerem

facerem et conficerem plublicum instrumentum. Testes fuerunt praesentes vocati et rogati de parte domini Comitis Fuxi dominus Petrus de Noualhas miles, Johannes Vicecomes de Orta, P. de Pulcio..... Ludouicus d'angua a?, Armandus de Busca, Augerius de Noualhas patrie Bearnii et plures alij.

Et de parte Dominj comitis Armaniaci Reuerendus Pater in Christo Dominus B. abbas Simorie, Dominus Johannes de Barta, Dominus amé, Biguerius de Galardo Milites, Dominus Johannes Armaniaci Comes Conuenarum, Armandus aliter petit Darmo, Senescallus Leomanie, Petrus Raymundi de Ligardis, Johannes de Leomania, Dominj Arnaudus de Jerusalem in Legibus, Johannes ferrandj in vtroque, Bernardus de Prato in Legibus, Raymundus de Marcha in decretis licenciatj, et plures alij et &ca. Et ego P. Jomnj notarius Regius &ca.

Lequindiesme decembre mil sincquoc soixante six la presente copie a este bien vrdeuement tiré m ce et

collationner sur l'autre copie escrite en parchemin depuis
auquel il y a d'autre escriture qui est au tresor des
archifs du Roy en la ville de Rodes Inventorié
en l'inventaire d'archivres dud. tresor a esté de lans
P.P.P. au chapitre Intitullé Testamens et
mariages. Par moy soubzsigné estant en la ville
de Rodes à la suite de Monsieur de Joyeuse Sr. lieutenant
du Roy en ce Royaulme et president en la chambre de
comptes de Navarre Suivant l'ordonnance de ladite
chambre des Vingt et troisieme Juin et Neuf
Octobre dernier

Capot

Contract par lequel marques Seign=
eur de Theminies confesse avoir
receu de Jean Comte d'armagnac
et de Rodes 4000 francs d'or pour
raison de la vente du Chateau de
Gordon.

Du 9.e may 1379.

In nomine domini amen. No-
uerint vniuersi, et singuli præsentes pari:
ter, et futuri huius præsentis publici instrumenti seriem inspecturi, visuri, lecturi, ac etiã
audituri, quòd anno eiusdem dominj millesimo
trecentesimo septuagesimo nono, die nona mensis
maij apud castrum de Cacalenchis serenissimo princippe domino Karolo dej gratia
francorum Rege superillustri regnante, in
mei notarij publici, et testium infrascrip:
torum præsentia personaliter constitutus no:
bilis, et potens vir nobilis, et potens vir Marque:
sius dominus de Theminis et de Corbinhaco
domicellus non vi, nec dolo nec metu, nec fraude inductus, nec machinatione aliqua ab
aliquo circunuentus, sed gratis, et sponte
sua mera-libera, grata, et spontanea volun:
tate

ut dixit, recognouit, et in veritate confessus fuit pure, et libere egregio et magnifico
principi domino Johanni dei gratia Comiti Armaniaci, fesensiaci, Rutheniæ, et
Kadrellensis Vicecomitique Leomaniæ, et Altiuillaris, ac domino terræ Ripparia ibidem
presenti, stipulanti, solempniter recipienti
pro se, et suis hæredibus, et successoribus uniuersis se habuisse, et integre recepisse a dicto
domino Comite, vel ab alio eius nomine ex
soluente summa quatuor milium franchorum auri, in quibus dictus dominus Comes
dicto domicello recognoscenti tenebatur ratione, et ex causa venditionis totius partis,
loci, et castri de gardonio et pertinentiarum
suarum dicto Marquesio pertinentis dicto
domino Comiti die data præsentis publici
instrumenti facta, ut patet per publicum Instrumentum
me notarium infrascriptum sumptum, et
receptum, ac signatum, et in rebatum, et deductionem dictæ summæ recognitionis in Instrumento dictæ venditionis prædicto per
dictum Marquesium de dicta totali summa quatuor milium francorum auri facta
nonobstante

nonobstante videlicet mille, et quatercentos
francos auri boni — et iusti ponderis silicet
mille, et ducentos francos auri pro soluendo
nobili, et potenti viro domino Marquesio domino de Sardelhaco, et Montisbruni militi
et pro dicto domicello recognoscenti et nomine ipsius, ac de eius praecepto concensu, et voluntate et in rebatum maioris summæ dicto domino
Marquesio militi debitæ per dictum domicellū
recognoscentem, ut dixit, et ducentos franchos
auri realiter, et de facto die datæ praesentis
publici instrumenti, ut dixit et asseruit eidē
recognoscenti per dictum dominum Comitē,
de quibus seu alium suo nomine exsoluen-
tem traditos in bona peccunia numerata,
et in praesentia mei notarij, et testium subscriptorum. De quibus quidem mille quatercentis franchis auri dictus nobilis
Marquesius recognoscens se habuit, et tenuit
a dicto domino Comite pro bene paccato
satisfacto soluto, totaliter, et contento, et ipsū
dominum comitem Armaniaci praesentem
ut supra solempniter stipulantem, et suos
et omnia bona sua mobilia, et inmobilia —

presentia pariter et futura, et quemcumque alium ad quem quitatio pertineat de dictis mille, et quatercentis franchis auri soluit, soltauit perpetuo penitus, et quitauit cum pacto valido, et expresso firma ac solemne stipulatione interueniente de non petendo, nec petitione exigi faciendo a cetero ab eodem domino comite, neque suis haeredibus, vel successoribus summam praedictam mille, et quatercentum francorum auri, nec partem aliquam eiusdem summae, nec aliquid aliud ratione, vel occasione eiusdem, nec alias ullomodo, et de non agendo etiam contra ipsum, neque suos, nec eorum bona occasione eiusdem summae, renuncians super praemissis dictus nobilis Marquesius domicellus recognoscens ex sua certa sciencia, ut dixit, sciens, et intelligens quid sit ~~renunciaret~~ quid important renunciationes infrascriptae omni exceptioni doli mali, fraudis, et deceptionis, et exceptioni dictae summae non sibi solutae fius. se modo praedicto, nec ex causa praedicta et non numeratae pecuniae, et non receptae quod opponi

opponj potest infra vienium vel triginta
dies, et s per futuræ traditionis habitationis,
et receptionis, et errori calculj, et omnj alij errori si quis super his interuenit, quod non
credit, copiæque huius cartæ et petitionj libellj
et quibuscumque iuribus canonicis, et ciui-
libus quibus mediantibus contra prædicta
vel aliquod præmissorum venire posset in
toto, nec in parte aliqua ratione, vel causa
tacite vel expresse, utrique dicentj generale
renunciationem non valere nisj quathenus
sit expressa, iuramento ad, et super sancta
quatuor Dej euangelia — per — dictum recognoscentem corporaliter, et gratis tacta de
non veniendo, faciendo, dicendo, nec allegan-
do contra præmissa vel aliquod de ~~præuenti~~
contentis in præsenti publico instrumento
præstito corporalj. De quibus omnibus, et
singulis supradictis dictus nobilis marqui-
sius domicellus recognoscens voluit, et concessit fieri dicto domino comiti Armaniacj
petenti, et requirenti publicum instrumentũ
per me notarium infrascriptum. Acta fuerunt

hæc omnia et singula supradicta anno
die, Mense, loco, et regnante quibus supra
testibus præsentibus ad præmissa vocatis
et rogatis nobilibus viris domino Ratherio
domino de Bello forti milite, Johanne Ebrardi domino sancti suplicij Caturcensis
dioecesis, huguoneto de viraselh, domino de
Campanhaco, Berenguario de Chiraco domicellis, domino Petro Bertrandi de Cauo
beatæ Mariæ de vsesta, magistro Arnaldo
de Petragoris, secrettario dicti dominj comiti
et Petro de Borgueto, et me Petro Iouinj clerico ciue Caturcj publico authoritate Regia
notario, qui requisitus per dictum dominum
Comitem, et de voluntate, et expresso concen
dicti recognoscentis de præmissis omnibus,
et singulis notam recepi et in meo inseruj
prothocollo, et exinde hoc præsens publici
instrumentum abstraxj, grossari et in hanc
publicam formam redigi feci, per magistrum
Geraldum de Caluaruppe, notarium Regium coadiutorem meum, et signo meo solito, quo vtor authoritate Regia in publicis
instrumenti

instrumentis sequenti signauj manu mea
propria primitus me subscripto, cuj constat
de rasuris superius factis in dictionibus, ubi
dicitur præsentes pariter, et de cancellatura
nobilis, et potens vir, et de omissis sequenti
sub signo: Petrus Jouinj

Le vingtiesme mars mil six cens soixante sept la presente
copie a esté bien et deuement veüe leüe et collationnée sur vne
copie en grosse escritte en parchemin trouvee aux trezor dudit
auctifix du Roy en la ville de Rodez en vn sac de papier
mostré marqué Bouudon De laquelle copie auec dautres pieces
aussi trouuées audit dauttres papiers moslté dud. auctifix il
a esté fait vn liasse pour estre aioutté et mountauc dire
tittre dud. trezor En laquelle lad. copie est cotté du lotre? B 12.
par moy soubsigné estant en la ville de Rodoz a la sieur de
monsieur du Joat conseiller du Roy en son conseil a destat
et president en la chambre de comptes de nauarre l'un aus los
aux vs? de la d. chambre des vingt trois Juin et neufiesme
octobre dernier——————— Capot

Quitance de la somme de
300 francz faite par Jean
Benezech de Chiparel ca-
pitaine d'une Rote de gens-
darmes pour luy ses com-
pagnons, et pour le Bast-
ard de Sauoye en faueur
de Jorda Jourdain Seigneur
de Tournamire Senechal
de la Comté de Rodés

Du 28 May 1379.

En langage Gascon

Auec la traduction

Sapchan totz que Jeu Be-
nezech de Cheparel Capitanj de vna
Rota de gensdariñas reconoysse auer
agut del Noble et poderos senhor
Mossen Jorda Jordan Caualer senhor del Castel de Tornamira senescalt del Comtat de Rodes so es assaber
la somme de trescentz franx et aysso
per mj et mos compagnos et per lo
Bastard

Bastard de Savoye losquoals ay recebut
per las mas del sam? et secret P. Valeta
Thresaurier del Comtat de Rodes losquals m'a deliurat de Commandament de Monsenhor lo Comte Item
de Nuwa partitrantu franxs d'aur
per los Balestriers losquals ay recebut
per las mas, et de commandament que
dessus dels quals tres cens trenta franx
d'aur soy contens Dadas a Rodes
sotz lo sagel de B. d'Armagnac en
deffaut del meu l'an mil tres cens
septante et nau lo vingt et oeyt de
may

Traduction de la quitance qui est ci dessus.

Scachent tous que ie Benesch
de cheparel Capitaine d'une rote de gens
d'armes reconnoyt auoir eu de noble,
et puissant Seigneur Messire jorda
jordain cheualier Seigneur du chateau
de

de Tornamire Seneschal du Comté de Rodes, Cest aSçauoir la Somme de trois cens francs, et ce pour moy et mes Compagnons, et pour le Bastard de Sauoye, lesquels ie receus par les mains du Sage et discret B. Valete Thresorier de la Comté de Rodes, Lesquels il ma deliurés du Commandement de Monsieur le Comte. Item d'autre part, trente francs dor pour les arbalestiers lesquels ie receus par les mains et du Commandement que dessus, d'esquels Cent trente francs dor ie Suis content, Donnees a Rodes Sous le Sceau de B. D'armagnac en defaut du mien, lan trois cens Septante et neuf le vingt et huit de may.

Le Vingt et quatriesme Jour Juin mil Six cens Soixante et Sept La presente copie ou est bien eudument euamné et collationné et la traduction en langue francoise verificé auoir esté fidellement faite Sur vne grosse escripte en parchemin en langage Gascon trouuée autre Sor dixaur hise du Roy en la ville de Rodés entre les papiers maistre d'laquelle grosse aurs d'autres pieces aussi trouuées entre les d. papiers maistre des d. aurhises Il a esté fait une liasse pour estre

ajouter alimentaire dict titre dudit tresor En laquelle
de lad. grasse est cotté dite lte Y. 4. Paccinoy
Soubsigné lotau en lad. ville de Podecc a la
Suite de monsieur de Doat conseiller du Roy en ses
conseils d'estat et president en la chambre de comptes
de Navarre Suiuant l'oc au rooste de lad. chambre
dix huict et troisiesme Juin et neufiesme octobre
dix neufue.   Capot

216

Lettres de dispense pour le mariage de Gerard d'Armagnac fils du Vicomte de Fesenzaquet et d'Anne de Montlesun, parens au quatrieme degré, avec le procés verbal des Commissaires.

Du 30. May 1379.

Vicarius generalis auxitanensis in spiritualibus et temporalibus Reuerendissimj in Christo Patris Dominj nostri Dominj Philippj de Alençonio Dei gratia Patriarcha
Ecclesia Auxitanensis
apostolicâ per Reuerendum in Christo Patrem, et Dominum Johannem miseratione diuinâ Episcopum penestrinensem apostolicæ sedis Nuncium seu legatum ad Regem.
prioribus, et Ecclesiarum quarumcumque parrochialium in ciuitate, et diœcesibus Auxitanensj, lectorensj, lombariensj, et tarbiensj

:biensj constitutus ad quas - - - - -
eorum taliliber in - - - - - - - - - - -
- - - - - - - - - apostolicis firmiter
obedire mandatis literas dictæ nostræ
Comissionis apostolicas a dicto domino
Episcopo penestrinensj nuntio, seu legato
apostolico - - - - - - - - - - - prædict
- - - - - - - - - - - - - - - - - - sig
:natas, et sigillo suo in pendanty cum cor:
:dulo sericj coloris Rubej et cera rubea in
cera alba impressa sigillatas ex parte no:
bil - - - - - - - - - Armanhaco et
- - - - - - - - - - - - - - - - - non
vitiatas non cancellatas, nec in aliqua suj
parte suspectas, sed prorsus omnj vitio, et
suspitione carentes, vt primâ facie appa
:rebat m. - - - - - ipse noueritis - - -
- - - - - - - - - tenor talis est venerabi
:lj in Christo Patrj dej gratiâ Archiepiscopô
auxitanensj vel ejus vicario in spiritua:
:libus. Johannes miseratione diuinâ Epis:
:copus penestrinensis apostolicæ sedis nu:
:ncius ad Regem et - - - - - - - - - -
- - - - - - - - - - - - - in domino Cari:
:tatem sedis apostolica prouidentia circum:
                                    :pecta

:pecta Nonnumquam rigorem juris man:
:suetudine temperamus, quod sacrorum Cano:
:num prohibent instituta de gratia benin
— — — — — — — — — — — quali:
:tate pensata, id in deo salubriter expedire cog:
:noscit. Sane ex parte nobilium Geraldj de
Armanhaco filij Nobilis Vicecomitis fezen:
:saguellj et Anna de Montel — — — —
— — — — lombiensis diœcesis Nobis obla:
:ta petitionis series continebat quod ipsj
tractantibus quibusdam amicis eorum ma:
:trimonium ad vitandum bella et dissen:
:siones inter —
promiserunt quod obstante quarto Consan:
:guinitatis gradu quo inuicem sunt conjunc:
:tj implere non possunt, dispensatione Apos:
:tolica super hoc non obtentâ qua propter
— — — — — — — eis in
hac parte per sedis apostolicæ Clementiam
de opportuna dispensationis gratia miseri:
:corditer prouidere. Nos igitur cupientes hu:
:jusmodj bellis et dissentionibus — — —
— — — — — obuiare eorum supplicati:
:onibus inclinatj authoritate Dominj Papa
cujus pertinentem curam gerimus, et de ejus
speciali

speciali mandato super hoc viua vocis oracu-
:lo nobis facto circumspecto m
— — — — est ita, et dicta Anna propter
hoc ab aliquo rapta non fuerit cum ipsis Ge-
:raldo, et Anna, quod impedimento consangui-
:nitatis non obstante prædicto Matrimonium
inuicem libere — — — — — — —
et in eo postquam contractum fuerit licite
remanere misericorditer dispensetis, prolem
suscipiendam eainde legitimam de cernendo
datum Parisijs quintâ die Aprilis pontificatus
Dominj Clementis — — — Anno primo —
— — — — quibus quidem literis Apos-
:tolicis ex parte dictorum Nobilium Geraldj
de Armanhaco, et Annæ de Monte lugduno
nobis exhibitis, et præsentatis, et per nos
cum ea, qua decuit reuerentia receptis. Nos
Commissarius prædictus cum instantia ex
parte dictorum Nobilium requisitus ad in-
:formandum, et informationem faciendum
de, et super contentis in dictis literis apos-
:tolicis superius insertis, cum testibus fide-
dignis coram nobis nominatis, et productis
et more testium auditorum iuxta traditam
in dictis præinsertis literis nobis formam,
rite

rite processimus, et quia auditis per nos dictis testibus mediô Juramentô per ipsos, et eorum quemlibet ad sancta quatuor dej Euangelia primitus præstitô, per dicta, et depositiones eorumdem reperimus dictos nobiles Geraldum de Armanhaco, et Annam de Monte=lugduno in dictis literis nominatos, esse in quarto gradu consanguinitatis, et retroactis tem= =poribus guerras, et dissentiones fuisse inter eorum progenitores parentes, et eorum vale= =tores, et ipsos causa, amicitiæ, et fœderis con= =iungendj, ac tractatu eorum amicorum præ= =cedente, et non Raptu prædicta Anna ad dic= =tum matrimonium jam juratum contrahen= =dum procedere velle, et nisj dictus tractatus matrimonij ad Effectum perducatur, quod guerra exinde possent orirj. Jdcirco his præ= =missis visis, et attentis authoritate Aposto= =licâ nobis in hac parte commissâ vigore dictarum literarum prædictæ nostræ com= =missionis super dicto matrimonio inter ipsos nobiles Geraldum de Armanhaco, et Annam de Monte lugduno contrahendo, non obstante dictô impedimentô quartj gradus consanguinitatis inter ipsos existen=
=tis dis=

:tis dispensauimus, et tenore præsentium
dispensamus si et in quantum de Jure possu=
:mus, et debemus, Et ut illud matrimonium
inuicem libere contrahere, et in eadem licite
remanere valeant eisdem licentiam concedi=
:mus per præsentes proles ex dicto matrimo=
nio suscipiendas, et procreandas dicto impedi=
:mento non obstante esse legitimas decernen
:tes, et declarantes, mandantes vobis et
vestrum cuilibet in solidum, vt præfatos
nobiles gerardum de Armanhaco, et Annam
de Monte=lugduno prædictis non obstanti=
:bus ad dictum matrimonium contrahen=
:dum admittatis, et postquam contractum
fuerit, illud in facie sanctæ matris Eccle=
siæ tempore tamen debito, et bannis prius
editis, vt moris est, celebretis, et solemnize=
:tis nisi aliud fuerit canonicum quod ob=
:sistat super præmissis vero prædictis non
obstantibus vobis licentiam concedimus
per præsentes datum auxcis sub sigillo
curiæ Archiepiscopalis Auxcitanensis
Authentico die penultima Maij Anno
Dominj Millesimo tricentesimo septua=
:gesimo nono   Signetur. de furcata Arbi=
trio Dominj sigillatoris

Lebourg a quatriesme Juillet mil six cens

219

Saxante six la presente copie à esté beue et
deuement bedigeree et collationneé a la grosse
qauipte en bu parchemin Rompu en
plusieurs indroit a cause dequoi lez motz
laissez en blanc nous peu estre rempliez qui
estoit au trezor et archif du Roy au chasteau
de Lortouue qui a esté portee en celluy du
chasteau de Pau lequel est Inuantorieé en
Cinquantaine de citre au dd. Lortouue chapitre
Intitulé mariages et alliances quatriesme
liasse cote de lre N.4. Par moy conser
Secretaire de Sa maiesté en la chambre de
comptes de nauarre soubzsigné Mordomaine
de lad. chambre.

                                    [signature]

Deux letres du Roy Charles 5.e par les premieres desquelles il mande a son tresorier general en Languedoc de paier annuellement la somme de 60000 francs d'or au seigneur d'Albret suivant l'acord entr'eux fait. Et par les 2.es Il acorde aud. seig. d'Albret que ses comptes soient ouis et qu'on lui paie ce qui lui sera deu. Du 6.e Juillet 1379.
Avec d'autres letres du Roy Charles 6.e par lesquelles il confirme les precedentes du Roy Charles 5.e son pere. Du 25. Janvier 1380.

Charles par la grace de Dieu Roy de France a tous ceux qui ces letres verront Salut comme nostre tres cher et amé frere le sire de Lebret ait, et prcigne par certain traicté, et accort fait avecques lui ainsi comme contenu est en nos autres letres, et pour les causes dont en icelles est faite mention soixante mille francs d'or de pension chacun an sur les aides du Pays de Languedoc

il aura it scavoir faisons que nous a nostre
dit frere ausdits pouoirs autorité, proba-
tons et accordons par ces presentes, que
ladite pension de soixante mille frans
 il aura à prendre et sera levée, per-
ceue et payée dorescenavant des deniers
desdites aides par les mains de l'un de
nos tresoriers par nous ordonné ou qui
sera ordonné et deputé en nosdites
parties de Languedoc pour faire et
exercer ledit office de tresorerie. Si donnons en mandement par ces presentes à
nos amez et feaulx Conseillers sur
le fait de nostre domaine, et à nostre
dit tresorier deputé, ou a deputer audit
Paÿs comme dit est, et à chacun d'eux,
si comme à luy apartiendra, et pourra
apartenir que ladite pension de soixante mille francs paient et delivrent, et
facent paier et delivrer sans autre
mandement ou contredit aucun à
nostre dit frere, ou a son certain commandement des deniers desdits aides, et en
la forme et maniere que par nos auttres
lettres dessus dites à nostre dit frere à
pat

par nous esté promis, et acordé. Man=
dons semblablement par les mesmes let=
tres à nos amés et feaux les gen eraux
Conseillers sur le fait de nos aides, que
ladite somme de soixante mille fra=
ncs par an ils facent bailler, et delivrer
audit tresorier, à fin qu'il en puist faire
paiement à nostre dit frere, ou à son certa=
in commandement, et par raportant
ces presentes auecques nos aultres dites
lettres ou vidimus d'icelles sous seaux
reaux, et quitance sur ce de nostre dit
frere nous voulons, et mandons tout
ce qui ainsi lui aura esté payé estre
alloué es Comptes de celui, ou ceux,
et par ceux à qui il apartiendra sans
dificulté aucune. nonobstant ordonn
ances, mandemens ou defenses au con=
traire. En temoin de ce nous auons fait
metre nostre seel à ces lettres. Donné au
bois de Vincenes le dixiéme iour de Juil=
let l'an de grace mil trois cens soixan=
te et dix et neuf, et le dixiéme de nos=
tre regne. Et sur le repli est écrit Par
le Roy. signé Jaburi.

Secondes Lettres du Roy Charles Du 6 Juillet 1379.

Charles par la grace de Dieu Roy de france a tous ceuls qui ces lettres verront salut Comme nostre tres Cher et amé frere le Sire de Lebret nous ait requis, et suplié que nous veuillions compter, et faire compter avecques lui tant sur le fait de la pension de Soixante mille francs qu'il prent et doit prendre par certaine maniere chacun an sur les aides du païs de Languedoc comme de certaines autres ventes . . . chacun an, et doit prendre par deça en la Langue d'oïl, et aussi de certains gaiges par l'ordonnance de nous, ou de nostre tres Cher et tres amé frere . . . prises reçeus audit Pays de Languedoc pour luy, et des gens pour la garde et defense d'aucunes Cités, villes, Chateaux, et forteresses . . . Scavoir faisons que nous á notre dit frere de Lebret avons promis, et acordé, prometons et acordons par ces presentes

presentes que des dits comtes . . . . oit
out les choses dessusdites et iceulx co=
mptes clorre et parfaictes par la maniere
qu'il apartient en tel cas dedans la feste
de Toussaincts . . . . et selon nos le:
:ttres par nous ou nostre dit frere d'aniou
à nostre dit frere de Lebret faictes, et or=
donnay sur ces choses, afin que l'estat
d'Iceux soit . . Sceu sur ce que nos=
tre dit frere aura de nous receu pour les
causes dessusdites, et en quoy nous lui
pourrons estre tenus à cause d'icelles.
En temoin de ce nous avons fait metre
notre seel à ces lettres. Donné au bois
de Vincenes, le sixiéme iour de Juillet,
l'an de grace mil trois cens soixante dix
neuf, et de nostre regne le seizieme. Et
sur le repli est ecrit Par le Roy signé
Sabati

Troisiesmes Lettres Du 25 Ianuier 1380.

Charles par la grace de Dieu Roy
de France. A tous ceux qui ces presentes
lettres verront Salut. Comme pour certa=
in traicté, et acord par nostre tres Cher

seigneur et pere, que Dieux absoille fait
auerques nostre tres cher, et amé oncle
le Sire de Lebret pour le temps des apel-
lations à nostre dit seigneur et pere comme a Seigneur souverain par nostre dit oncle et autres nos feaux et subiects du païs
de Guienne faites contre le Prince de Galles
lors vivant et tenant ledit Païs, par nôtre
dit seigneur et pere eut ordonné prendre,
et avoir à nostre dit oncle chacun an la
somme de soixante mille francs de pension sur les aides du Pays de Languedoc si comme de ces choses nous par nos
tres chers, et tres amés oncles les Ducs
d'Anjou, de Berry, de Bourgoigne, et
de Bourbon, et plusieurs autres noz
Conseillers sommes plainement enfor-
més scavoir faisons que nous ces choses
considerées, et sur icelles premierement
euë avec ques nos oncles, et autres de nostre
Conseil dessusdits grand, et meure delibe-
ration nous ladite pension de soixante
mille francs avons agreable icelle Loüons,
aprouuons, et de nostre certaine science
et grace special confirmons par ces presentes

sentes en temoin de ce nous auons
fait mettre nostre Seel à ces presentes
Donné au bois de vincenes le vingt
et cinquiesme iour de Ianuier, l'an de
grace mil trois cens quatre vingts et de
nostre regne le premier. Et sur le re=
pli est ecrit Par le Roy à la relation
de Messieurs les Ducs d'aniou de
Berry, de Bourgoigne, et de Bourbon.
Signé, Tuherie.

Extrait collationné sur les originaux escrits
en parchemin atachez ensemble qui estoient
au tresor des chartres du Roy au chasteau de
Nevers, porte au tresor des chartres de Sa maiesté
au chasteau de pau Inventoriés au Vieux In=
ventaire d'albret au chapitre du commun doz
douzpriuilleges et autoritéz coté et dolobe V. 3;
Par lordre eu en la presence de Messire Iean de
Doat conseiller du Roy en ses conseils president
en la chambre des comptes de nauarre Commissaire
depute par letres patentes de sa maiesté des premier
auril et vingt troisiesme octobre derniers Pour
faire recherche des titres concernans les droits
de la couronne et qui peuuent servir a l'histoire
dans tous les tresors des chartres de sad. maiesté
et dans toutes les archiues des villes, chapitres
Archeueschez Euschez abbayes prieurez com=
mandories et autres communautez eclesias=

tiquer et sortir livres d'après l'inventaire de Guienne
et languedoc et du païs de foix et dans les archiveurs
d'Icam (?) requise (?) qui acquerir a esté prié voir et
commandera que on pourroit avoir de séparer
de leurs chapitres faire faire des extraits de ceux
qu'il Jugera necessaires et lors en voyer au garde
de la bibliothèque Royalle pour moy Gratian Capot
huissier de lad. Chambre de ville commis pour
faire les extraits des livres des archives de Sa
Majesté de son ressort par lui arretés des vingt
troisième Juin et neufieme octobre gl'Jour
auts six et prins pour grossier en lad. commission
soubsigné fait a toire le sixieme decembre
mil six cent soixante sept

Capot

Letres du Roy charles 5.e par lesquelles Il Promet d'assigner au Sire D'Albret sur ses terres la somme de six mil liures pour la rente de mil liures d'Esterlins qu'il prenoit du Roy D'anglaterre et quatre mil liures de rente pour le mariage de sa soeur femme dudit Sire D'albret

Du 6.e Juillet 1379

Charles par la grace de dieu Roy de france, a tous ceulx qui ces presentes letres verront, salut comme pour certaines causes contenues en nos autres letres nous ayons japieca promis a nostre tres cher et amé frere le Sire de lebret asseoir pour luy ses hoirs et successeurs perpetuellement certaines rentes, cest a sçauoir six mille liures tournoises franc d'or pour vingt sols tournois, pour cause de mil liures desterlins qu'il prenoit chascun an perpetuellement de rente sur nostre enniemy d'angleterre, et quatre mil liures tournoises de rente par nous a luy promises pour le mariage de nostre amée soeur sa

fourme et comme par nosdites letres ці се cha-
… apparoit plus à plain par lesquelles
elles … … … … payes et acomp-
lies a nostre dit frere ... ... dit et procur-
ce nous ait requis et supplie que ycelles letres luy ueillons faire, faire et accomplir
selon nostredites letres. Sçauoir faisons que
nous voulans desdites promesses par
nous faites a nostredit frere, jcelles asdites
auons promis et promettons en bonne foy
par ces presentes faire et faire, faire, et
asseoir bien et convenablement a nostre
dit frere selon que par nosdites letres y
sommes tenus et en ycelles est contenu
plus a plain dedans la feste de Saint
Jean baptiste prochain venant en tesmoing de ce nous auons fait metre nostre
seel a ces letres Donné au bois de vincens
le sixiesme jour de juillet lan de grace
mil trois cens soixante dix neuf, et le seiziesme de nostre regne ainsy signé par
le Roy J Tabary le douziesme jour de jan-
uier lan mil quatre cens quarante huit
en la ville de tours collation a este faite
de

de ceste presente coppie a l'original d'icelle
par nous notaires et secretaires du Roy no=
stre sire cy dessoubz nommés ainsy signés
Aude et Daniel

Le vingthuictiesme Juin mil six cens soixante
six la presente copie a esté bien et deuement
vidimée et collationnée sur autre apresdroyte
en parchemin qui estoit autresor\[?\] au{?}tresif{?}
du Roy au chasteau de Blois, qui a esté portée
en ceux du chasteau de Pau lequel est Inuentorié
au vieux Inuantaire dalbret chapitre derrdonce{?}
priuileg{?} et autoritez cote O 4 Pavmoy{?}
conser{?} secretaire de samaieste en la chambre
de comptes de nauarre soubzsigné de l'ordonnance
de lad. chambre   Dubon{?}

Accord entre les Estatz de Giuaudan à Jean Comte d'Armaignac qui s'oblige de chasser les Anglois des lieux de Carlat, Castel d'Anzo et Beneuent pour six mil liures.
Du 14 Juillet 1379.
En langage du Pays.

Vniuersis, et singulis, hoc præsens et publicum Instrumentum visuris et Inspecturis. Nos Bartholomeus Barrerie Licentiatus in decretis, officialis Mimatençis, facimus manifestum, quod nos vidimus, tenuimus, legimus et diligenter Inspeximus quoddam, prima facie, publicum Instrumentum Subscriptum, Vt in eo Legitur, et Signatum per Magistrum petrum Joum, notarium publicum Authoritatibus Regia, atque Egregij, ac magnifici principis, domini Comitis Armaniacensis, in eodem se profitentem, nobis per discretum Virum Magistrum Guillelmum paratorium Bacallaureum in decretis, vt Procuratorem et nomine Procuratoris Reuerendi in Christo Patris et domini, Domini Pontij permissione diuina Mimatensis Episcopi, et comitis Gabaldensis exibitum, et productum, non Vitiatum, non corruptum, nec abolitum, quod transumi seu exemplari facimus ad Rei-

memoriam sempiternam, per publicum notarium
Instrumentum, ad spradicti procuratoris Cons-
tantiam, cum timeret, prove asserebat, de minus cauta custodia dicti originalis Instrumenti,
propter Viarum discrimina, aquarum Inundationes, latronum insidias, et murium corrosiones, cuius quidem Instrumenti tenor de verbo
ad verbum sequitur in hæc verba: Sappien
touts qui aqueste present carte veiran,
ny legiran ou auziran legir, que comme lo
pays del bayliadge de la cort commune de
Gaualda, fos et sie mots grauats per Lous
angles ennemixs del Rey de France nostre
Senhor, Losquals teno diuerses locqs occupats
els pays Daluernhe et de Roergue, et especia-
ment Lous Locqs de Carlat, de Castel Danzol,
et de Beneuen, de lasquoals en fore auizon, et rau-
bon, et apresonon las gens deldit pays de Gaualdan,
et autrement destruison lodit pays, fazen en
aquel touts lous mals que podon, en ayssi come es
estat acostumat en guerre mortal. So es assauer
Las gens de Lagleyse, Baroos, nobles et comus
deldigh pays lous de Jos escrighs, et nomats de le-
digh pays Regardant Losdighs mals et que la
final es Irreparable destruction et desertation
deldigh

del digh pays et la lor propria et de lors gens et
atiendens ychimen & Regardans que per lor no si
pot alsdits ennemixs contrastar, car L'effors delsdits
ennemixs tout jour creixs, et son en tal molteza, &
en tal arrey et tals cans forts tenon, que per lo poder,
ni'l saber de la gent del dight pays de Guaualdan-
noy auzani, pot en nengune maniere contrastar,
ychimen attenduda la absencia del Treshaut et
pochant Senhor Mossur lo Duc Daniou, frayre
del Rey de France nostre Senhor, et son loctenent
en toute Languedoc, & en lodit pays de Gaualdan,
per laqual son remazuts desolats el pays chens-
negun cosselh, et chens nulle prouesion et chens tot
remezi, Losdits tres estats volens al meilhor, et plu=
tost que podon obuiar a la dicha destrudio del dit pays,
et prouesir al secors, et saluamen daquel, pensans
et attendens que autre remedi no han, Suppliqueron,
& pregueron humblement et per lous nobles et po=
derous Senhors, Mossen Marques Senhor de Cani=
lhac, et Mossen Astorc Senhor de peyra, pregar
et supplicar fezeron, et apres ayssy meteys
per lo noble et pouderous Senhor Mossen Guarin,
Senhor dapchier, a tres haut et puissant princep

Mossen Joan per la gracy de Diu Comte Darmanhac de Fazensaget de Rodes, et de Charroles
Vescomte de Lomanhe et dauurlar, et senhor de
la terre de Ribera, que ly plagues de mettre cosselh
et prouesion sus lodit pays de Gaualdan, et deliorar aquel et obuiar, et contrastar alsdighs ennemixs,
Loqual Mossur lo Comte pensan, et attenden las
dichas causes esser vertadeyres, et attenden ychimen que sa terre propria es mot dampnadyade,
et sas rendas perdudes, et attenden yssemen que
sy al mal voler, et pouder delsdighs ennemixs,
no ere contrastat, que poeyre eser perilhs a
tals pays et atoute Languedoc, a tout lo Realme
de France, offerit se a far son pouder de deliorar losdits Locgs de Carlat, de castel=dauzo et de
Beneuen en la forme, et en la maneyra, et am
las conditions, et conuens feyts, et concordats entre
lasdichas partides, so es assauer lodigh Mossur
lo Comte dune part, et losdits senhors de Canilhac, et de peyra, et de apehier en nom delsdighs
Estats delsdigh pays de Gaualdan, so es assauer
de las gens de Legleyse, et dels nobles, et dels
comus delsdighs pays dautre part, ainxi com
es

es contengut en rolle fagh sobre lasdiches causes delqual la tenor de mot amot de ios es contengude, et per la maneyre que lodigh Mossur lo Comte dauant auia accordat Semblablement am las gens dels tres estats del pays de Roergue, per la cause dessus dicha, maiorement en lo jorn de la datte daquest present Instrument, Las gens delsdighs tres estats del pays de Gaualdan, aien trames et presentat en presency de my notari et dels testimonis de ios escrighs, per Mossen Ramon delserre caualhier aldigh Mossur lo Comte Darmanhac, per public Instrument fagh, et recenbut per Maistre Jacme chasals public notari apostolical, lo onse jorn daquest present mes de Julh, et lan de jos escrigh; en effeygh contenen, que conuocades las gens dels tres estats de Gaualdan, so es assauer las gens de Leglize, et Lous nobles, et commus de jos escrichas amandament a las Instances et requestes deldigh Mossur Lo Comte Darmanhac, et dalor mas austres personnes deldigh pays de Gaualdan, per prouesir ala deliorance et valemen fasedous per Lodit Mossur Lo Comte Darmanhac, dels castels de Carlat

de castel danzo, et de Beneuen, Losquals Lous
angles tenon occupats per Losquals lo pays de
Guaualdan molt grandament es dampnificat,
et auzide la expositio facha per lo noble et
pouderous senhor, Lo Senhor dapchier de Las
causes que deuens lodigh Mossur Lo Comte
Darmanhac auia accordades, sus la deliorance
et vacuatio dels dighs castels, per en nom del pays
de Gaualdan, que alendarrier estans en La
presency del Reuerend payre en Christ Mossen Pons per la Gracie de Diu Euesque de
Mende, et Comte de Gaualdan, acqui meteys
present per si et per las gens Ecclesiastiques,
de la ciutat et de la diocese de Mende et en et
per nom de la terre, et dels pages et hommes
Seos, et ychemen comssens a Mande, dauant lous
honnorables et circumspects homes Duran pral
del noble home Mossen Daorde Gralh caualhié
baylio, Et Joan de Saluanhac Licentiat en
Leys, del honorable home Mossen Ramon
pages Licentiat en decrets, Judge de la cort
Commune de Gaualdan Loctenens, et lasdichas
gens

Gens dels dighs tres estats appellades a=
las causes de sos escrichs fazedoyres, so es
assauer lous honnorables homes Mossen Gui=
lhem Bachalar, sagresta, rector de mimnon
Piman de langrat, Ramon puel doctor en leys,
Pons de codolos, thesaurer de Beders, Joan de
Colento canonges de l'agleyse catredal de
Mande per lo capitol de l'egleyse de Mande
et comme canonges, Et lo noble et poderous
Senhor Mossen Garin Senhor de La baronie
dapchier, per si, et per lous pages, et homes
de sa terre, laqual ha en Gaualdan, et per,
et en nom del mot noble et poderous senhor
Mossen Beral Dalfin Daluernhe, a causa de
la terre que ha en Gaualdan, et per, et en
nom del poderous Senhor Mossen piman
Vescomte de Padomiac et Senhor de La
Baronie de Rando, et per en nom dels no=
bles et poderous Senhors Mossen Marques
de Belfort Senhor de La Baronie de Ca=
nilhac, et de Astorc Senhor de la baronie
de peyra, de Mossen Bornad Garin Senhor de la
Baronie del cornel et capitol

Et per, et en nom de Mossen albert de peyre
Senhor de Manicastel, et en nom dels pages
et homes lous tant nobles come no nobles et
de lors terres que an et tenon dedins Gaualdan,
delsquals lodit Senhor dapehier dits de hauer
especial mandament per las causes dessus et
dins escrichas fazedoyres, et promes far hauer per
ferm et agradable, et lo noble Gurgo de mon-
tesquiou Senhor de charboneyres, per si, et per
sous homes, et pages, Et lodigh mossen l'euesque de
Mende, en nom que dessus, et lous sobre digh canonges per lour dighnitat, Mossen Gairin senhor dapehier en noms que de sobre, et lou
Senhor de Charboneyres aynsi comme dessus
es digh, presens, et ajustats, et ensemps
appellats a las causes de los escrichas fazedoyres, cascun de lor per si, et en nom que
dessus, et en nom, et vegade de las austres gens
del digh tres estats de Gaualdan conjuntament
et divisement, am tan comme chascun toque s-
ou pot toquar, ou pogues al temps avenir, Auzide la Exposition autreves, a lour et austres gens delditz
pays per lo noble Berengier dechimac Escudier deparl
lodigh-

Lodigh Mossur lo Comte trames, facha aques=
ta attendude, et considerade et ychi men auzida
autre vegade, et attendude la relation dels Senhors
de canilhac et de manu castel per, et en nom del
Senhor de peyra, segon que dizeron de las causes
concordades, et apuntades per lous senhors de cani=
lhac et de peyra sobre lodigh negoci am lodigh
Mossur lo comte per lous tres estats de Gaualdan,
Losquals als sobre nomats et alors austres auran
rapportats ainsi come aqui dichieron s° per lodigh
Pays de Gaualdan dar et pagar, auer accordar al=
digh Mossur lo Comte la somme de sieys mille
francx a sa part quitias, et que gete, ou gitar
fase los dits angles dels dighs castels, et pays de
Gaualdan de Roergue, de Velayc et dauernhe,
Pagadoyra la mieytat en la propdane venent fes=
ta de la assomptio de la Mayre de Diu vergina
del mes de aoust propdane venente, et lautre
mieytat en la propdane venente feste de la Na=
tiuittat de nostre Senhor, et que lodit Mossur
lo Comte Darmanhac sie tengut, et se deye
obligar et commensas far de expellir los dighs An=
gles enemixs comme dessus es digh, et far semblan
tractar et couens al pays de Gaualdan comme

a fagh a las gens deu pays de Roergue, en cas
que a las gens del pays de Gaualdan plagues, &
agüe ferme et agradable, per Lous sober nomats
en nom que dessus aqui meteys presens, et ensemps
appellats per la promesse autreuets per losditts sen=
hors de cauilhac et de peyra, et dapehier aldit
Mossur lo Comte facha et aquela volom et cos-
sentem volguessen lous sobre nomats els noms
que dessus, consentissen, et conuenguesson, et dar
et pagar premesesson ladicha cause euenent de
licencia delsdigs Senhors baylio et Judge dessus digs
Las causes dessus et de Jus eschriues, volen et authorisans en eychi en els Senhors loctenens aqui
meteys presen sors cosas esser vertadiers, et ys
sibien presen et volen lodigh Mossen Lauesque,
amtan comme luy tocaue, ensemps am losdits
officiers aldit mossur lo comte Darmanhac Jaké
so que fos absent, et als digts Senhors loctenens
comme autentiques et al notari de jos escrigh come
a publique persones stipulans et recebens, en nom
et a ops delsdigh mossur lo comte Darmanhac
et dels siens, alsquals se apertien, et se poyra
apertener el temps endeuenidor la somme de
sieys

sieys mille franxs daur dessus dicha' per-
raza et per cause del voiamen dels locgs et dels
pays dessus dighs per lodit mossur lo comte fa-
zedoyra, et las austres causes et couens per lodit
Mossur lo comte Darmanhac al pays de Roergue
accordats, et al pays de Gaualdan semblablement
accordadors, per lous termes et pagues dessus expres-
sats, ensemps atn trastots dampnadges et las
despenses, Interesses, et costadges si negus per lodit
mossur lo comte sen fasian, per rason de la retar-
dation de las pagues de la some auan dicha, per Laqual somme de sieys mille franxs de sobre contenguda als termes dessus dighs lo locq del voiamen dessus dighs et veneri lous daban dighs nomats el nom
que dessus touts lors bées et delsdighs homes et pages los, et losdighs canonges lous bées deldigh Capitol, et de las autres gens dessus nomdas dels-
tres estats deldigh pays de Gaualdan, presens
et endeuenidors deuers lodit mossur lo Comte Darmanhac, Jasie so que fos absent, et lous seôs, et losdighs senhors loctenens deldighs senhors bailio et
Judge autentiques, et lodit notari comme publique
personne stipulans et recebens en nom et a ops

deldigh Mossen Lo Comte et dels seor obliguero
et expressement ypotequero volens et consentens
se dever et pouder esser compellits, so es assauer
las gens de Lagleyse per la cort de la cambre de
nostre Senhor lo Pape, et las austres gens dessus
dichas per la cort de la cambre deldigh nostre senhor Lo pape, et de la cort del sagel petit ou
noel de so meyre, et per las forsses daquel, et per
toute autre cort Ecclesiastique ou secular, per laqual ou per lasquals may volgues esser fache la-
executio de las causas dessus dichas, et per las
forsses dels sagels de lasdichas corts amaxi ques com-
mensade la executio per vne de lasdichas corts per
lautre sepusque finir, ou de noel comensar certs procuraires a confessar las causas dessus dichas en chascune de lasdichas corts sobre aysso constituens et ainsi
comme aquestas causas dessus dichas plus pleynera-
ment et plus largement audit Instrument son contengudes, es assauer que lan que dessus mille tres
cens septante et nau lo quatorse jorn del mes de
Julh el castel de Gaia prop de Rodes regnant lo
tres excellent princeps Mossur Charles per la
Gracy de Diu Rey de France en la presenci de
mi noi

de mi notari et dels testimonis de ios escrighs, per-
sonnallement constituits Losdighs Mossur lo Comte Darmanhac, per si dune part, et Lodit Mossen Ramon del Serre caualhier, trames per lasdiches
gens des tres estats de Gaualdan, en nom et en vegade delsdighs tres estats dautre part, vist prumerament per Lodigh Mossur lo comte lodit Instrument de la obligance anan dicha, acordero las
causes de ius escrichas et dautre fiets parlades entre
lodigh Mossur lo Comte, et losdits senhors de Cauilhac de peyra, et dapehier en enchi com eron esta-
des accordades, Semblablement per lodigh mossur lo
Comte am las gens delsdighs tres estats del pays de
Roergue, solenials stipulators Interueniens dune
part, et dautre en la maneyre que sensecq :—
Prumeyrament que Mossur lo Comte promes
en sa bonne fe, et comme leal caualhier, que el deu
deliorar lous logs de Carlat, et de castel Danzo, et de
Beneuen que tenio lous ennemics en Auuernhe, et
en Roergue, Item que per far ladicha deliorance
Losdighs tres estats deuon donar. So es assauer entre touts Sieys mille franxs, touts ensemps am
las gens de Legleysa, et dels nobles en eychi comme
Las Gens delsdits tresestats an accordat, et sen son
obligats comme desrus es dighs, et en deductio de la-

dicha Somme, Mossur lo Comte prenera las restas dels talhs faghs per las voias dels digs Logs et de touts austres talhs faghs per la dicha raso si mestieu es que seran clares et soluables et autrement no lo remanen pagara se la mieytat a la Somptio de la Vergis Maria del mes Daoust propsdanement venent, et lautre mieytat a la feste de La Natiuittat de nostre Senhor ayssi meteys propsdanement Venent, et apres en seguien, Item per la dicha Somme aquels dighs tres estats que son obligats per lor et en nom que dessus, negun no sie executat sino per sa portio segon que li escaira a son locq, Item que aquels qui son obligats dessus, faran ratificar las dichas causas am aquels per qui son obligats alors comus, et apres la ratification cascun per sa portio se obligara a la volontat del digh Mossur lo Comte si mestier es, Item que Mossur lo Comte las gens darmes et las companhias gardara de taubar, et de pilhar ny prene chens pagar fores et causes acostumades de foliadge dels caualhs que se trobaran fores fortalessas tant que durara lo fagh de carlat, Item que facha la voia et la deliouranse Mossur lo Comte fara voiar lo pays a toutes sas companhies, Item que si efforts notable venia sus lo pays que adonc

mossur

Mossur lo Comte aiar apelar losdighs tres estats et segon que els volrian se sesses satifaghs a luy de las causes fachas, ou anar a tan satifazen a luy aïnxi com per losdighs tres estats sera accordat am luy rasonnablement fora si peron de galart, ou Mossen Verducat de Lebret venian comme caps de vota et complides las causes dessus dichas per lodit mossen Ramon baylet aldit mossur lo Comte l'estrument de l'obligance dessus dicha et non auans, Et aquestas causes foron fachas et concordades entre lodigh mossur lo Comte et lodigh mossen Ramon del Serre Caualhié trames en nom que dessus l'an el jornmes et locq, et regnant que dessus presens et apelats et pregats per testimonis per las dichas partides So es assauer Mossen menor senhor de castelpers caualhier, maistre Guilhem de caunac maistre en deuenittat de lorde despredicadors, Maistre peyre de mayres secretari del digh mossur lo Comte bertengo de hinac, et oliuo de pechin escudiers, et Guilhem paga'echimen escudier, Et my peyre Joum notari real publiq, et deldigh Mossur lo Comte lo quoal retengu per las dichas partides et per chascunes daquelles en nom que dessus de las causes dessus dichas recenbi dos publigs Instrumens y per chascunes de las dichas partides es en mon patracol

ou escueychi endetye es en acquesta forme publica per
la part dels dighs tres estats de Gaualdan, retornar
fezi per Guiraut de caluaroca clercq notari publiq
mon cod Jutor, et de mon Senhal delqual Vsi en publics Instrumens per la authoritat Real seguien
lo senhia prumeyrament mi Subscrighs de ma
propria man: Cui quidem transcripto siue exem=
plari decernimus tantam fidem esse adhibendam
in Juditio et extra, quanta adhiberetur dicto originali Instrumento, et in his tanquam actui legiti=
mo pro tribunali sedentes in camera nostra super
quodam scamno, quem locum quoad prædicta per
agenda nobis duximus eligendum authoritatem
nostram Juditiariam et dictæ nostræ curiæ interposuimus pariter et decretum ad requisitionem
procuratoris prædicti, ac Jussimus de prædictis
fieri Ipsi procuratori vnum, vel plura, seu publica Instrumenta per notarium Infra scriptum quod sigilli autentici nostræ curiæ appensione muniuimus ad maiorem firmitatem om=
nium præmissorum. Anno dominicæ Incarnatio=
nis millesimo trescentesimo octuagesimo et
die tertia mensis nouembris. Illustrissimo
principe Domino Charolo Rege Francorum
regnante

Regnante et Reuerendo in Christo patre
et Domine, Domino Pontio Dei Gratia
Mimatensi Episcopo, et comite Gabalitensi præ
sidente in presentia et testimonio, nobilis
Guillelmi de Romigueria domicelli, Venera
bilis viri Domini durantis seruientis de ca
lidis aquis, discretorum virorum Magistrorum
Joannis plez et Joannis Juliani notario
rum et mei benedicti duranti notarij publi
ci Authoritate Episcopali in ciuitate et
diocesi Mimatensi et curia dicti domini offi
cialis qui in præmissis omnibus præsens fui,
et requisitus de eisdem notam recepi, de
qua nota præsens et publicum Instrumentum
per Juratum et Substitutum meum fidelem
extrahi, et grossari feci alijs negotijs occupatus
et deum factâ diligenti collatione de præsenti
Instrumento ad notam, et Instrumentum
originale prædictum hic me in testimonium
præmissorum manu mea propria subscripsi
et apposui signum meum solitum et con=
suetum.

Le Sixiesme Feuurier Mil six cens soixanti
six laprésente copie a esté bien ediuennent

Redimiré et collationnée sur autre copie exripte en parchemin trouvée au tresor des archifz du Roy au chasteau de Lectoure exportée en la ville de Pau Inuantoriée en liu. auntaire dere archifz dud: Lectoure au chapitre Sixiesme Intitullé papiers Moslerr Cote S x̄ bm ainsi qu'appert en la copie dud: Inuentaire qui est au tresor des archifz de sa Maiesté au chasteau de Pau Pauroy conser. et Secretaire de sadite Maiesté en la chambre de comptes de nauarre soubz signé d'ordonnance de sad: chambre.

Dulom

235

Accord entre les Estats de Givaudan à Jean Comte d'Armaignac qui s'oblige de Chasser les anglois des lieux de Cadal Castel d'anso et Beneuent pour 6000 livres Du 14 Juillet 1379

Traduit de l'original qui est en langue Bearnoise

Universis, et singulis hoc præsens, et publi-cum Instrumentum visuris, et Inspecturis: Nos Bartholomeus barrerie licentiatus in de-cretis, officialis Mimatensis facimus manifes-tum, quod nos vidimus, tenuimus, legimus, et diligenter inspeximus quoddam prima facie publicum instrumentum subscriptum, ut in eo legitur, et signatum per magistrum Petrum Joum Notarium publicum authoritatibus Re-gia, atque Egregij, ac Magnifici principis domini Comitis Armaniacensis in eodem se profitentem nobis per discretum virum Ma-gistrum Guillelmum Paratorium baccallaureum in decretis, vt procuratorem et Nomine procuratoris reuerendi in christo Patris, et dominj dominj Ponty permissione diuina Mimatensis Episcopi, et Comitis Gaualdensis exibitum, et productum non vitiatum, non corruptum, nec abolitum quod transumj seu exemplarj facimus ad Rei Memoriam sempiternam per publicum nostrum Instrumentum ad predicti procuratoris Instantiam cum Timeret, prout asserebat de minus Cauta custodia dicti originalis Instrumentj, propter viarum discrimina, aquarum inundationes latronum insidias, et Murium corrosiones Cuius quidem instrumentj tenor de verbo ad verbum sequitur in hac verba Sachent tous ceux qui ceste present Carte verront ou lire orront que comme le Pays, et bayliage de la Cour commune de Gaualdan feut, et soit fort grefue par les Anglois ennemis du Roy de france Nostre seigneur, lesquels tenoient occupés Diuers lieux, et pays d'auuergne, et de Rouergue, et speciallement les Lieux de Carlat, de Castel danso, et de beneuen dou lesquels en hors ils tuent, pillent et emprisonnent les gens dudit Pays de Gaualdan, et autrement destruisent ledit pays faisant en icelluy tous les Maux quils peuuent, ainsi quil est acoustumé en en guerre mortelle est ascavoir que les gens d'église, barons, nobles, et communautés dudit pays les dessous escrits, et nommés dudit pays considérant lesdits maux qui causeroient l'entière et irreparable destruction, et desertation dudit pays, et la leur propre, et de leurs gens, voiant et considérant mesmement qu'ils ne peuvent resister ausdits ennemis, parce que leurs forces croissent tous les jours, et sont en si grand nombre en tel arroy, et tiennent tant de forteresses, que par le pouvoir ny sçavoir des gens desdits pays de Gévaudan on n'oze, ny ne peut en aucune maniere leur resister mesmement attendu l'absence du treshaut, et puissant seigneur monsieur le duc d'Aniou frere du Roy de France nostre seigneur, et son lieutenant dans tout languedoc, et dans ledit pays de Gévaudan, par laquelle absence ils sont demeurés desolés au pays sans aucun conseil, sans nule provision, et sans aucun remede. lesdits trois Estats voulans au mieux et le plustost qu'ils peuvent obvier a ladite destruction dudit pays, et pourvoir au secours, et conservation d'icelluy voiant et considérant qu'ils n'ont autre remede suppluent, et prient humblement

humblement, Et par les Nobles, et puissans seigneurs Messire Marqués, seigneur de Canillac, et Messire Astorc seigneur de Peyre firent prier et supplier, et après pareillement par le noble, et puissant seigneur Messire Garin seigneur d'apchier, à treshaut, et puissant prince Messire Jean par la grace de dieu Comte d'armagnac, de fesensaguet, de Rodez et de Carroles viscomte de Lomaigne, Et d'autuilar, et seigneur de la terre de Ribere quil luy pleut Metre conseil et provision sur ledit pays de Gevaldan et le deliurer et s'opposer, et resister ausdits ennemis, lequel Monsieur le Comte voiant et considerant lesdites choses estre veritables, et considerant mesmement que sa propre terre est fort endomagée, et ses rentes perdues, Et pareillement que si on ne resistoit au dessein, mauuaise volonté et pouuoir desdits ennemis tels Pays, Languedoc, et tout le Royaume de france seroient exposés a de grands perilhs offrit de faire son pouuoir a faire deliurer lesdits Lieux de Parlat de Castel danso, et de beneuen en la forme, et en la Maniere, et auec les conditions et Conuentions faites, et acordées Entre lesdites parties

parties. C'est asçauoir ledit Monsieur le
Comte d'une part et lesdits seigneurs de Ca:
:nillac de Peyre, et d'apchier au nom desdits
Estats dudit pays de Gaualdan, c'est asçauoir
des gens d'église des Nobles, et des communautés
desdits pays d'autre part ainsi quil est conte:
.nu au rolle fait sur lesdites choses duquel
la teneur de mot a mot cj dessous est contenue
en la manière que ledit Monsieur le Comte
auoit cj deuant acordé semblablement auec les
gens des Trois Estats du pays de Rouergue
pour la cause dessusdite Mesmement au Jour
de la date de ce present instrument, les gens
desdits trois Estats du pays de Gaualdan ayent
enuoié et presenté en presence de Moy notaire
et des tesmoins dessous escrits par Messire
Ramon del serre cheualier audit Monsieur
le Comte d'armagnac vn instrument public
fait, et receu par Maistre Jaques chasals no:
:taire public apostolique le onsieme iour de
ce present mois de Juin en l'an cj dessous escrit
Contenant en effect que conuoqués les gens des
trois Estats de Gaualdan c'est asçauoir les
gens d'église, les nobles, et Communautés dessous
escrites de Mandement Instances, et requestes
dudit Monsieur le Comte D'armagnac, et de

plusieurs autres personnes dudit Pays de
Gaualdan pour pouruoir a la deliurance que
ledit Monsieur le Comte darmagnac doit faire
des chasteaux de Carlat, et de Castel danso, et
de Beneuen lesquels les anglois tienent occupés
par lesquels le pays de Gaualdan est extraor
dinairement endomagé, Et ouye lexposition
faite par le noble, et puissant seigneur le
seigneur dapchier des choses que cj deuant le
dit Monsieur le Comte darmagnac auoit Acor
dées sur la deliurance, et euacuation desdits
chasteaux pour, et au nom du pays de Gaual
dan qui derniereuement estans en la presence
du Reuerend pere en christ Messire Pons
par la grace de dieu Euesque de Mande, Et
Comte de Gaualdan la mesme present pour
soi, et pour les gens Ecclesiastiques de la Cité
et diocese de Mande, et pour et au nom de la
terre, et de ses paysans, et Soubsmis pareil
lement comparens a Mande deuant les
honnorables, et Circonspects hommes Duuan
Arcal du noble homme Messire Daorde
Crailh, baillifs, et Jean de saluagnac licentié
en Loix de l'honnorable homme Messire
Raimon Pagez, licentié en decrets Juge de
La Cour

La Cour commune de Gaualdan lieutenans Et lesdites gens desdits trois Estats apellés aux choses dessous escrites faisables, C'est ascauoir les honnorables hommes Messire Guillem Bachalier sacristain, et Recteur de Minmon Piman de Langrat Ramon puel docteur en Loix, Pons de Codolos thresorier de bedors, Jean de Colento chanoines de l'eglise cathedrale de Mande pour le chapitre de l'eglise de Mande et comme chanoines, Et le noble, et puissant seigneur Messire gavin seigneur de la baronie d'apchier pour soi, et pour les paysans, et hommes de la terre quil possede a Gaualdan, et pour, et au nom du tres noble, et puissant seigneur Messire beral dauphin d'auuergne a cause de la terre quil a en Gaualdan, Et pour et au nom du puissant seigneur Messire Piman viscomte de Podomiac, et seigneur de la baronie de Rando, Et pour et au nom des nobles, et puissans seigneurs Messire Marqués de Beaufort seigneur de la baronie de Canillac Et d'astorc seigneur de la Baronie de Peyra, de Messire Bernard Gavin seigneur de la baronie de Cornel, et pour, et au nom de Messire Albert de peyra seigneur de Manucastel, et

au Nom des paysans, et leurs hommes tant
nobles que non nobles, et de leurs terres quils
ont et tienent dedans Gevaldan, desquels ledit
seigneur dapchier dit auoir Mandement spe
:cial pour les choses cj dessus, et dedans escrites,
et a faire, et promit les faire auoir pour fer
:mes et agreables, et le noble Gurgo de Montes
:quiu seigneur de charboneyres pour soi, et pour
ses hommes et paysans, et ledit Messire Eues
:que de Mande au nom que dessus, et les susdits
chanoynes pour leur dignite, Messire Garin
seigneur dapchier au nom que dessus, et le
seigneur de charboneyres ainsj que dessus est
dit, presens et assemblés, et ensemble appellés
aux choses cj dessous escrites a faire chascun
deux pour soi, et au nom que dessus. Et au
nom et place des autres gens desdits trois Es
:tats de Gevaldan conioinctement et separem
:ent en tant qua chascun touche peut toucher
ou pouroit toucher a laduenir ouye, lexpo
:sition faite a eux, et aux autres gens desdits
Pays par le noble Beuenjier de chirmac Escu
:yer deputé de la part dudit Monsieur le
Comte, icelle entendue, et consideree, Et pareil
:lement ouye, et entendue vne autre fois
La relation des seigneurs de Canillac, Et de
Manucastel

Manucastel pour et au Nom du seigneur
de Peyra suiuant quils declarerent touchant
les choses acordées, et apointiés par les seig=
neurs de Canillac, et de peyra sur ledit affaire
auec ledit Monsieur le Comte par les trois
Estats de Geualdan, lesquels auroient raporté
aux sus Nommés, et aux autres dentreux.
ainsi quils affirmerent, quils auoient acordé
de donner, et payer pour ledit pays de Ge=
ualdan audit Monsieur le Comte la somme
de six Mil francs a sa part quites, pourueu
quil chasse ou chasser face lesdits Anglois
desdits chasteaux et pays de Geualdan, de
Rouergue, de velay et dauuergne, pajable la
Moytié a la prochaine feste de lassomption
de la vierge Mere de dieu du Mois daoust
proche venante, Et lautre Moytié a la
~~feste~~ prochaine feste de la Natiuité Nos=
tre seigneur, et que ledit Monsieur le Comte
Darmagnac soit tenu, et se doiue obliger
de Commancer de faire chasser lesdits an=
glois ennemis comme dessus est dit, Et faire
semblable traicté, et Conuention auec le
Pays de Geualdan quil a fait aux gens du

pays de Rouergue en cas quil plairaux
gens du pays de Gevaudan, ci quayant esté
trouué seur et agreable par les sus nommés
au nom que dessus la presens, et ensemble
apellés pour la promesse autres fois faite
par lesdits seigneurs de Canillac, de Peyra
et d'apchier audit Monsieur le Comte ils la-
:prouuerent, et consentirent que les sus nommés
aux noms que dessus vouleussent consentis:
:sent, conuinssent, et promissent de bailler,
et payer ledit cas arriuant du vouloir des-
:dits seigneurs baillif, et Juge dessusdits, les
choses cy dessus, et cy dessous escrites voula-
:ns, et authorisans en cecy les seigneurs lieu:
:tenans la mesme presens, et les declarans
sans autre confés estre veritables, present
aussi, et consentant ledit Messire L'Euesque
en tant quil luy touchoit ensemble auec
lesdits officiers dudit Monsieur le Comte
D'armagnac combien quil feut absent, Et
lesdits seigneurs lieutenans comme au:
:thentiques, Et le Notaire dessous escrit
Comme personnes publiques stipulans, et
receuans au Nom, et personne dudit Monsieur
 Le Comte

Le Comte D'armagnac et des siens, ausquels il apartient, et pourra apartenir au temps ad:uenir la somme de six mil francs d'or des:susdits pour raisons, et pour cause de l'euacua:tion des lieux, et des Pays dessusdits a faire par ledit Monsieur le Comte, et les autres choses, et conuentions par ledit Monsieur le Comte d'armagnac au Pays de Rouergue acordées, et au pays de Geualdan semblable:ment Acordables pour les termes, et payemens dessus exprimés ensemble auec tous les des:pans domages Interets, si aucuns s'en faisoient par ledit Messire le Comte pour raison du retardement des payemens de la somme sus:dite, pour laquelle somme de six mil francs ci dessus contenue aux termes dessusdits, le cas de ladite Euacuation arriuant les sus Nommés au nom que dessus obligoient et hipotequoient expressement tous leurs biens et ceux de leursdits hommes et paysans, Et lesdits chanoines les biens dudit chapitre, et des autres gens dessus nommés des trois Estats dudit pays de Geualdan presens et aduenir enuers ledit Monsieur le Comte —

darmagnac Jaçoit quil feut absent et les siens
Et lesdits Seigneurs Lieutenans desdits seigneurs
baillifs, et Juge authentiques, Et ledit Notaire
Comme personne publique, stipulans et receuans au Nom, et personne dudit Messire le
Comte, et des siens; voulans, et consentans quils
puissent, et doiuent estre constrains c'est
asçauoir les gens d'Eglise par la Cour de la
chambre dudit Nostre seigneur le Pape, &
de la Cour du petit sceau ou Noel de Someyr
et par les forces dicelluy Et par toute autre
Cour Ecclesiastique, ou seculiere par laquelle,
ou par lesquelles il aimera Mieux faire
l'execution des choses dessusdites et par les
forces des sceaux desdites Cours, en telle sorte
que si l'execuōn est commancee par l'une desdites cours elle puisse estre parachevee
par l'autre, ou de Nouueau Commencees cons-
tituant sur cecj, et pour confesser les choses dessusdites certains procureurs en chascune desdites cours ainsi que les choses
dessusdites plus amplement audit Instrument
sont contenues. Est asçauoir que l'an que
dessus Mil trois cens septante neuf le
quatorsieme

quatorsieme Jour du mois de Juillet au chasteau de Gaja pres de Rodez, regnant le tres
excellent Prince Monsieur Charles par la
grace de dieu Roy de france en la presence
de Moy Notaire et des Tesmoins dessous escrits personnellement constitués lesdits Monsieur le Comte d'armagnac pour soy d'une
part, Et ledit Messire Ramon de Serre cheualier depuré par lesdites gens des trois Estats
de Geualdan au Nom, et personne desdits trois
Estats d'autre part. Veu premierement par
ledit Monsieur le Comte ledit Instrument de
l'obligation susdite. Acorderent les choses ci
dessous escrites, et autresfois traictées Entre
ledit Monsieur le Comte, Et lesdits Sieurs de
Canillac de Peyra, et dapchier, ainsi quelles
auoient este Acordées semblablement par ledit Monsieur le Comte auec les gens desdits
trois Estats du Pays de Rouergue solempnels
stipulateurs, Interuenans d'une part, Et dautre en la Maniere qui sensuit Premierement que Monsieur le Comte Promet en
sa bonne foy, et comme loial cheualier quil
deliurera les Lieux de Carlat, et de Castel dans o,
et de bencuen que les ennemis Tienent en

Auuergne, et en Rouergue. Item que pour faire ladite deliurance lesdits trois Estats doiuent donner Sçauoir est entre tous six Mil francs ensemble auec les gens deglise Et les Nobles ainsi que les gens desdits trois Estats ont acordé et sen sont obligés comme dessus est dit. Et en deduction de ladite somme Monsieur le Comte prendra les restes des tailles faites pour leuacuation desdits lieux, Et de toutes autres cotises faites pour ceste raison si besoin est, qui seront liquides, et soluables et non autrement. Et le reste se payera la Moytié a lassomption de la vierge Marie du Mois daoust prochain venant, Et lautre Moytié a la feste de la Natiuité Nostre Seigneur pareillement proche venante, et apres ensuiuante, Item que pour ladite somme aucun desdits trois Estats qui sont obligés pour eux, et au nom que dessus ne pourra estre executé que pour sa portion ainsi quil luy touchera en son lieu, Item que ceux qui cy dessus sont obligés fairont ratifier lesdites choses auec ceux pour qui ils sont obligés a leurs Communautés Et apres la ratiffication chascun pour sa portion —
sobligera

s'obligera a la volonté dudit Monsieur le Comte si besoin est. Item que Monsieur le Comte empechera les gens d'armes, et les compagnies de desrober, piller, ny prendre sans payer hormis les foings, et autres fourrages ordinaires des cheuaux tant que durera l'affaire de Carlat. Item que faite l'euacuation et la deliurance, Monsieur le Comte fera quiter le pays a toutes ses compagnies. Item que s'il y arriuoit des forces Nottables sur le pays, qu'en ce cas Monsieur le Comte sera tenu de rapeler lesdits trois Estats, et suiuant qu'ils voudront s'arrester en les sattisfaisant des choses faites ou aler plus auant en le sattisfaisant ainsi que par lesdits trois Estats sera acordé raisonnablement auec luy, Mais si Peyron de Galart ou Messire Berducat d'Albret venoient comme chef de troupes apres et acomplies les choses dessusdites par ledit sieur Ramon deputé sera enuoyé l'instrument de l'obligation susdite audit Monsieur le Comte, et non auparauant. Et ces choses feurent faites et acordées entre lesdits Monsieur le Comte, et ledit Sieur Ramon de Serre cheualier deputé au nom que dessus, l'an Jour Mois et

Lieu, et regnant que dessus, presens apellés, et
priés pour tesmoins par lesdites parties C'est
asçauoir Messire Mineur seigneur de Castel
pers cheualier, Maistre Guillem de Caunac doc
teur en Theologie de l'ordre des predicateurs Mai
tre Pierre de Mayres secretaire dudit Monsieur
le Comte, Bertenguo de hinac, et oliuo de pechir
escuiers, et guillem aussi escuier Et Moy Pier
re Ioums Notaire Roial public, et dudit Mon
sieur le Comte lequel retins pour lesdites
parties, et pour chascune d'Icelles au Nom
que dessus des choses dessusdites deux Instru
mens publics, et pour chascune desdites par
ties est escrit en Mon Protocolle en ceste
forme publique pour la part desdits trois
Estats de Gaualdan et le fis grossoyer par
Guiraud de Caluaroca clerc Notaire public
mon coadiuteur, et de Mon seing acoustumé
ez Instrumens publics, par l'authorité
Royale suiuant le seing duquel ici le soubs
criuis premierement de ma propre Main,
Cui quidem transcripto, siue exemplari de
cernimus tantam fidem esse adhibendam
in Iudicio et extra quanta adhiberetur dicto
originali Instrumento, et in his tanquam
achy

actu legitimo pro Tribunali sedentes in
Camera Nostra super quodam scamno,
quem locum quoad praedicta peragenda
nobis duximus eligendum authoritatem
Nostram Judiciariam, et dicta Nostra curia
interposuimus pariter, et decretum ad requi:
:sitionem procuratoris praedicti, ac Iussimus
de praedictis fieri ipsi procuratori vnum, vel
plura seu publica instrumenta per notarium
infra scriptum quod sigilli autentici Nostrae
Curiae appensione muniuimus, ad Maiorem
firmitatem omnium praemissorum anno do:
:minicae incarnationis Millesimo trescente:
:simo octuagesimo, et dia Tertia Mensis No:
:uembris illustrissimo principe domino
Charolo Rege francorum regnante, et Re:
:uerendo in christo patre, et domino do:
:mino Pontio dei gratia Mimatensi Epis:
:copo, et Comite Gabaldensi Presidente, in
presentia, et testimonio Nobilis Guillelmi
de Romigueria domicelli, venerabilis viri
domini duvantis Seruientis de Calidis
aquis discretorum virorum Magistrorum
Joannis pletz, et Joannis Iuliani

Notariorum, et Mej benedicti durantj No:
:tarij publicj authoritate Episcopalj In
Civitate et diocesj Mimatensj, et Curia dicti
dominj officialis, qui in præmissis omnibus
præsens fuj et requisitus de eisdem Notam
recepj, de qua Nota præsens et publicum Ins:
:trumentum per Juratum et substitutum Me:
:um fidelem extrahj, et grossarj fecj alijs
Negotijs occupatus, et deum facta diligentj
collatione de præsenti instrumento ad No:
:tam et instrumentum originale prædictum
hic me in testimonium præmissorum Manu
mea propria Subscripsj, et apposuj signum
Meum solitum et consuetum ?

Le dix.e fevrier mil six cens soixante six
laprésente Traduction en langue françoise
aesté bien et dheument verifiée vidimée &
collationnée sur autre copie escripte en
parchemin en langue Gasconne Trouvée
au tresor des archifs du Roy au chasteau de
lottoure aportée en la ville de pau Inuantoriée
en Inuantaire dict tiltre desd. archifs au
Chapitre sixiesme Intitulle papiers meslez
Coté *Xbiij* ainsi qu apert en la copie dud.
Inuantaire qui est au tresor des archifs de

Sa maiesté au chasteau de Pau Larnoy
con[seill]er et secretaire de sadite Maiesté en la
chambre de comptes de Navarre soubzsigné
par ordonnance de lad. chambre,

Jugement des Commissaires du Roy d'Angleterre par lequel Thibaut de Puyloaut est absous de l'accusation du crime de leze Maiesté

Du 22.e Aoust du regne de Richart Roy d'Angleterre le second et apres la conqueste l'an quatre.

1379.

Sçachent tous ceux qui verront, et oyront que Nous Henry comte de Penthieure Seigneur de Persi Guilhem de Beauchamp Chamberlan de nostre sire le Roy de Angleterre, et de france. Robert ———— Chevalier Lieutenant de Mareschal Commissaires deputtez par nostredit seigneur le Roy, et son Conseil Jus les choses avant dittes veus, et examinez, les articles contenants affermetion, accusation, ou de-

nonciation faite de, et en contre Thebaud de Puyloaut Escuyer, et lige de nostredit Seigneur le Roy faits, et ordennez par Maistre Guilhaumes passepayre procureur Royal és parties d'aquitaigne, et par mandement du Noble Messire Jehan Sire de veulbitt. Lieutenant de nostredit sire le Roy. En mesmes les parties En disant, et mettant sur ledit Thebaud, que il avoit commis et perpetré contre nostredit sire le Roy Chouses touchans Crime de Leze Mayesté, Et spetialement en faire et ordonner, le Testament du sire de Legueyran en quoy mesmes le sire par ordonnance dedit Thebaud fist, et establit son heritier le Sire de Lebret ennemy, et rebelle à nostredit sire le Roy, Et que apres il destorba par son ordonnance que les lieux que estoit dudit sire de Legueyran ne fussent devenus alez mayus, et obeissance de nostredit sire le Roy, Et que en apres il envoya lettres seellées de son seel requerant le sire de Lebret, que il devroit venir prendre
la poces-

la pocefsion des dits Lieux et que il ne de-
parti mie de riens tant que il le mist en
pocefsion, Et veus, et examinez les Infor-
mation, et deposition des tesmoings que
sur ces Articles furent receus, et examinez par ledit Maistre Guilhaume passepayre. C'est assauoir Monseigneur Johan
de Multoim Cheualier Arnaut sedet Arnaut Martin. Galhart Belies Ber—
Jaubert bourgeois de Burdeux sire Guillaume Maynard prestre Bertran sire de
Montferrand Dame Thomase de Pons
vidon de Puy Guilhaume, et — veue comme par ce que par leurs depositions les —
chouses — — — — — — — ledit Thebaud
et en contre ly ne se prenoient pour en faire du Jugement en contre ly, volonté, et ordonnance de nostre dit sire le Roy, et son Conseil fo que ledit Thebaud fust receu a prouuer le contraire fet par tesmoings dignes
de foy par lequel fait prouuer mesmes
le Thebaud produit tesmoings cels qui
s'ensuiuent C'est assçauoir Monseigneur
le Vaudan de — — — — de L'Esparre —

Sire de Lebarde Monseigneur Guilhaume
Monseigneur Johan de Cham
-barlac Chevaliers Richard Meuton prestre
de la Rue Bourgoys de Bayonne
Colet de Salbe Vidor ———— Johan de Come
Colet de Salbe Vidon de Ribere Burgois de
Saint Sever Guilhaume de Lugambac
Johan de Marcade Burgoys de Bayonne
Richard Merlin Escuyer, Jehan Emerils
Escuyer Guilhaume Rule Bourgeois de
Lereule Johan de Gilliac lesquels par moy
Robert tous en presence de Esmoy Bru-
:deuelle —————— de le Coronne de no-
:tre Sire le Roy furent Jurez, et diligem-
:ment examinez Et veus diligemment
leurs deppositions, et entendu que par Icel
:les estoit suffisamment prouvé le con
:traire de ce que les tesmoings proauerent
contre ly produits auoient dit, et deposé
Et veue comme ledit Thebaud par nous
Sus son serement interrogé, examiné
dit que les choses contre ly mises estoient
fausses, et ne contenoient verité, Et que
ce voudroit il soustenir en contre les mes
—mes

mes tesmoignez, ou aucun de eulx qui
son dit voudroit soustenir à loy de gen=
=tilhomme par devant nostredit Sire le
Roy, Et à ce se offrit, et obligea par devant
nous pour en nous examiner diligemment
tout le procez sus ce fet, et heu Conseil auec=
=ques autres sages de loy, et de vsage, que en
tiel chose se requiert auons trouué, que les
tesmoings produits par ledit Thebaud
sont de greignore dignité, et estat que ceux
qui furent produits en contre ly, Et que les
tesmoignez, et lettres produits sont tous en=
=semble accordans à sauuation de le hon=
=neur, et estat dudit Thebaud et contrari=
=ans en tout alez depositions des tesmoignez
et lettres produits en contre ly, Et pour en
par nostre sentence et final Jugement
permitions les chouses contenues en les=
dits articles faits - - - - - Guillaumes
passepayre en contre ledit Thebaud non
estre prouuez, Et ledit Thebaud auoir
prouué suffisamments le contraire fet
et ne estre - - - - - - - - - Ly
misesmes estre bon et loyal. - - - -

le Roy

le Roy Et le assorstons et acquittons de dite
diffamation accusation et denontiation, Et
restitutions en toutes et chascunes ses dignités,
biens, et honurs Et caissons et
anullons. l'arrest mis
sus ledit Thebaud, et acquittons les pleges
ply donnees a cause dudit arrest
de nostre dit sire le Roy, Et a-
nullons tous les procez faits encontre ledit Thebaud, et ses biens pour cause et Inchesons
des choses contenues es dits articles, et
mettons sus ycelles à tous salence perpetuel reservé touteffois es tesmoignez qui
contre luy depouserent la deffence de ses
depositions, et dits en cas que les voudront
soustenir en contre ledit Thebaud en quiel
cas ledit Thebaud sera tenu de soy faire
bon, et loyal en contre ceux, ou aucun d'eux
à loy de gentilhomme par devant nostre sire le Roy par son corps, Et en tesmoing de ce avons mis, et pousé nostres scels
a les presens lettres Donnez Wesmosten.
le vingt deuxiesme iour d'Agoust Regnant
nostre sire le Roy Richard second apres
le conqueste

le conqueste l'an quart, et moy Esmond Arladendit
clerc de la Courone pour ce que i'estoy escrivain d'autre
chose, ay commis cest iugement et escriture a vn autre,
lequelles escritures et choses ie auois ainsy commis, ils
feust escrittes de ma propre main.

Le vingtiesme Septembre mil six cens soixante
six la presente copie a esté bien et deuement
vidimée et collationnée sur vne autre copie
escripte en parchemin qui estoit au tresor des
archifs du Roy au chasteau de Nerac portée
au tresor des archifs de samaiesté au chateau
depau Inuentoriée au vieux Inuentaire dalbret
chapitre dict doux pruileges et authoritez et coste
de tittre V. Par moy soub signé estant en la ville
de foix à la suite de monsieur de doat conser.
du Roy en son conseil d'estat et president en la
chambre de comptes de nauarre suiuant l'ordt
de lad. chambre du vingt et troisiesme Juin
dernier,
                                Capot

Articles faits entre le Comte d'Armagnac et Garsarnad de Caupene Capitaine de Carlat pour les anglois outre le contenu et ceux quils auoient precedement passés contenus en deux Rolles sur leuacuation tant de ladite place que du Chasteau Datchon

Du 29 aoust 1379.
En langage gascon
Auec la traduction

Lan de Nostre Seignor mil tres cens septanta nou En la villa Dorlhac Lo tres Noble et puissant senhor monsenhor lo Comte d'armagnac Et lo noble garsarnad de Caupena Capitany de Carlat de la Hobediansa del Rey d'Anglaterra otro totas las autras causas contengudas en das rolles dun a tenor feyts entre lor dus lacord

cord de boyar. Lodit loc de Carlat et de
Castel dacho sagelatz de lors sagels prometon sur lor fe et sus lo segrament per
cascun de lor prestat contengut en los
dits rolles far tenir complir et observar
de ponch en ponch la vn et l'autre
las causes que s'en seguo
So es assaver que per deguna causa del
mon qual que sia ni se endevengua
ni per mandament d'home del mon
qual que sia lodit Capitani no estara
ni laysara de boiar et far boiar los
locs de carlat et de Castel danso aux-
termes et per la forma en los dits rolles contengudas ni per causa del mon
que se pusca endebeni no laysara a
far tenir et complir las causas totas
et sengles en los dits rolles contengudas
entant cum a luy toquan ne apper-
teno. Ne atanpauc lodit mossen hor
lo Comte per causa del mon qual que
sia que abengua ni per mandament
d'ome del mon qual que sia no lays-
sara de pagar o far pagar aux termes
en-

en los dits rolles declaradas en tant quant
a luy s'aperten

Item lodit Monsenhor lo Comte promet au dit Capitani tenir segur luy
et totas sas gens pendent lodit terme
en los dits rolles contenguts, ço es assaber
de si medix et de totz los dejus nommatz
et de totas lors gens et compaignies
deu bastard dudit Mossenhor lo Comte, deu Bastard Darmagnac, deu
Bort et ~~savoye~~ deu Bort de Montlesun, deu bastard de Landora, de Mossen la bastard de Castelnou, de Bernard
Darmagnac, deu Bort de Savoye, deu
Bort de Perulh, de las gens deu Bastard
deu Caslat, de mossen Johan de Gordo
de Naudonet de Peyragort, et de Loys
de Bugny dels comenges. Et semblablement lodit Capitani promet tenir segur, pendent lo terme contengut en
los dits rolles, lodit Mossenhor lo Comte
et los Capitanis dessus nomatz et totas lors gens et compagnies, de si et de
totas

...toras sas gens, et si dampnatge fasen la vna partida á l'autra lodit terme penden prometon losdits monsenhor lo comte et Capitanj de mendar et far emendar lodit dampnatge per la vna partida a l'autra segont que sere necessary aysi cum en losdits rolles es plus a plain declarat

Aysso fo fag lo vingt et nau jorn del mes d'aoust en l'an et loc dessus dig et per may ferm estat de las causas dessus dictas son fag dos cartels d'una tenor la vn sagelat del sagel petit deudit mossen lo Comte et aquel demoret devers lodit Capitanj et l'autre sagelat del sagel propj deudit Capitanj et demoret devers lodit mossen lo Comte

Traduction des articles cy dessus qui sont en langage Gascon.

L'an de nostre seigneur mille trois cens

cens septante, et neuf, en la ville d'orthez le tres noble et puissant Seigneur Monseigneur le Comte d'armagnac, et le noble guarsarnad de saupene Capitaine de Carlat de L'obeissance du Roy d'angleterre outre toutes les autres choses contenues en deux rolles faits entre eux d'une teneur sur l'accord de vuider ledit lieu de Carlat, et de Castel d'anso Scellées de leurs sçaux promirent sur leur foy, et sur le serment presté par chacun deux, et contenu dans lesdits rolles faire, tenir accomplir, et obseruer de point en point l'un et l'autre et les choses qui sensuiuent.

C'est a sçauoir que pour quelque chose du monde quelle que ce soit ou aduiene ny par commandement de quelque homme du monde que ce soit ledit Capitaine, ne restera, ny laissera de vuider, et faire vuider les lieux de Carlat, et de Castel danso aux termes et en forme contenue auxdits rolles et pour quelque chose du monde qui puisse arriuer ne laissera a faire tenir, et acomplir entant qu'a luy apartient toutes, et chacunes les choses contenues auxdits rolles, et non plus ledit monseigneur le Comte pour quelque cause du monde quelle que ce soit qui aduiene, nj par commandement de quelque homme du monde que ce soit ne laissera de paier ou faire paier tant qu'a luy apartient aux termes declarés auxdits rolles.

Item ledit Monseigneur le Comte promet audit Capitaine tenir en seureté de luy, et de toutes ses gens pendant le terme contenu esdits rolles, c'est a sçauoir de soy mesme, et de tous les cy dessous nommés, et de toutes les gens, et compagnies du Bastard dudit Monseigneur le Comte, du Bastard d'Armagnac, de Benasit, du Bort, de Montleoun, du Bastard de Landorede, Messire le Bastard de Castelnau, du Bastard d'Armagnac, du Bort, de Sauoye du Bort

Bort de Lerulh des gens du Bastard
de Castat, de messire Jean de Gordo de
Naudon, et de Perigort, et de Loys des
Bugnis de Comenges, et semblablement
ledit Capitaine promet tenir seurem-
ent pendant le terme contenu auxdits
rolles ledit monseigneur le Comte, et
les Capitaines dessus nommés, et toutes
leurs gens, et Compagnies pies et de toutes ses gens, et si pendant ledit terme
l'une partie faisoit domage a l'autre
lesdits monseigneur le Comte, et ledit
Capitaine promirent de reparer, et faire
reparer par l'une partie a l'autre ledit
domage suivant qu'il seroit necessaire
ainsi que desdits rolles est plus a plein
declaré.
Cecy fut fait le vingt et neufuieme jour
du mois d'Aoust en l'an et lieu dessusdit
et pour une plus grande fermeté des choses susdites deux Carte ont esté faites
d'une teneur l'une scellée du petit Sceau
dudit messire le Comte, et cella demura
deuers ledit Capitaine, et l'autre scellée

du propre sceau dudit Capitaine et demeurera devers ledit messire le Comte.

Le dixiesme mars mil six cens soixante sept la presente copie a esté bien et deuement vidimée et collationnée sur une autre copie escripte en papier trouvée entre les papiers mis(e) es dits archifz du tresor du Roy en la ville de Rodez de laquelle copie aux d'autres pieces aussi trouvées entre les dits papiers mis es dites archifz il a esté fait une liasse pour estre ajouter à l'inventaire des titres dud. tresor en laquelle lad. copie est cotée de lettre J. 7. par moy soubz signé estant en lad. ville de Rodez a la suite de monsieur de Doat conseiller du Roy en ses conseils d'estat et president en la chambre des comptes de Navarre suivant l'arrest de lad. chambre des vingt troisiesme Juin et Neufiesme octobre dernier

Capot

Instruction du Comte d'Armagnac, et de Rodes au Senechal
du Comte de Rodes pour le recouurement de ce qui lui estoit
deu par les gens de Rouergue
pour les traités qu'il auoit fait
auec les anglois.

Du 2. Septembre 1379.

En langage du Pais
auec la traduction.

Memoria de las causes que nostre amat, et feal Senescalt del comtat de Rodes
aura a far, vistas las presens lo plus tot
que poira, cossi nous aiam en la feste de
tous Sancts l'argent, que nous es degut
per las gens de Rouergue.

Prumerement volem que el se tire en
las parts de Amelhau, et a Sanctefrica, et
en l'auesquat de Vabre per parlar am los
que Senseog, et mostrar la maniere del tractat que a nous a couengut a far, am los

angles de Carlat, et samblablement lor
mostre las cargas que nous emprendem
per far voiar lo Pays de Carcin, et atten-
dut la grand mesc que nous auem facha
per las gens d'armes soustenir, laqual vo
certificam que monte plus de vingt mille
franx, et vingt et quatre mille franx, que
nous costa lo loc de Carlat, et tres mille
franx que lor coué mais adonnar perque no prengo viores sus lo pays, de ca
tous sancts, en aissi coma es el tractat, et
deux mille franx per lo loc de Beneuen
et doutse mille et cinq cens franx que
coué aiam bailats a Mossen Bertru-
cat deça la feste de tous sancts per voiar
cinq locs tant solament del pais de
Carcin, losquals locs son Comiac, Alentorn, Palatet, Corn, et Monualen, et
part aquets, ni demoren sept ou oeyt,
desquals nous nous em eccargats de gitar per armas ou per tractat, et attenduda la gran soma queus a calguda a
metre, et coué enquaras per tenir las
gens d'armes, et frimir las causas dessus dites; nous en deguna maneira del
mon

mon nou podem frimir, ni attendre las
causas dessus contengudas se no que am
los dessots escrichs, vous fassats per tal
maneira que so quens es degut el pais de
Rouergue per causa de las ditas voias
nos sia pagat deça la festa dessusdita de
tous sancts, et en vertat se aquo nos fa‑
sia, couenria que nos las causas dessus
ditas delaissasem de tot, laqual causa
tornaria en grand deshonor de nos, et des‑
truction del pais de Rouergue, mas con‑
fisan de la grant amor que lo pais nos
ha, et que en neguna maniera no volu‑
: am nos tant grant deshonor, ni a lor
tant grant dampnatge, nos auem la
causa empresa en aissi et affermade
quar no la podiam de melhon conditi‑
: on far, perque voulem que tantost vos
tirets vers aquels a qui nous escriuem
letres de cresensa, laqual cresensa se eh‑
: dressa a vos, et que en totas las manie‑
: ras que poyrets fassats abels, que nous
aiam las somas, que nos son degudas
quar autrement nos penriam grant
deshonor, et lo pais grand damnatge.

quar nous nou y podem d'autra part metre cosselh, que vos sabets ben de nous cum
cm ben d'autra part a monedat, et lo pais
d'Auvergne promet ben liberallement pagar, mas petit attendre, et sisfara lo pais
de Carcin, Et semblablement nous escriuem al senescalt de Rouergue que el
se encargue dels autres locs de que nos
a vos non escriuem, per que se no daquels a qui tramettem letras que sen
dresso la cresence a vos, las quals vos
trametem, no qual que venh trabalhets,
et se vos semblaua que fos bon a escrire a d'autres vos abets lo sagel, et escri-
uets lor letras de cresensa de par nos.

Item las gens del pais d'Aluergne, et
de Gaualdan, de Layt, et de Carcin an
enpres de trametre chascun per si, cer-
tanas gens nottables en france per mostrar al Rey los grands bes que nous lo
faim, fasen aquets tractats et vueias
dessus dichas, et per monstrar las grands mesas que los dichs pais y fan, et
la destructio en que son, et per mostrar
los

las grands despens, et mesas que nous y
fam, et lo trebailh gran, et diligence que y
metem, et volo pregar et supplicar al Rey
que vuelha aiudar, et socorre a pagar
las somas, et carx dessus dits josquals
son inportables als dichs pais en cas que
el no volgues a lor aiudar et socorre, et
otre lhi entendo mais a suppliquar
que per lo temps aduenir, afin que los
pais demoren en bona et ferme pats,
que plassi al Rey que vuelha aiudar
a nos, et a ls dichs pais, et cum aquestas
causas sian tals que a nos poyria
tombar en grand honor, et perfiegh,
et al pais de Rouergue aissi ben no
sia ges que cum que sic no fassats
tant que lo pais de Rouergue ni enuie
aytan be y autre o mais si besonhs
es, et tals que o sapchan ben expedir.
Item de la somma dessus dicha dels tres
melia franx que a conuengut a prom=
=ettre et donar als angles de Carlat, per
que no prengou negus viores els pais
dessus dits, nos auem taxat per volon=
=tat de las gens dels pais dessus dits que

eron de part deça, et cascun pais sa portion, et la portio del pais de Rouer: gue monta oeyt cens francx, cum que be monta mais segon la soma, mais no o auem taxat auaquo, laqual so: ma se deu pagar la mieytat deça la feste de Sainct miquel, et l'autre mi: eytat a la feste de tous Sancts, per que fay que alsdichs termes se aia la portion dels pays de Rouergue, car autrament els amtalheriam sus lo pais que de paga de falhiria, per que fairets que lo pais de Rouergue non suffertes ges dampnatges.

Item sembaria nous que fos bon que aquels que anarian en france per los nobles mossen Iohan de Carlat, et Iohan arribas per la basse mar: che, per la nauta marcha Bernat Crosier, et si las gens de la Gleya ni volio trametre, que y eligisco aquel que lon Plaira.

Escrich ad Aurlhac lo dauzieme iour de setembre lan de nostre Senhor mill tres cens septante nau, Per mossenhor lo comte signe, Boet;

Traduction de l'Instruction cy dessus

Memoire des choses que nostre amé et feal le Seneschal de la comté de Rodes aura a faire, veues les presentes le plustost qu'il pourra, afin que nous ayons pendant la feste de tous Saincts, l'argent qui nous est deu par les gens de Rouergue.

Premierement nous voulons qu'il s'en aille du costé de amelhau, de Sainctefrique, et en l'Euesché de Vabre pour parler a ceux qui s'ensuivent, et leur faire voir les conditions du traité qu'il nous a conuenu faire auec les Anglois de Carlat, et semblablement leur faire voir les charges que nous prenons pour faire vuider le pais de Carci, et attendu la grande despense que nous auons faite pour soustenir les gens d'armes, laquelle nous vous certiffions monter plus de vingt mille francs, et vingt et quatre mille francs que nous couste le lieu de Carlat, et trois mille francs qu'il leur

faut encore donner afin qu'ils ne pre:
:nent point des viures sur le païs, aua:
:nt la tous saincts ainsi qu'il a esté acor:
:dé, et deux mille franx pour le lieu de
Bencuen, et douse mille et cinq cens fra:
:nx, que nous deuons bailler auant la
feste de tous Saincts a monsieur Ber:
:trucat pour vuider cinq lieux tant
seulement du païs de Quercy, lesquels
lieux sont, Comiac, Alentorn, Palatet,
Corn, et Monualen, et outre ceux là
il en reste sept ou huit, lesquels nous
nous sommes chargés de vuider par
armes, ou par traité, et attendu la gran:
:de somme qu'il nous a fallu, et faut
encore metre pour l'entretien des gens
d'armes, et pour affermir les choses
susdites, nous ne pouuons en aucune
maniere du monde acomplir et execu:
:ter les choses cy dessus contenües, si vous
ne faites par quelq'voye auec les cy des:
:sous nommés, que nous soyons paiés
auant la feste sus dite de tous Saincts,
de ce qui nous est deu par le païs de
Rouergue pour raison des sus dites
vuidanges

vuidanges, et en verité si cela ne se fait, il nous
conuiendroit d'abandonner entierement les
choses sus dites, laquelle chose tourneroit a
nostre grand deshonneur, et a la destruction
du pais de Rouergue, mais nous confiant
au grand amour que le pais a pour nous,
et qu'il ne voudront en aucune maniere
nous exposer a vn si grand deshonneur, ni
s'exposer eux mesmes a vn si grand dom-
-mage, nous auons entreprins ainsi la cho-
-se, et l'auons concluë ne pouuans pas la
faire a meilleure condition, c'est pourquoy
nous voulons que vous vous adressiés au
plus tot a ceux ausquels nous escriuons
des letres de creance, laquelle creance vous
est adressée, et procurés par toutes les ma-
-nieres que vous pourrés auec eux, que no-
-us ayons les sommes qui nous sont deües,
car autrement nous prendrions grand
deshonneur, et le pays grand dommage,
car nous ne pouuons pas y remedier par
autre voye, et vous scaués bien d'ailleurs
que nous ne sommes pas pourueus d'ar-
-gent, et le pais d'Auuergne promet bien
franchement de payer, mais il faut atten-

attendre vn peu, et le païs de quercj en faira de mesme, Et semblament nous es: criuons au senechal de Rouergue, qu'il se charge des autres lieux, desquels nous ne vous escriuons point, si ce n'est pour ceux pour qui nous vous adressons les letres de creance, lesquelles nous vous enuoyons, et il ne faut pas que vous trauailliés en vain, et si vous iugés qu'il fut bon d'escrire a d'autres, vous aués le sceau, Et escriués leur des letres de creance de nostre part.

Item les gens du païs d'auuergne, de Ga: ualdan de Velay, et de quercj ont entre: prins d'enuoyer chacun pour soy certai: nes gens notables en France, pour mon: trer au Roy les grands biens que nous luy faisons, en faisant ces traités et vuidanges dessus dites, et pour monstrer les grandes depenses que les dits païs fo: nt, et la destruction dans laquelle ils so: nt, et pour monstrer les grands fraix et despens que nous y faisons, et le grand trauail et diligence que nous y metons, et veulent prier et suplier au Roy qu': il il veuille les aider et secourir a paier les sommes et charges dessus dites, lesquelles seroient insuportables auxdits pais en cas qu'il ne voulut pas les aider et secou- rir, et outre ont resolu encore de suplier que pour le temps aduenir, afin que les pais demeurent en bonne et ferme paix, il plaise au Roy qu'il vueille faire ac- cord entre nous et les dits pais, et comme les choses sont telles qu'elles nous pour- ront tourner a grand profit et honneur a nous et au pais de Rouergue, si bien qu'il faut faire en sorte, que le pais de Rouergue y enuoye aussi vn autre ou plus si besoin est, et tels qu'ils soient capables de bien expedier.

Item de la somme dessus dite de trois mil- le francx qu'il nous a conuenu prometre, et donner aux anglois de Carlat, afin qu'ils ne prissent aucuns viures aux pais dessus dits, nous par le vouloir des gens des dits pais, qui estoient deça, auo- ns taxé a chasque pais sa portion, Et la portion du pais de Rouergue monte huit cens francx, quoy que sa portion montat

plus a proportion de la Somme, mais nous
n'auons pas suiuj cette proportion, laquelle Somme doit se payer, la moitié auant
la feste Sainct Michel, et l'autre moitié a
la feste de tous sainctz, et a condition que
la portion du Pais de Rouergue Soit payée aux dits termes, car autrement ils
imposeront sur le pais qui manquera
de payer, parquoy faites que le pais de
Rouergue ne souffre aucun dommage.

Item il nous sembleroit bon que ceux
qui iront en France pour les Nobles,
fussent Monsieur Jean de Carlat, Et
Jean Arribas pour la basse Marche, et
pour la haute marche Bernat Crosier,
Et si les gens d'Eglise veulent y enuoyer qu'ils eleussent celuy qui leur plai-
roit.

Escrit a Aurlhac le deusieme Jour de
Septembre l'an de nostre Seigneur mille
trois cens septante et neuf, Par Monseigneur le comte Signé Boet.

Le Sixiesme decembre Mil six cens soixante dix
la presente copie en langage bascon a esté bien et

deuement vidimus et collationnée de la traduction en
langue Françoise verifiée avoir esté fidellement faite
sur l'original escrit en papier aud. langage bascon qui est
au tresor des chartes d'archifs du Roy en la ville de Rodez. Inventorié ou Inventaire des titres dud. Tresor et coté 27. au
chapitre Juthielle. Restitution ou abolition. Par nous
soubzsigné estans en la ville de Rodez a la suite de monsieur
de Doat conser. du Roy en son conseil et president en la chambre
des comptes de Navarre. Scellé au long au dos de lad. chambre le
vingt et troisiesme Jour de mois d'octobre dernier.

Capot

Supplications du Comte d'armagnac et de Comenge au Roy et Duc de Berri pour le payement des sommes à lui deues.

Au Roy mon tres redoubté, et Souuerain Seigneur.

Supplie humblement le vostre humble Conte d'armagnac, et de Cominge les choses qui sensuiuent.

Premierement Comme ledit Suppliant ait entendu que vous estes en voye de faire paix aueques vostre aduersaire d'angleterre parmi Laquelle vous voulés metre ledit Suppliant, et ses terres quil a en la duchié de guienne es mains, et puissance de vostredit aduersaire, vous supplie humblement ledit Conte que attandu que ce seroit son tres grant domage, pour la maluueillance que vos ennemis ont vers luy, quil vous plaise de non metre ledit Suppliant

es mains de vostre dit adversaire an=
:cois le veuilles retenir a vous ainsy co=
:mme celuy qui de corps, et de biens vo=
:us veult loyaulment servir

Item comme parmi certain accord et trai
:tié fait entre le Roy vostre pere, et Lai
:oul dudit Supliant sur les renunciations
au Ressort et Souveraineté du pais, et
Duchié de guienne, le Roy vostre dit
pere promeist, et ottroiast en parolle
de Roy pour soy, et ses hoirs Roy de fra=
:nce donner a heritage audit feu Conte
et ses hoirs, et Successeurs les Contés de
Bigorre, et de gaure, et les villes et lie:
:ux de monreal, de mesin, de francquas,
de Lauerdac, et faugeroles, de Cauderonne,
de vienne, du Mas, d'Agenois, de Liars, de
Serrefront, de moncagir, de montguil:
:lem, la moitié de la viconté de Juilliac,
avec l'omage de l'autre moitié, le lieu
de cordouy, et les hommages de casau:
:bon, et de casauboneys, de Podenars, d'as:
:ten, de forceys, de la Roche, de forceys, de
ville nouete, les hommages d'astefort
avec

avec les premiers appels, et ressors des Co=
=ntés, villes, et lieux dessusdits et auec les
appaintemens, et premiers Ressorts de la
ville, et cité de Lectoure, c'est assauoir tel
droit comme le Roy vostre pere y auoit,
et pourroit auoir pour le temps auenir
en quelconques mains, auec les homma=
=ges, vassalages, feaultés, bois, prés, iaues,
pasturs, fours, moulins, Lausimes, censi=
=ues, rentes, honneurs, dignités, et leurs
autres appartenances faites toutesfois,
et acomplies par ledit feu conte certai=
=nes choses contenues oudit traictié, com=
=me tout ce est contenu es letres du Roy
vostre pere expediées en vostre chambre
de Comptes, Et ledit feu Conte ait aco=
mpli tout ce que deuoit acomplir, com=
=me appert par letres du Roy vostre
pere, et des Contés, villes et autres choses
dessus nommées, ledit Suppliant n'ait
eu fors que pour ladite Conte de Bigorre,
feurent baillées a heritage a son feu pere
quatre chastellenies qui sont en Rouer=
=gue, Et plus la Conte de gaure que
luy a par vous esté baillée en comma=
=nde

:nde, jusques a ce que vous feussies aagie
Quil vous plaise faire bailler et deliurer
audit suppliant reaulment et de fait a
heritage ladite Conte de gaure, et les vil:
:les, lieux, et autres choses dessusdites, et que
sont contenues es letres du Roy vostre pere,
et sur ce vous plaise octroier audit sup:
:pliant vos letres necessaires.

Item Comme parmj ledit accort et trai
:ctie fait sur lesdites renunciacions, le Roy
vostre pere promeist, et accordast don:
:ner audit feu Conte aieul dudit Suppl
:iant, la somme et pention de cent mille
frans pour chascun an pour garder sa
terre, et aussj pour greuer vos ennemis
tant comme seroit guerre entre le Roy et
son aduersaire d'angleterre, et tant de
reste de ladite pention comme pour
soixante mille frans, et plus que ledit
feu Conte aieul dudit Suppliant presta
pour le fait de la guerre a feu Monsi:
:eur daniou, Lieutenant du Roy ou pais
pardeca, duquel argent preste le Roy
vostre pere fist son propre debte, et le
promist

promist a paier, comme appert par ses
letres, Comme aussj de la pention de quatre mille livres tournoises que le Roy
vostre pere donna a feu Conte darmagnac pere dudit Supliant au cours de sa
vie sur la recepte de Rouergue, quant
ledit Suppliant envoya vers vous a
paris, lan mil trois cens quatre vingts
et quatre, apres la mort de son feu pere
luy fussient et encores sunt deus, huit
mille francs et plus, comme les messag-
iers dudit Suppliant monstrerent a feu
Messire le cardinal de Laon, et a messire
pierre de giat lors vostre chancellier, et
a vos gens de vostre chambre de Comptes, et a plusieurs autres de vostre conseil,
quil vous plaise paier audit Suppliant
ladite somme de huit mille francs, et vous
plaise aussj ordonner que ledit Suppliant
soit paié, et content de ladite pention de
cent mille francs pour an, ou cas que seroit guerre entre vous, et vostre adversaire dangleterre, que Dieu ne veuille
, ainsj que le Roy vostre pere lochroya
et promist.

Item comme monsieur de Berry ait accordé audit suppliant de luy bailler, tant comme seroit pour luy capitaine en Languedoc sur le fait de la guerre chascun an trente mille francs en lieu de ladite pention de cent mille francs, et icy luy soit deu de trois années fors dix mille francs quen a eus, et trois mille francs, Et en outre luy soient deus trois mille francs comme appert par letres de mondit Seigneur de Berry pour cause de lachapt, que ledit Suppliant fit du lieu despiex que luy cousta sept mille francs dont il na rien eu quil vous plaise paier, ou faire paier audit Suppliant lesdites sommes que montent en somme, quatre vingts, et trois mille francs.

Item comme soient deus audit Suppliant cinquante mille francs de reste de ses gaiges, et de ses gens darmes quil a tenues quant il estoit Capitaine en Languedoc sur le fait de la guerre, et dicelle somme monsieur de berry luy eust assigné trente mille francs sur les

les cinq francs pour feu och vies dernierement
en Languedoc et vos officiers aient receu
ledit fouage, et par ainsi ledit Suppliant
nen a riens eu, Quil vous plaise paier, ou
faire paier audit Suppliant ce que deu
leh est pour la cause dessusdites.

Item Comme la Comté de Bigorre appa:
rtiegne, et doiue appartenir audit Sup:
pliant Comme Conte d'Armagnac, et
Comme Conte de Comenge, quil vous
plaise rendre et restituer audit Suppl:
iant ladite Conté, car icelle Conté n'a
esté, ne n'est en vos mains sinon pour
le débat des Contes trespassés d'Armag:
nac, et de Comenge pour ce que chas:
cun disoit a luy appartenir, et mainte:
nant le Suppliant a le droit de cha:
scun desdits hostels.

Item Comme le lieu et chastel de Saint
Beat en Comenge soit en vostre main,
et appartiegne audit Suppliant com:
me Conte de Comenge, ainsi quil est
prest de ce informer, vous ou celluy que
vous y plairra ordonner, quil vous pl:
aise

aise faire rendre et restituer ledit Lieu
audit Suppliant.

Item comme le Roy vostre pere baillast
a heritage a feu Conté Alou audit Suppliant, les lieux de montossier, et de Labartete, et la part quil auoit ou lieu de
vaul cabriere auec six vingts liures tournoises de rente, assise ainsj quil appert par ses letres patentes expediées en
vostre chambre de Comptes, et le sire de
Labarte qui tient les lieux de montossier,
et de vaul cabriere le lieu a cé, et affer-
mé les tenir en garde de vous, et ne les
veuille bailler audit Suppliant sans
vostre Commandement le viscomte de
chasteau brun, qui tient labartete quil
vous plaise Comander audit sire de Labarte, audit visconte quils baillent audit Supliant, ou a ses Commis les lieux
dessusdits, et en oultre vous plaise com-
mander a vos seneschal de tholose, au
juge de Riuiere, et a vos autres officiers
expédiens desdites senescallie, et jugerie
que facent et laissent ledit Suppliant
user, et jouir du baillement, fait comme
dit est

dit est par le Roy vostre pere diceulx lieux selon la teneur desdites letres.

Supplication au Duc de Berri

A Monsieur le duc de Berri, et d'Auuergne Conte de Poitou.

Supplie humblement le Conte d'Armaignac, et de Cominge quil vous plaise
luy paier ou faire paier les vingt mille
francs que restent a paier de la pention
annuelle de trente mille francs, que ly
accordastes a paier lan mille trois cens
quatre vingts et cinq, et les y assignastes
sur les Restes dhues en Languedoc, dont
ledit Suppliant na heu rien, Et en oultre
vous plaise de luy paier ladite pention de trente mille francs pour les ans
mil trois cens quatre vingts et six, et
quatre vingts et sept, et quatre vingts
et huit, ainsi que luy accordastes de
faire quant luy baillastes la charge
de la capitanerie de Languedoc et

vous plaise faire devers le Roy com:
:me dicy auant paié audit Suppliant
ladite pention, ainsj que son feu aieul
la prenoit, afin quil puisse garder sa
terre, et grever les ennemis du Roy et
vôtres.

Item quil vous plaise paier ou faire
paier audit Suppliant ce que luy est
dehu de reste des gaiges des gens darmes,
quil a tenues, comme capitaine pour
vous en Languedoc, Et aussj ce que dehu
lj est pour lestat de sa personne que
vous lj ordonnastes, que monte ce que
dehu est quarante mille francs et plus.

Item quil vous plaise paier ou faire
paier audit Suppliant les trois mille
francs que lj aués accordés pour le fait
des pieux, Et ces choses vous plaise faire
tellement que a cest grant besoing que
ledit Suppliant a pour metre a effait
le fait des vuides dont il est chargié
il sen puisse aidier, et conuertir en ce:
luj fait, car pour cest grant besoing
plus que par nulle autre chose, ledit
Suppliant

Suppliant apresent demande les cho:
ses dessusdites.

Item quant vous baillastes audit Suppliant
la charge de ladite Capitanerie, vous l'aco:
rdastes que vous luy fairies paier les six
vingts mille francs que le Roy ou son co:
nseil, ou vous esties accorderent a ses gens
bailler pour les debtes que demandoit au
Roy, c'est assavoir a la pentecoste lors pr:
ochain venant quarante mille francs,
et a la Toussains apres quarante mille
francs, et a la penthecoste apres ensui:
uent quarante mille francs, et ledit
Suppliant n'in ait rien heu qu'il vous
plaise de lj paier ou faire paier lesdits
six vingts mille francs dont se puisse
aidier, au besoing dessusdit.

Item Comme ledit Suppliant vous
suppliast pour la ville de Mende
qu'il vous pleusse remettre le fait, et le
Conte de Stampes, et le chancellier de
france lj firent responce de par vous,
que niés que ceulx de Mende eussent
faite leur Composition, vous luy re:

rmetriés qu'il vous plaise de remettre
ladite Composition.

Le dixseptiesme decembre mil six cens
soixante six la presente copie a esté bien et
deuement vidimee et collationnee sur une
copie escrite en papier qui est au tresor des chartes
du Roy en la ville de Rodez Inuentoriee en
linuentaire dicelluy dud. tresor et cotté X M.
au chapitre des Restitutions et abolitions par
moy soubz signé estant en la ville de Rodez a la
suitte de Monsieur de Doat con.er du Roy en ses
conseils et president en la chambre des comptes de
Navarre suivant les arrests de lad. chambre des
vingt et trois.e Juin et neuf octobre derniers

Capot

Contract de la vente faite par Jean de Castronouo, Seigneur de Temines, et par Ayglina de Lagarde sa femme, vefue de Hugon de Roquefort, en faueur de Jean Comte D'Armagnac, du Chateau de forbarieu, et ses apartenances, pour la somme de six cens francs.

Du 18.º Octobre 1379.

Auec la quittance du mesme an et iour.

In Nomine Domini amen. Et eunno Incarnationis eiusdem, millesimo trecentesimo septuagesimo nono, et die decima octaua mensis octobris, Illustrissimo Principe Domino Karolo

Dei gratia franciæ Rege, Regnante
Nouerint vniuersi et Singuli præsentes pariter et futuri, quod apud
Castrum de Teminas, Caturcensis
Diocesis, in mei notarii publici et testium Subscriptorum præsentia, personaliter constituti, Nobilis vir Johannes de Castronouo, Dominus dicti
Castri de Teminas, maior dierum, et
Ayglina de Lagarda, eius vxor filiaque nobilis Gausberti de Lagarda,
quondam Domicelli, relictaque quondam Domini Hugonis de Roqua-
fort militis primi viri sui, gratis,
sponte certis scientiis, Ambo insimul
et eorum quilibet insolidum, sine diuisione partis et acridaus, pro se et
suis hæredibus et Successoribus ac voluntariis quibuscumque, dictaque
Ayglina de et cum voluntate licentia, et auctoritate dicti Johannis
viri sui, non decepti nec cohacti ad
infrascripta vj, dolo, metu, fraude, seu
falsa machinatione alicuius persona
sed

sed ex suis meris ac gratuitis spontaneis
voluntatibus, Certi de facto et de iure
Certiorati plenius et instructi sub dixerunt titulo purae perfectae ac sim-
plicis et irreuocabilis venditionis,
nunc et in perpetuum valiturae,
vendiderunt, dederunt, cesserunt
concesserunt, transtulerunt perpetuo penitus et quitauerunt, eo quasi
desamparauerunt Egregio Principi
Domino Iohanni Dei gratia, Comiti Armanhaci, fezenciaci, Ruthenae,
et Cadrellensi, vicecomitique Leomaniae, et Altiuillaris, ac Domino terrae Rippariae licet absenti, et Magistro Durando efforsati notario
Regio eius procuratori, de qua quidem procuratione constat, per quasdam Patentes litteras ipsius Domini Comitis, et eius Sigillo Secreto
impendenti Sigillatas, quarum tenor talis est: Iohannes Dei gratia
Comes Armanhaci, fezensiaci, Ruthenae et Cadrellensi, vicecomesque

Leomaniæ et extriuillaris, ac dominus terræ Ripparia, Vniuersis et
singulis præsentes litteras jnspecturis Salutem, notum facimus per
præsentes, quod nos de fidelitate,
legalitate, probitate, sufficientia
et bona fama dilectorum nostrorum Bernardj Colombj, et magistrj
Durandj efforciatj notarij Ruthena
diocesis, de quibus sumus plenarie
informatj ad plenum, et merito
confidentes eosdem Bernardum et
Magistrum Durandum, et eoru
quælibet in solidum, ita quod occupantis conditio potior non existat
procuratores nostros facimus, et
constituimus, facimusque et constituimus, per præsentes gratis, et
de nostra certa scientia citra tamen aliorum procuratorum per
nos hactenus constitutorum, reuocationem specialiter et expresse
ad recipiendum pro nobis et nostro nomine venditionem, per
nobilem

nobilem Iohannem de Castronouo
Dominum de Teminas, et Ayli-
nam de Lagarda eius uxorem, nobis faciendam de parte et quacumque iuridictione, et iure quolibet
ipsis coniugibus, seu eorum alteri
Coniunctim vel diuisim pertinenti, ratione Successionis paterne,
vel materne, dotisque seu legati,
aut alio quocumque titulo, ratione,
occasione, siue causa, in loco et Castro de Furnoriuo, et eius iuridictione
ac pertinentiis Suis vniuersis, pro
pretio inter eos concordando, et d. ipsum pretium exsoluendo certis terminis sigit necesse et bona nostra
omnia præsentia et futura expresse obligando et ypothecando viribus et Cohertionibus quarumcumque curiarum, et Sigillorum cū
renanciationibus et iuramentis necessariis præstandis in animam nostram, et de venditis per ipsos coniuges, possessionem realem et corporalem

Intrandū et adipissendū et etiam ad Leu-
andum exigendum et recipiendum pro
nobis, et nostro Nomine, assignatio-
nem nobis factam eanno præsenti
infrascripto, pensionis annualis quatuor mille Librarum Turonensium
nobis debitarum Supra Thesaurar-
iam Regiam Ruthenæ, ex donatione
per dominum nostrum Regem franciæ nobis facta, et de receptis recogni-
tis et quitationes necessarias, unam vel
plures dandū et concedendū et pactum de
non petendo ulterius, et de non agendo
illis quorum inter erit, faciendū et generaliter faciendum, concedendum et pro-
curandum omnia alia universa et
Singula, quæ in præmissis et circa præmissa necessaria fuerint, seu etiam
opportuna, et quæ boni veri et legitimi
procuratores, in talibus vel Similibus
Constituti facere possunt et debent, et
quæ nosmet faceremus aut facere pos-
semus, si in præmissis et in quolibet præmissorum præsentes essemus; ratumque
gratum

gratum stabile atque firmum habere
perpetuo promittimus quidquid per
dictos nostros procuratores Superius co-
nstitutos, et eorum quilibet insolidum
receptum, stipulatum, obligatum renu-
nciatum, iuratum, intratum, adep-
tum, petitum, exactum, leuatum, recognitum, quitatum, et alias in praemissis quomodolibet fuerit procuratum, rem ratam haberi, iudicio sisti
et iudicatum solui, et tenere cum omnibus uniuersis et Singulis clausulis necessariis, et opportunis sub obligatione et ypotheca omnium bonorum nostrorum praesentium et
futurorum, et iuris et facti renunciatione ad haec necessaria pariter et
cautela, ipsos procuratores nostros praedictos, et eorum quemlibet ab omni
Satisdationis onere, praemissorum releuantes Sub consimilibus obligatione et ypotheca, et iuris renunciatione ac Cautela antedictis. Datum et
actum in Castro nostro de Gagia

Sub nostro secreto Sigillo inpendenti, apposito in fidem et Testimonium præmissorum, octaua die mensis octobris, Anno Dominj millesimo trecentesimo septuagesimo nono, per Dominum Comitem J. de Mayres, meque notario publico infrascripto, vt publica persona stipulante, et recipiente, pro dicto Domino Comite eiusque hæredibus, et eius causam habentibus et Successoribus, et voluntariis quibuscumque, omnia et Singula infrascripta et contenta in hoc Instrumento publico, videlicet totam partem seu portionem sibj pertinentem et contingentem, seu alterj eorumdem coniunctim vel diuisim, locj seu Castrj vocatj de Corbarieu, Diœcesis montisalbanj, et pertinentia*rum suarum* et omne ius, et demum actionem et rationem, quæ et quas dictj coniuges venditores, aut alter eorum coniunctim vel diuisim, habent seu habere possunt, aut visj sunt habere, quouismodo et et ex quacumque causa in dicto loco, seu Castro de Corbarieu, et eius iurisdictione et pertinentiis suis Vniuersis, ratione Successionis paternæ, vel maternæ ipsius Ayglinæ dotisque Suæ, seu legati aut alio quocumque titulo, ratione, occasione, siue causa in prædicto loco seu Castro de Corbariu, et eius iurisdictione, et pertinentiis Suis vniuersis, et cum omnimoda iurisdictione alta, et bassa et mero et mixto imperio, et cum omnibus Censibus, redditibus, prouentibus, portibus, pedatgiis reuemiis, oblijs, et oblationibus bladorum, denariorum, leguminum, gallinarum et aliarum rerum quarumcumque, et cum omnibus Dominiis et donationibus quibuscumque, et qualiacumque, et cum omnibus ædificiis, hospiciis, fortaliciis, bailiuiis et detis, piscuis, et herbatgiis, terris hermis et vestitis, pratis et nemoribus, pacibus et pascuis et omnibus aliis iuribus, et iuridic-

:tionibus, et rebus quibuscumque eisdem Coniugibus, aut alteri eorundem coniunctim, vel diuisim, nominibus et ex causis quibus supra, pertinentibus et pertinere valentibus, in dicto loco et Castro de Corbariis, et iurisdictione et mandamento ac pertinentiis eiusdem, quacumque sint et vbicumque, et quibuscumque nominibus senseantur, seu nuncupentur, tam ratione proprietatis, et Dominiorum et dominationum, ac iurium quorumcumque, quam aliter, quouismodo et ex quacumque causa, cedentes et transferentes dicti Coniuges venditores, et eorum quilibet insolidum in dictum Dominum Comitem Armanhacq, emptorem licet absentem, et dicto Magistro Durando efforsati eius procuratore, meque notario publico infrascripto, vt persona publica stipulante et recipiente pro dicto Domino Comite eiusque
haeredibus

hæredibus, et Successoribus ac voluntariis quibuscumque. Omnia et singula iura sua, actiones et rationes vtiles et directas, prætorias siue
mixtas, quæ et quas dicti coniuges
venditores, et eorum quilibet habe-
bant, seu habere poterant, et visi erant habere, in prædictis venditis e
quocumque titulo, iure, actione, ratione siue causa Coniunctim vel
diuisim, et hoc pro pratio sex centoru̅
francorum Aurj boni et legalis ponderis, atque legis, quod pratium
recognouerunt, et in veritate confessi fuerunt dicti coniuges, venditores
se habuisse et integre numerando
recepisse a dicto Domino Comite
per manus prudentis virj Bernardj Colombj, Burgensis villæ franchæ, et pro tunc ipsius Dominj Comitis soluentis pro eodem, in bona
pecunia aurj numerata taliter
quod inde se habuerunt et tenuerunt pro bene pacatis, et contentis

et ipsum Dominum Comitem emptorem, et suos inde soluerunt perpetuo penitus et quitauerunt, pactum validum, perpetuum et expressum, firma ~~et valida~~ et solempni stipulatione interueniente vallatum facientes dicti Coniuges venditores, et eorum quilibet eidem Domino Comiti, et suis de aliquid vlterius non petendo, nec agendo ab eodem, ratione seu occasione praemissorum, renunciantes inde scienter et expresse dicti Coniuges venditores, exceptioni doli, mali, fraudis, et dicti pretij non habiti, et non recepti et sibi non soluti, ex dicta causa, et errori calculi, et spei futurae numerationis seu traditionis, et omni alii iuri Canonico et Ciuili, per quod possent contrauenire, et si plus valent praedicta vendita, aut magis valere poterunt in futurum, praetio supradicto, totam illam magis valentiam, dicti coniuges venditores,-
pro

pro se et suis eidem Domino Comiti, seu eius causam habenti, dederunt, tribuerunt et remiserunt, puro dono, et ex donatione vera, pura, et simplici quæ dicitur inter vivos facta, et se et suos penitus et perpetuo divestiverunt dicti Coniuges venditores, de dicto loco de Corbariis, seu de parte et portione eiusdem Castri eis et eorum cuilibet pertinenti, et de omnibus et singulis supra venditis, et dictum Dominum Comitem licet absentem, dictoque procuratore suo, ac me notario publico infrascripto, ut persona publica instipulantibus et recipientibus, pro dicto Domino Comite, et suis successoribus investiverunt, et in possessionem omnium et singulorum prædictorum supra venditorum, posuerunt, cum hoc vero præsenti instrumento, eumque Dominum Comitem, procuratorem, et verum dominum fecerunt, et constituerunt

in prædictis venditis, et quolibet eorumdem, ac in rem suam propriam, ita quod a modo possit valeat, et sibj liceat dictum locum seu castrum de Corbariu, seu partem eorū sibj contingentem, et cuiuslibet eorum, cum omnibus suis iuribus et pertinentiis uniuersis, videlicet partem seu porttonem ipsorum coniugum venditorum accipere, tenere, percipere et possidere, leuare et exigere, agere, experirj, et consequi, et se tuerj in iudicio et extra, et omnia alia et singula facere, prout et quemadmodum ipsj coniuges venditores facere poterant, et debebant ante venditionem præsentem, constituentes se dicti coniuges venditores, et eorum quilibet se, nomine præcario dicti Dominj Comitis, prædicta omnia et singula supra uendita tenere, et possidere, donec et quousque dictus dominus Comes emptor, per se vel alium, eius
Nomine

nomine, possessionem prædictorum
omnium et singulorum supracen-
ditorum, cum omnibus iuribus, perp-
fiquis, et emolumentis adeptus fuerit
corporalem, veram, vacuam et naturalem, quam accipiendj et adipisce-
ndj, auctoritate sua propria, quandocumque sibj placuerit, et eam deinceps perpetuo retinendj, auctoritatem et potestatem sibj tribuerunt,
et concesserunt, dicentes et asserentes
dicti coniuges venditores, et eorum
quilibet, se non fecisse, nec dixisse
et promiserunt bona fide se non
facturos nec dicturos in futurum,
aliqua, propter quæ præsens venditio minus valeat valereve possit aut debeat in futurum, promitentesque dicti coniuges venditores,
per firmam et solempnem stipulationem, et eorum quilibet in solidum facere, et portare dicto Domino Comiti et suis, licet absentibus,
dictoque suo procuratore ac me-

notario infrascripto publico, ut persona publica stipulanti, et recipienti
pro eodem, et suis haeredebus et successoribus universis, et eius causam
habentibus, de praedictis omnibus et
singulis supravenditis, bonam et firmam perpetuo guarentiam, et eidem
teneri de omni evictione totali, et pa-
rticulari, ab omnibus et quibuscumque personis, amparatoribus et de-
mandatoribus, et aliis quibuscumque, in totum vel in parte, in iudicio
et extra, deffendendo et litigando
suis propriis sumptibus et expensis,
et ipsum Dominum Comitem emptorem et suos et eius causam habentes, omnia et singula supradicta
vendita, cum omnibus suis viribus,
actionibus, et pertinentiis universis,
facere, habere, licere, tenere, percipere,
et levare, et pacifice possidere, absque contradictione cuiuscumque,
sub refectione omnium dampnorũ
interesse, et expensarum litis et
extra

extra, et sj lis, questio, debatum, aut controuersia in prædictis omnibus, et singulis supra venditis, in totum vel in parte, per aliquem moueba: tur, seu oriebatur, in futurum, eidem domino Comiti emptorj prædicto, aut suis seu eius causam habentibus, illud debatum, litem, questionem, seu con: trouersiam promiserunt dicti con: iuges, venditores, et eorum quilibet in solidum per firmam, et solempné stipulationem, pro se et suis illud debatum, litem, questionem, seu con: trouersiam in se suscipere, ad simpli: cem requestam dicti Dominj Comitis, seu eius certj mandatj, seu eius cau: sam habentis, et adesse litis prin: cipio, medio, atque fini, et litigare ac disbrigare, et ducere ad effectum suis proprijs sumptibus, et expensis, et ipsum Dominum Comitem emp: torem et suos, et eius causam haben: tes, prædicta omnia et singula su: pra uendita facere, habere, tenere licere et pacifice possidere, absque contradictione cuiusquam, et pro præmissis omnibus, et singulis supravenditis, et aliis omnibus, et singulis suprascriptis, et contentis in hoc instrumento publico, attendendis, tenendis et inuiolabiliter obseruandis, vt supra dictum est, obligauerunt dicti coniuges venditores, et eorum cuilibet se, et omnia bona sua, mobilia et ymmobilia præsentia et futura, et super his omnibus et singulis supradictis, scienter et expresse dicti coniuges venditores, et eorum quilibet certificati, super his renunciauerunt exceptioni doli mali, et fraudis, et dicti prætij et non habiti, et non recepti, ex dicta causa et non numeratæ pecuniæ, et errori calculi, spei futuræ numerationis seu traditionis, et legi quæ incipit, rem maioris prætij, et non sic celebrati contractus, aliter fuisse dictum quam scriptum

scriptum, et econuerso petitionique
libelly, in factum actionj, conditionj,
indebitj, et sine causa, et ob turpem
vel iniustam causam, beneficio restitutionis in integrum, et quod vj,
metu, vel causa, et epistolæ diuidrianj
nouis constitutionibus, de duobus
vel pluribus reis debendis, seu promit-
tendis, beneficio diuidendarum actio-
num, auctentica presente, et hoc ita
et litteris, Status, omnibusque priui-
legiis, gratiis ac respectibus quibuscumque concessis, vel etiam concedendis, tam per Dominum nostrum
Regem, ratione guerrarum, seu nouarum bastitarum factarum, vel
faciendarum, quam per Dominum
nostrum Summum Pontificem, ratione facti passatgii vltra marinj
et crucis assumptæ, vel etiam assu-
mendæ, et specialiter dicta Ayglina
de iure suo certificata, per notarium
Infrascriptum, iurj ypothecarum, pro
dote sua, auctentica presente siqua

mulier. et siue a me, et legi iulie deffe-
ndo dotalj, Senatus consulti velleianj
et omnj alij iurj, in fauorem mulierum introducto, vel etiam introducendo, Canonico, et Ciuilj, necnon
ambo insimul, et eorum quilibet
insolidum omnj alij jurj Canonico
et Ciuilj, Scripto, et non Scripto, per
quod possent contrauenire in totum
vel in parte volentes et concedentes
dictj coniuges venditores, et eorum
quilibet, quod hec generalis renu-
nciatio per inde valeat, ac valere
possit, ac sj omnes casus legum, et ca-
nonum hanc materiam tangen-
tes, essent hic Specificatj, et numeratj
quibus omnibus et Singulis Suprascriptis renunciauerunt dictj coniuges venditores, et eorum quilibet mediante eorum proprio juramento, quod ibidem ad et Super
Sancta quatuor Dej Euangelia
prestiterunt, et eorum quilibet
corporaliter, nec eis vllomodo Se
juuare

quitare, contra prædicta, in aliquo
vel tueri, quam quidem venditionem et omnia et singula suprascripta, et contenta in Instrumento publico, promiserunt dicti coniuges venditores, et eorum quilibet insolidum et etiam iurauerunt, ad et super sancta quatuor Dei Euangelia, gratis tacta corporaliter ab eisdem, et quolibet eorumdem ratam, gratam et firmam, ac rata, grata et firma perpetuo habere, tenere et inuiolabiliter obseruare, et non contrafacere, dicere vel venire, per se vel per aliam interposita personam, aliqua ratione, seu causa, arte, vel ingenio, de iure, vel de facto, et pro dicta euictione, et quirentia tenendis, attendendis, faciendis, et portandis eidem Domino Comiti, et suis aut eius causam habentibus, et aliis omnibus et singulis suprascriptis, et in hoc præsenti publico Instrumento contentis, et expressatis —

attendendis, tenendis, et inuiolabiliter obseruandis, ut supradictum est, sub posuerunt se, et se Submiserunt dicti Coniuges venditores, et eorum quilibet, et sua bona omnia, mobilia et immobilia, præsentia et futura, foro, iurisdictioni, compulsioni, viribus, et districtuj, curiæ Cameræ Dominj nostri Papæ, et eius sanctæ Sedis apostolicæ Camerarij et eius Dominj Camerarij auditoris, viceauditoris, Locumtenentis, et Commissarij, seu Commissarioru eorumdem, et cuius libet eorum, nec non et compulsionibus, iurisdictionibus et districtibus curiarum Sigillorum Regiorum, villæ franchæ, villæ nouæ, et parui sigillj Montispesullani, seu Sumedrij Dominj nostri franciæ Regis, et cuiuslibet eorundem curiarum volentes, et Concedentes dicti Comuges venditores, et eorum quilibet se posse, et debere Compellj, et Cogi realiter et
personaliter

personaliter, ad obseruantiam omn:
ium et Singulorum præmissorum,
et faciendum, tenendum et obser
uandum omnia et Singula supra
scripta et contenta in hoc Instru
mento publico eidem Domino Com:
iti et suis Successoribus ac voluṅ:
tariis, aut eius causam habentibus
per dictas curias, Scilicet per dictum
Dominum Camerarium dicti Dom:
inj nostri Papæ, et eius Camerarij
auditorem, viceauditorem et Commiss:
arium, necnon et per iudices, custodes,
executores, seruientes et officiarios dic
tarum curiarum, dictorum Sigillo
rum, et cuiuslibet earundem, Scili:
cet per curiam Dominj nostri Pa:
pæ, et eius camerarium, et ipsius do:
minj Camerarij auditorem, vicea:
uditorem, et locumtenentem, et
Commissarium seu Commissarios
eiusdem, necnon et per curias dicto:
rum Sigillorum villæfranchæ, vil:
lænouæ, et montispesullanj ac—

sumedrij, et cuiuslibet earundem scilicet per iudices, custodes, executores et seruientes dictorum sigillorum, et cuiuslibet eorundem, videlicet per curiam dicti Dominj Camerarij, dicti dominj nostri Papæ, et eius Dominj Camerarij auditoris, vice auditoris, Locumtenentis et Commissarij eorundem, et cuiuslibet eorundem monendo excommunicando, agrauando, reagrauando, et alias iuxta vsus, stilos, statuta, consuetudines, et obseruantias dictæ curiæ Cameræ apostolicæ supradictæ, neenon et per iudices, custodes, executores, et seruientes dictorum sigillorum et cuiuslibet eorundem, scilicet per captionem, venditionem et distractionem bonorum suorum, et cuiuslibet eorundem, et per arrestum personarum suarum apud Montempessullanum, vel sub medium, villæ franchæ seu villam nouam, ad electionem dicti Dominj Comitis, seu eius certi mandati aut

aut Successorum eiusdem, vel eius causam habentium, ad ducendarum et detinendarum eorum propriis Sumptibus et expensis, et per oppositionem garnisionis custodum, executorum ac servientum regiorum, duorum, trium, quatuor et quinque, aut plurium ad helectionem, seu voluntatem dicti Dominj Comitis Armaniaci, seu eius certi mandati, seu Successorum Suorum, aut eius causam habentium, tam diu manendorum in garnisione, et Saisina in et super bonis dictorum coniugum, venditorum, et cuiuslibet eorundem et hæredum et Successorum Suorum, donec alia et Singula compleuerint et attenderint, et adimpleuerint Supradicta et alias iuxta usus, Stilos, et consuetudines et obseruantias dictarum curiarum dicti Dominj nostri Papæ et Sigillorum prædictorum et cuiuslibet eorundem, ita tamen, quod vna executionum prædictarum, aliam adinuicem seu e Converso non impediant

aliqualiter nec opertubent, sed simul fierj opossint, et valeant, omnes execu- tiones predictæ, vel separatim, ad es- lectionem dictj Dominj Comitis, vel eius certj mandatj, aut Successorum suoru seu eius causam habentium, non ob- stantibus iuribus, seu ordinationib- us in quibus Cauetur, quem non deber conuenirj, in diuersis curijs, seu coram diuersis iudicibus, pro vno et eodem debito seu contractu, quibus, et iuribus quibus conceduntur expresse renuncj- auerunt dictj coniuges venditores, et eorum quilibet, post quæ ibidem et incontinentj dictj coniuges vendito- res, et eorum quilibet, gratis, sponte ad confitendum predicta omnia et sin- gula supradicta, si defficerent in pre- missis aut quolibet eorundem, in tot- um vel in parte dictj constituentes venditores, eidem Domino Comitj vel suo certo mandato, necnon et dampna interesse, et expensas in dictis curiis, et qualibet earundem fecerunt, cre-
:auerunt

auerunt, constituerunt et ordinauerunt suos veros et legitimos procuratores, actores, factorum et negociorum gestores, videlicet discretos viros Galhardum de Bessena, Domicellum, Magistros Bernardum de fonte frigido, Petrum valete, Bernardum Viquerij, Johannem Riman, Raymundum de Bannys, Petrum del causeret procuratores in Romana Ecclesia curia, Magistros Petrum Boneti, Hugonem mercerij, Hugonem de Merauillas Galhardum Mathej, notarios publicos, et eorum quemlibet insolidum; Ita quod non sit melior conditio occupantis, dantes et concedentes dicti constituentes, venditores, et eorum quilibet dictis procuratoribus suis, et cuilibet eorum insolidum, plenam et liberam potestate, speciale mandatum, veniendj et comparendj, coram curia camera ipsius Dominj nostrj Pape, et coram ipso domino Camerario eiusdem, curia auditore viceauditore, locumtenente, et Commissario, seu Commissariis quibuscumque

eorundem, et coram iudicibus, custodibus
et executoribus dictorum Sigillorum et
cuiuslibet eorum, vel Locatenentibus eorumdem, omni die et hora feriatis ^et non feriatis^ qu=
andocumque, et quotienscumque expedi-
erit, et conficiendj et recognoscendj coram
eis, seu altero eorundem, prædicta omnia
et singula supradicta et contenta in
hoc Instrumento publico in totum vel
in parte, et omnia dampna, interesse,
et expensas eidem Domino Comiti, vel
suo certo mandato quandocumque et
quotienscumque expedierit, ordinationem et ordinationes condempnationẽ
et condempnationes, contra dictas constituentes, et eorum quemlibet ferend=
am et ferendas, in se suscipiendj et
emologandj et aquiescendj semel et pluries, et volendj et consentiendj, quod
excommunicationis et agrauationis,
aut alterius ordinationis, præcepti
et mandatj, ac executionis Sentencia,
seu Sentencia ferantur, et processus qui-
cumque fiant, pro præmissis omnibus
et

et singulis supradictis, et contentis in hoc Instrumento publico, contra ipsos venditores, constituentes, et eorum quemlibet et bona eorumdem, et haeredum et successorum suorum, et cuiuslibet eorum ab ipsius Dominj Comitis emptoris, vel eius certj mandatj, vel suorum successorum voluntatem, totiens quotiens, quando, quomodo, qualiter, et ubj eidem Domino Comiti vel eius certo mandato placuerit voluntatj, et eis sponte acquiescendo et emologando, necnon et submittendo, resubmitendo ipsos constituentes et eorum bona et haeredes, et successores eorundem, et cuiuslibet eorundem foris, jurisdictionibus, compulsionibus, et districtibus curiae Camerae apostolicae supradictae, et curiarum sigillorum supradictorum, et cuiuslibet eorum ratum, gratum, et firmum habentes, et habere promitentes, et perpetuo habiturj dictj coniuges venditores, constituentes et eorum quilibet insolidum, quidquid per dictos procuratores

suos, aut alterum eorundem actum, factum, confessatum, condempnatum, emo-
logatum, aquietum, et receptum, seu
alias quomodolibet procuratum fuerit,
in praemissis, seu aliquo praemissorum,
promitentesque dicti coniuges venditores, constituentes, mihi notario publico
infrascripto, ut personae publicae stipulanti et recipienti pro omnibus illis,
quorum inter est, vel poterit interesse,
in futurum rem gratam haberi, iudicio sisti, et iudicatum solui, cum omnibus suis clausulis uniuersis, sub ypotheca
et obligatione omnium bonorum suorum, mobilium et Immobilium, praesentium et futurorum, et sub omni
iuris et facti renunciatione qualibet,
et Cautela, releuantes inde et releuare
volentes et promittentes dicti constituentes dictos procuratores, et quemlibet eorum insolidum ab omni, et quolibet
onere, satisdandi sub ypotheca et obligatione antedictis, et sub omni iuris et facti renunciatione, qualibet et Cautela
Jurauerunt Nihilominus
dicti

dicti constituentes, et eorum quilibet
ad et super Sancta quatuor Dej
Euangelia, gratis tacta corporaliter
ab eisdem et quolibet eorundem contra presentem obligationem, et contenta in hoc jnstrumento publico
non venire, nec dictos procuratores
suos, aliquathenus reuocare, de quibus omnibus dictæ partes petierunt sibj fierj publicum, seu publica
jnstrumenta, per me notarium jnfrascriptum, et quod possit et valeat dictarj, scribj et reficj, corrigj
et emendarj, semel et pluries ad
consilium et dictamen iurisperito-
rum vel iurisperiti, productum
vel non productum, substantia tamen in aliquo non mutata, quod
eis concessj Ego dictus notarius, prout
sj, et in quantum de iure poteram
et debebam. exacta fuerunt hac
anno, die, loco, et regnante quibus supra, in præsentia et testimonio nobilis Hugonis de Castronouo,

Magistri Geraldi Mespelg notarii,
Petri Mespelg eius filii, Magistri
Johannis Michaelis fabri, Johannis
de Sambolio, dicti Castri de Ceminis,
et mei Guillelmi Coste clerici publici et auctoritate Regia notarii,
qui requisitus de præmissis notam
sumpsi, et in meis Libris seu prothocollis eam reposui, de qua hoc præsens publicum Instrumentum
manu mea propria abstraxi, scripsi
et in hanc formam publicam redegi, et facta diligenti collatione
cum originali nota, hic me subscripsi et signo meo sequenti consueto signavi, rogatus et requisitus in fidem et Testimonium omnium præmissorum.

Quitance du mesme L'an et Jour.

Nouerint vniuersi et siguli, præsentes pariter et futuri seriem huius præsentis publici publicj Instrumentj jnspecturj visuri lecturj ac etiam audituri, quod anno Dominj millesimo trecentesimo septuagesimo nono, et die decima nona mensis octobris, apud Castrum de Ceminas, Caturcensis diocesis, Illustrissimo Principe Domino Karolo Dej gratia francorum Rege Regnante, in mei notarij publicj et testium Subscriptorum praesentia, personaliter constitutj Nobilis vir Johannes de Castronouo, Dominus Castrj de Ceminas, maior dierum, et Ayglina de Lagarda, eius vxor filiaque Nobilis Gausbertj de Lagarda, quondam Domicellj, relictaque quondam Dominj Hugonis de Rocafort militis primj virj Sui, gratis Sponte et eorum certis Scientiis, ambo insimul et eorum quilibet insolidum sine diuisione partis et actionis pro se, et Suis haeredibus et Successoribus ac voluntariis quibuscumque, dictaque Ayglina de et cum voluntate, licentia et auctoritate dicti Johannis viri sui, non deceptae nec coactae, ad infrascripta vi, dolo, metu, fraude seu falsa machinatione alicuius personae, sed ex suis meris et gratuitis spontaneis voluntatibus, Certae de facto et de iure certioratae, plenius et instructae ut dixerunt, recognoverunt et in veritate confessi fuerunt, se habuisse et integre numerando recepisse, in bona pecunia numerata, ab Egregio Principe Domino Comite Ermanhaci, licet absente, et Magistro Durando Efforsati notario Regio, procuratoreque dicti Domini Comitis, ut de dicta procuratione constat in Instrumento venditionis suprascripto, de quo infra habetur mentio, ac me notario publico infrascripto ut persona publica, stipulante et recipiente, pro dicto Domino Comite et suis hæredibus et successoribus ac voluntariis quibuscumque

quibuscumque, et hoc per manus
prudentis viri Bernardi Colombi
procuratoris ipsius Domini Comitis
soluentis pro eodem videlicet sex-
centos francos auri boni, et legitimi ponderis inclusos in hac recognitione summæ prædictæ; quadam recognitione facta ducentorum francorum auri, quos dictus
Nobilis Iohannes de Castronouo
habuisse recognouit a dicto Bernardo Colombi, nomine quo supra,
cum publico Instrumento inde
facto, et recepto per magistrum Hugonem de Merauilla notarium
Regium, vt dixerunt, necnon et
omnibus recognitionibus factis de
præmissis, super solutionibus dictæ
summæ, seu parte eorum vsque
in diem præsentem, et hoc de et
pro prætio seu causa prætij, cuius-
dam venditionis factæ per dictos
Coniuges, de loco seu Castro de Com-
barriu, Diocesis Montis albani dicto

Domino Comiti venditi, prout dicta venditio plenius continetur in quodam publico Instrumento, in de facto et recepto, die externa, per me notarium Jnfrascriptum, licet in Jnstrumento venditionis predicta alias recognouerunt habuisse, sic et taliter, quod de dictis Sexcentis franchis Aurj dicti coniuges recognoscentes inclusis tamen omnibus Solutionibus factis, de premissis se habuerunt, et tenuerunt pro bene paccati, et contenti et ipsum Dominum Comitem, licet absentem et dicto magistro Duranto efforcati eius procuratore, meque notario publico Jnfrascripto, vt persona publica Stipulante et recipiente pro dicto Domino Comite, eiusque hæredibus et Successoribus, et voluntariis quibuscumque, inde Soluerunt perpetuo penitus, et quitauerunt pactum validum, perpetuum et expressum firma et Solempnj

:empnj Stipulatione jnterueniente
vallatum, facientes dicti Coniuges
recognoscentes, et eorum quilibet
eidem Domino Comitj, et Suis de
aliquid vlterius non petendo, nec
agendo ab eodem ratione seu occasione præmissorum, renunciantes inde scienter et expresse dicti
Coniuges recognoscentes, exceptionj
dolj malj et fraudis, et dictæ pecuniæ non habitæ, et non receptæ
et eis non Solutæ, ex dicta causa
et non numeratæ pecuniæ, et er-
rorj Calculj, Spej futuræ numerationis seu traditionis, et quod vj-
metusue causa, et specialiter dicta
ayglina de iure suo, certificata
per notarium infrascriptum iurj
ypothecarum pro dote sua, aucte-
nctiqu a præsente, siqua mulier
et sine ame, et legi iuliæ deffundo
dotalj, Senatus consultj vellejanj
et omnj alii iuri, in fauorem mulierum introducto, vel etiam —

introducendo Canonico et Ciuilj, necnon ambo insimul, et eorum quilibet insolidum omnj alj jurj scripto et non scripto, per quod possent
contrauenire in totum vel in parte,
iurauerunt nihilominus dicti coniuges et eorum quilibet, ad et super quatuor^{sta} Dej Euangelia gratis tacta corporaliter ab eisdem
et quolibet eorumdem, contra praedicta aliquathenus non venire,
aliqua ratione seu causa, de iure
seu de facto ex(?)cta fuerunt hac
anno, die, loco, et regnante quibus supra in praesentia et Testimonio nobilis Hugonis de Castronouo,
magistrj geraldj Mespelg notarij, nobilis Guillelmj Mainart,
Bernardj de La Roqueta de Sancta
Speria Diocesis Caturcensis, et mej
Guillelmj Coste clericj publicj auctoritate Regia notarij, qui requisitus de praemissis notam sumpsj, et in meis libris seu prothocollis

:lis eam reposui, de qua hoc præsens
publicum Instrumentum manu
mea propria abstraxj, scripsj, et in
hanc formam publicam redegi,
et facta diligentj collatione, cum
originalj notis, hic me Subscripsj
et Signo meo Sequentj consueto Signauj, rogatus et requisitus.

Extraict eu collationne' de Sagrosti trouué entre les
papiers melés du titrer der archiueur de sa-
maieste' en la ville de Rodes De laquelle aueur d'autres pieces
aussi trouuees entre lesd. papiers meslez Il a esté fait une
liadse en laquelle lad. grosse est cottée de lettre B. 20. Par
lordre et en la presence de Mesire Jean de Doat conseiller
du Roy en son conseil, president en la chambre des comptes
de Nauarre et commissaire depute' par lettres patentes
patentes de Sa maieste' du premier Auril dernier pour
faire recherche dans les archiues des Abbayes et autres
communautés Ecclesiastiques et Seculieres de la prouince
de Guienne des titres concernans les droicts de Sadite
Maieste' ou qui peuuent Seruir a l'histoire faire faire des
extraictes de ceux qu'il Iugera necessaires les faire enuoyer
au garde de la Bibliotheque Royalle par Roy Bra[n]an
Capot huissier de lad. Chambre par elle commis pour faire
les extraictes des titres des archiues de Sa maieste' de Son
ressort par Sera Aurosse des vingt trois ictobre Iun uncres.

octobre qbre soixante six en grosses d'office en ladite
commission faict a Redire le trois iesme Jour
mil six cens soixante sept

Capot

Exploit de la signification faite par le procureur du Comte d'Armagnac, Fesensac, et de Rodes, Vicomte de Lomagne et d'Auuillar d'une bulle de Clement V.e au Chapitre de Cahors auec la response sur la contribution qui deuoit estre faite pour l'euacuation des places rauies par les Capitaines du parti Anglois en Rouergue
Du 16. Nouembre 1379

In Nomine Domini amen. Nouerint vniuersi, et singuli, quod anno Incarnationis eiusdem millesimo trecentesimo septuagesimo nono, die sexta decima mensis nouembris Indictione tertia Pontificatus Sanctissimi in Christo patris, et Domini, nostri Domini Clementis Diuina Prouidentia Papa septimi

septimi anno secunda die dicti mensis
villam in mei notarij infrascripti et testium subscriptorum presentia personaliter constituto Nobili Berengario Mir
domicello scutifero, et procuratore Egregij viri Domini Johannis Dei gratia
Comitis Armaniaci Fesenciaci, Ruthena et Kadrellacensis vicecomitisque
Leomaniæ, et Altiuillaris, ac Domini
terræ ripparia fidem faciente de sua
potestate per quasdam patentes litteras
dicti Domini Comitis, et sigillo suo im=
pendenti cum cera rubea, et cum par-
gameni duplici sigillatas ut prima
facie apparebat. quæ quidem litteræ
incipiunt Johannes Dei gratia Comes
Armaniaci &c. Et finiunt &c. non coram venerabilis et discretis viris Dominis Reginaldo de Batuto, et Ramundo
de Casalis Canonicis Ecclesiæ Caturcensis Ibidem dictus procurator nomine procuratorio quo supra exhibuit et præsen-
tauit dictis dominis canonicis existentibus in Claustro cathedralis Ecclesiæ
Caturcensis

Caturcensis. Quasdam patentes literas Apostolicas Sanctissimi in Christo patris, et Domini nostri Domini Clementis Divina providentia Papa septimi cum cordula, Canapis more Romana Curia bullatas, non viciatas, non cancellatas, nec abolitas, nec rasas, nec in aliqua sui parte corruptas, sed omni prorsus vitio et suspicione carentes, ut prima facie apparebat. Qua quidem litteræ apostolica sic incipiunt. Clemens Episcopus Servus servorum Dei dilectis filijs Reginaldo de Patuto, et Ramundo de Casellis, ac Hugoni de Garnello canonicis Ecclesia Caturcensis salutem, et apostolicam benedictionem. Dignetunc agere Credimus &c. Et finiunt Datum Auinionen nono Kalendas octobris Pontificatus nostri Anno primo. Et eosdem canonicos requisivit ut contenta in dictis literis apostolicis facerent, et complerent, seu fieri, et compleri facerent iuxta dictarum literarum apostolicarum seriem et tenorem. De quibus quidem exhibitione, præsentatione, et requisitione dictus procurator

nomine

nomine procuratorio, quo supra petijt
sibi fieri per me notarium infrascriptum
publicum instrumentum, quod ego notarius infrascriptus sibi concessi nomine
quo supra prout ex meo publico officio
facere poteram, et debebam, Et ibidem Domini Canonici supradicti cum reuerentia
et honore dicti Domini nostri Papa, et
Domini nostri Regis francia, et Domini
Comitis armaniaci, praedictorum dictas
literas apostolicas Benigne acceperunt,
et eas per me notarium infrascriptum legi fecerunt de Verbo ad Verbum. Et ibidem
dictis literis apostolicis lectis dicti Domini Canonici dixerunt, quod ipsi volebant
loqui adinuicem, et deliberare super contentis in literis apostolicis supradictis per
dictum Dominum nostrum papam eis
directis, Et obtulerunt se facere responsio-
nem dicto procuratori nomine procuratorio quo supra de mane, qua erit dies decima septima mensis nouembris in loco
praedicto. Acta fuerunt hac et ut supra
praesentibus discretis viris Domini petro
charini

Charixis canonica et sacrista Ecclesiæ Caturcensis, et petro de Petradepora, eb dom-
madterio Ecclesiæ Caturcensis pro testibus
vocatis specialiter, et Rogans, Et me notario infrascripto. LONQUI anno die jndictione, et Pontificatus quibus supra apud Caturcensem
in dicto Claustro venit dictus procurator
nomine procuratorio quo supra in præsentia mei notarij, et testium infrascriptorum coram dictis Dominis Canonicis
pro responsione sua audienda, qui quidem
Domini Canonici responderunt
                        scripta mihi notario
jnfrascripto tradita per
              talis est Jn omnibus et volun-
tas Comissariorum   obedien-
tiæ mandatum   apostolicam pro possibi-
li adimplere. Circa quæ sunt impedimenta
plurima, quo minus votiue nequeunt exequi de præsenti, licet quod jn eis est et erit sint
parati intendere, et fideliter laborare. Primo-
que Abbates, Priores Conuentus et ceteræ
personæ conuocandi ad jndicendum, et
exhortandum, quorum Consensus, et consi-
                                lium

tiam requiritur venire, non audebunt clerici, ut in letteris mandari continetur. Item cum tangat omnes personas clericaliter viuentes, aut inuocatores etiam coniugatos priuilegio clericali gaudere volentes, est multum difficile propter viarum pericula, et naturam rei scire qui sunt tales, et quot qui in praemissa summa contribuere habebunt, et eorum facultates scire. Quae omnia debent sciri antequam ad quotam cuilibet imponendam taxentur pro summa mille franchorum. Item est difficile, ut illud, quod fuerit solutum pro talliis factis per vniuersitates deducendum ipsis qui soluerunt, quod illud idem Domino Comiti assignetur quae oporteret repetere ab vniuersitate quae hoc recepit quare videtur quod illa clausula vltima in bulla declarari. Item que opportebit mittere per diocoesim certum sufficientem ad informandum de numero personarum, quae habebunt contribuere, et scire eorum facultates, et si dederunt, soluerunt pro vacuatione hominum armorum

...armorum, nam sunt plures perrochie
in quibus nullus moratur rector, aut
vicarius. Item erit necessarium facere processus, et scripturas, et mittere nuncios
pro quibus est necessaria pecunia habenda
antequam talia judicatur juste secundum
continentiam mandati, quibus expensis
Comissarij providere non possunt nec
reperiunt, qui vellent subvenire. Item
est sumptuosum, et sine fructu de solutio-
ne cuiuslibet facere Domino Instrumenta, nam expensa Instrumentorum plus
ascendent, quam principale, propter par-
ticularios solutiones singularum personarum, nam debet sufficere regestrum
dupplicari per receptorem ipsius tallie.
Acta fuerunt hæc ut supra presentibus
discreto viro Domino Guillelmo de fabrica rectore Ecclesiæ de sancto Aurelhio
Caturcensis Diocesis, et petro de Balma
vielha pro testibus vocatis spetialiter, et
rogatis

Ego vero Johannes de Bornazello
 clericus

Clericus Claromontensis Diocesis authoritate apostolica publicus notarius prædictis omnibus, et singulis, dum agebantur una cum prænominatis testibus præsens fui, Et de præmissis unam, vel duo publica Instrumentum, vel Instrumenta sumpsi et recepi Et in hanc formam publicam posui, et redegi signoque meo solito, quo utor in dicto officio signavi rogatus, ut supradicitur, ac etiam requisitus.

Le vingt huitieme may mil six cens soixante sept lapñte scent copie q aste bien eudement au bidimus et collationnée sur la grosse escrite en parchemin trouve au tresor des charties du Roy en la ville de Rodez en un coffre de papiers in deliet de laquelle grosse avec d'autres pieces aussi trouvees entre d'autres papiers in dudit dodt archives il a esté fait une liasse pour estre ajoutée à l'inventaire dudit tresor En laquelle lad. grosse a esté cotée de lestre G. 14. Paraphe, sub signé estant en lad. ville de Rodez à la suite de monsieur de Doat conseiller du Roy en ses conseils d'estat et presidant en la chambre de comptes de navarre suivant l'arrest de ladite chambre de vingt trois Jun. mil six cens seize octobe dernier

Capot

Quittance de Jean Comte d'Armagnac de fesensac et de Rodes lieutenant Duc de Berri et d'Auuergne Comte de Poictou aux consuls de la ville d'Aurilhac de 1000 francs dor en deduction de 1500 francs ausquels ils estoient obligés par des lettres y inserées pour la deliurance del estat, et de Castel Dau‑ +de Carlat zel. Du 6.e decembre 1379. En langage Gascon auec la traduction

Vniuersis præsentes literas Inspecturis Petrus Forceti Licentiatus in decretis Cancellarius, et tenens Sigillum in Bailiuia montanorum auuerniæ pro Domino nostro francia Rege Constitutus Salutem. Noueri= tis quod nos vidimus, tenuimus, legimus, et Inspeximus, et de verbo ad Verbum trans= cribi fecimus duas litteras Egregi Princi= pis bonæ memoriæ Domini Johannis
olim

olim Comitis armaniaci in pargameno
scriptas suo sigillo cera Rubea in pendenti
sigillatas, Item aliam literam sigillo Geraldi loliet quondam receptoris super facto primæ
deliberationis loci de Carlato cera etiam
rubea in pendenti. ~prima affacie apparebat, et in eis legebatur sigillatas, et eius
signo manuali signatas sanas, Integras,
et omni vitio et suspictione Carentes tenorem qui sequitur continentes, Et primæ
tenor primæ litteræ talis est. Johan
per la gracia de Diu Comte darmagnac de
fesensac e de Rodes de Charolois, vescomte de
Lomanhe et dauuilar et senhor de la terra
de Ruiere loctenent del tres excellent prince
monseigneur lo Duc de Berry et daluer-
gne Comte de Poitou a totz cels qui aquestas letras veiran salut saber fam que
nous reconoissem et en vertat Confessam
auer abut et recebut de honestes persones
los Cossols de la Vial a daorthac per la ma
de nostre amat et feal gaillardet de Bes-
senx la somma de milla francs daur
en rabat en deductio de la somma de
mille cinq cents francs en losquoals
losdits

los ditz Cossols nos son tenguts per lo fah-
re de Carlat et del Castel Dauzel et d'autres locs
si comme a plus aple es contengut en unes letras
ou publicq Instrument fach et recebut per
maistre peyre Juy nostre secretary et en
unes letras sageladas de nostre seel secret
de la data del Cinquiesme Journ del mes de
Decembre de l'an presen mil tres cents septante et nau De la qual somme dels ditz
mille francx nos nous tenem per ben Contens et per pagats et ne quitam per nos
et per nostres hers los ditz Cossols et la Com-
munaltat de la dicha Viala et toutz autres als quals quitansa en pot et deu ap-
partener et en tesmoin d'aisso nos avem
fach mettre nostre seel secret an aquestas
letras. Donat a Yuaia lo hoeyt jour del
mes de Decembre l'an mille tres centz septante et nau Sic signat per monsieur
lo loctenent. Petrus Jouini. Item tenor
atterius littera dicti Domini Comitis
talis est. Johan per la gratia de Diu
Comte d'Armagnac de Fesensac de Rodes
et de Charrolois vescomte de Lomanha
et d'Autuilar et Seignour de la terra
de

de Ribera loctenent de Tres excellent Prince Monseigneur lo Duc de Berry et d'Aluergne Comte da Poyto a tots cels que aquestas prasens letras veyran salut. ssaber fem que nos reconoissem et en vertat confessam nos auer agut et recebut de honnorables personnas los Cossols de la Viela d'Ortlac per la ma de nostre amat et feal Galhardet de Besseinx la somme de cinq cents francx d'aur en losquals nous erem tenguts per restes de la somme de mille et cinq cents francxs en losquals losdits Cossols nos eren tengutz per lo fach de la deliurance de Carlat de Castel dauzel et d'altres lors si comme a plus a plé es contengut en unas letras ou public instrument fach et recebut per Maestre peyre Jouy nostre secretary et unas letras sceladas de nostre seel secret de la data del Cinquiesme journ del mes de Septembre de l'an mille trescents septante et nau de laqual somme de cinq cents francx nos nos tenem per ben contens et pagats. et en quittam per nos et per nostres hereters los dichs Cossols et la dita Viala d'Aurlac et totz altres als quals quitance en pot

pot appertener et en tesmoin d'aisso nos
abem fach metre nostre seel secret en aquestas letras Donat lo onze journ del mes
d'aoust l'an mille trois cens quatre vingts
sic signat in margine por monseigneur
lo Comte Petrus Jouini Tenor vero littera
dicti Geraidi Lolier est talis. Sachent tuit que
je Beraut oullier receur ordenné ou pais
des Montaignes d'auvergne par le Roy
nostre sire et par Monseigneur le Duc
de Berry et d'auvergne Comte de Poictou
sur les subcides Jmpousés audit Pais
pour la deliurance de Carlat Chastel dauzel pantant chambre et Dunsar ay en des
Consuls et habitans de la Viala d'Orthac
la somme de deux cens franx d'or C'est assauoir cent franx pour la bastie que
deuoit estre mise deuant ledit lieu de Carlat et Cent franx pour certaine despen-
ce faite dans ladite ville d'Orthac par
Monseigneur d'armagnac de laquelle
somme de deux cens franx ie tiens
pour bien Contant et paier et enquite
lesdits Consuls habitans et toutz autres
a qui quitance en peut appartenir Donné

né soubs mon seel le septiesme journ de decembre lan mille trois cents soixan-te et dix et neuf sic signat in margine B. Oullier. In quarum visionis et ins-pectionis fidem et testimonium dictum sigillum Regium præsentibus litteris duximus apponendum. Datum visum et transcriptum apud aurelliacum die vicesima quinta mensis may anno Dominj millesimo trecentesimo nonage-simo sexto. Vital R. collatio fau-ta cum originali

Traduction des deux qui- tances inserées cy dessus.

Jean par la grace de Dieu Comte d'arma- gnac, de fesensac, de Rodés, de charolois, vi- comte de lomaigne, et d'auuillar, et seig- neur de la terre de Riuiere, lieutenant du tres excellant prince Monseigneur le duc de Berri, et d'auuergne Comte de Poitou, a tous ceux qui ces presen- tes verront salut. Sçauoir faisons que nous recognoissons, et confessons en verité en verité, avoir eu, et reçeu des honestes personnes les consuls de la ville d'Orilhac par les mains de nostre amé, et feal Caillardet de Bessenap la somme de mille francs d'or, tant moins, et en deduction de la somme de mille cinq cens francs, en laquelle les dits consuls nous sont tenus pour le fait de Carlat, et de Castel d'Auzel, et d'autres lieux, ainsy qu'il est plus a plain, contenu en unes lettres, ou en un Instrument public, fait, et reçeu par maistre Pierre Jüy nostre secretaire, et en des lettres seellies de nostre seau secret, en datte du cinquiesme jour du mois de Decembre de la presante année mille trois cens septante et neuf. De laquelle somme des dits mille francs nous nous tenons pour bien contens, et payés, et en acquittons pour nous, et pour nos heritiers les dits consuls, et la communaute de la dite ville, et tous autres a qui quittance en peut, et doit apertenir; et en tesmoin de ce nous avons fait mettre nostre seau secret aux presantes lettres, Donné a Gaye le huictiesme jour du mois de Decembre, l'an mille trois cens septante neuf, ainsy signé par Monsieur le lieutenant Petrus Jouini;

Jean Par la Grace de Dieu comte d'armagnac, de fesensac, de Rodés et de Charolois, Viscomte de lomaigne, et d'auuillar, et Seigneur de la terre de Riuiere Lieutenant du tres excellant Prince Monseigneur le Duc de Berri et d'auuergne Comte de Poitou, a tous ceux qui ces presantes lettres verront Salut Scauoir faisons que nous reconnoissons et confessons en verité auoir eu, et reçeu des honorables personnes les consuels de la ville d'Orllac par la main de nostre amé et feal Galhardet de Besseins la somme de cinq cens frans d'or, en laquelle ils nous estoint tenus pour reste de la somme de mille cinq cens frans que les dits consuls nous deuoint pour le fait de la deliurance de Carlat, de Castel d'auzel, et d'autres lieux, comme plus a plain est contenu en un Instrument public fait et reçeu par maistre Pierre Jouini nostre secretaire, et en une lettre seellee de nostre seau secret en date du cinquiesme Jour du mois de Septembre, mil trois cens septante neuf, de laquele Somme de cinq cens frans septante neuf nous

nous nous tenons pour contens et bien payés,
et en acquitons pour nous, et pour nos heritiers les dits consuls et la dite ville d'a-
orllac, et tous autres a qui quittance en peut
appartenir. Et en tesmoin de ce nous a-
uons fait mettre a ces lettres nostre seau
secret. Donné le onziesme Jour du mois
d'aoust mil trois cens quatre vingts.

Extrait et collationné et leur traduction corrigée
au originaux trouvés entre les papiers manus-
-torive des titres de Sa Majesté en la
ville de Rodez lequel chapitre dix a quiz ? se du
nombre xxxxij par l'ordre u en la presence de messire
Ivan de Doat conseiller du Roy en son conseil president
en la Chambre des comptes de nauarre et commissaire
deputé par lettres patentes de Sa Majesté du premier
Auril dernier pour faire recherche dans les archiues
doubles Bayonne au tres communautés et depots que sont
Jocultdous de la province de bunene des titres concernans
les droits de lad. Majesté ou qui peuvent seruir al'histoire
faire faire doux extraite de ceux quil jugera necessaires
et les envoyer au garde de la Bibliotheque Royalle par
Moy braham Capot huissier de lad. Chambre par elle
commis pour faire les extraite des titres des archiues
de Sa Majesté de son ressort par son arresté du vingt-
-troisiesme Juin et cinquiesme octobre gre soixante
six e groffier d'office en lad. commission fait a
Rodez le vingt cinquiesme Aoust Mil Six cens
Soixante Sept   De Doat

Capot

Memoire des asurances que le seigneur de Manhaut devoit bailler de la part du Comte d'Armaignac au Comte de Foix pour quelque entreprinse de guerre

Du 8 decembre 1379 -

En Langage Gascon

De Par lo Comte D'armaignac

Memoria Au Senhor de Manhaut de las causas que a afer et dire à Nostre fray lo Comte de foix

Prumerant que lodit senhor de Manhaut permeta et oblige per et en nom de nos en la letra blanca que nos li aurem fachia bailar sageliada de nostra sagel secret en pendent de pagar a nostra dit fray lo Comte de foix en la festa-

ta de sant Johan Baptista prochan venant, vos huey mila mei cent vinta et
tres francx et ung tertz de franc que nos
deuetz nostre dit fray la cuyta de fora
pagar en la festa de Nadal prochan venant. Et la dita obligation fassa lo dit
seignor de Manhaut a la Cambra
del Papa et a totas las vias et sagetz que
volra nostre dit fray et ça forment
cum sense pena.

Item si nostre dit fray no vol penre
la dita obligation ni donar lo dit terme, que lo dit senhor de Manhaut
li offrisca qui cauatiers aquels
quel semblara per ostages entro que
aye pagada la dita somma, et si encare no vol penre aiso nostre dit fray
que lo dit seignor de Manhaut li
presente Bernad nostre filh per ostage entro la dita somma li sia estada
pagada

Item li permetra et presente de fer
baillar a nostre dit fray la tor de Coffolens dessi a pasques et si no vol ta long
terme dessi a mieg Caresme o a len-
darrer

= darrer dessi d entrat de Caresme

Item que a la jornada que es estada empresa sus la restitution dels autres locs no y trametram de nostres gents, Et que nostra dit fray y trametra de sas gents et que nos prometem sus nostra bona fé de far bailar de se que sera vengut a nostra noticia ne hom poyra esser tornat de par dela los locs que las ditas gens suas et nostras ordenam et en oltra faram et tendram lor ordenanse

Et per major fermetat d aquestas causes auem fay metre nostre sagel secret en la fin de la present memoria laqual fo escriuta n nostra Castel de Faia lo vuyt journ de dexembre l an de nostre senhor mille tres cents septante et nau

Per Monseignor lo Comte present lo senhor de Castelpers

Demaynes

Le seziesme decembre mil six cens soixante dix la presente copie a este bien et duement verifiee et

collationner a loriginal escrit en papier qui est au
tresor des Chartes du Roy en la ville de Rodez
Inventorié en huictiesme de l'année dud. tresor, cotté
n°. xlvvj au chapitre de Rodez Pannes sous
le quel tenu en la ville de Rodez à la suite de monsieur
de Doatrouys du Roy en Son conseil, a prendere en la
chambre des comptes de Navarre, Suivant l'arrest
de lad. chambre du vingt et trois... neuf d'octobre
dernier

Capot

Memoire des asseurances que le Seigneur de Manhaut devoit bailler de la part du Comte d'armagnac au Comte de foix pour quelque entreprinse de Guerre.

Du 8.e decembre 1379.

Traduit de l'original qui est en langage Gascon.

De par le Comte d'armagnac

Memoire au seigneur de Manhaut des choses qu'il a faire et dire a nostre frere le comte de foix; Premierement que ledit seigneur de Manhaut promette et oblige a nostre nom, dans la lettre que nous lui avons fait bailler en blanc seellée de nostre sceau secret en pendant, de payer a nostredit frere le comte de foix dans la feste de sainct Iean Baptiste

prochain venant les huit mille
trois cens trente trois francs et un
tiers de franc que nous devons payer
a nostredit frere le comte de foix a
la feste de noel prochain venant, Et
que ledit seigneur de Manhaut face
ladite obligation a la chambre du
Pape et a toutes les cours et sceaux
que nostredit frere voudra, et si fer-
mement que faire se pourra.

Item, si nostredit frere ne veut
prendre ladite obligation ni donner
ledit terme, que ledit seigneur de Manhaut lui offre quatre de nos chevaliers tels qu'il lui semblera pour
ostages, iusqu'a ce qu'on lui ait payé
ladite somme, et si nostredit frere ne
veut encore accepter cela que ledit
seigneur de Manhaut lui presente
Bernard nostre fils pour ostage iusqu'a ce que ladite somme lui ait este
payée.

Item, qu'il promette et offre de
faire bailler a nostredit frere la
tour de cossolens pendant pasques,
Et s'il ne veut acorder si long terme
pendant

pendant demi Caresme, ou penant le Caresme prenant

Item qu'au iour qui a esté prins sur la restitution des autres Lieux nous y enuoierons de nos gens, et que nostredit frere en y enuoiera aussi des siennes, Et promettons sur nostre bonne foy de faire bailler immediatement aprés qu'il sera venu a nostre notice, et qu'on pourra estre de retour de pardela. Les Lieux que lesdites gens et les nostres ordonneront. Et en outre fairons et tiendrons leurs ordonnances

Et pour plus grande fermeté de ces choses auons fait mettre nostre séel secret sur la fin du present memoire, lequel feut escrit dans nostre chasteau de Gaie le huictiesme iour de dexembre l'an de nostre seigneur mille trois cens septante neuf

Pour monseigneur le Comte present le seigneur de Castelpars
De Maynes

Le seiziesme decembre mil six cens soixante six

Laprésente Traduction en langue francoise a esté
verifiée ainsi este collationé faite de l'original estant
en papier en langage bascon qui est au tresor d'or
archifs en la ville de Rodes hauoir esté enliuré copie
d'extraire dud. tresor et coté N°. xlvij au chapitre de
Rodes par moy soubzsigné estant en la ville de Rodes
a la suite de monsieur de Doat conser. du Roy en ses
conseils coprenseur en la chambre des comptes de Nauarre
suiuant l'arrest de lad. chambre des vingt et trois
juin et neuf Octobre dernier

Capot

Acte par lequel Geralde de Monteluduno Comtesse de Pardiac, et Bernard athonis de Monteluduno executeurs du Testament d'Arnaud Guillaume de Monteluduno Comte de Pardiac baillent la Possession de Marciac et de Beaumarches a Gerald d'armagnac Comte de Pardiac pour en Jouir Jusqu'a ce qu'il feut paie de 4000. francs d'or qui luy avoit este promis par son Contract de Mariage avec Anne de Monteluduno.

Montlezun

Du 19. Janvier 1379.

In nomine Domini amen. Quoniam Res quæ Longoqi tempore ab humana memoria dilabuntur, nisi Accipiat testimonia cum probantur.

id circo scripturæ huius præsentis instru=
menti publici testimonio, universis et sin=
gulis præsentibus pariter et futuris ap=
pareat manifestum, quod cum Egregi=
us et potens vir dominus Arnaldus Guil=
lelmy de Montesugduno et bonæ memo=
riæ quondam, Dei gratia Comes Par=
diaci, et dominus Baroniarum Bira=
nicsy, et ordane... detentus infirmita=
te de qua decessit, tamen in sua bona
et perfecta memoria constitutus suum
condiderit, extimum testamentum nun=
cupatiuum, manu publica, ut in eo legi=
tur confectum, et signatum de disposi=
tionem, ordinationem, necnon etiam su=
am voluntatem, in quo quidem testam=
ento præfatus dominus testator certa de=
bita, et legata sua relinquerit, et nomina=
uerit quæ in dicto testamento latius con
tinentur et expressantur; quæ quidem
debita et legata idem dominus testator
ut ibi fuit dicam voluit, ac idem ex=
presse ordinauit quod post eius mortem
exsoluerentur suis creditoribus, et lega
:tarijs

:tarijs per executores et executrices dicti sui testamenti, videlicet emolumentis pro-:uenientibus et sibi pertinentibus, et expec-:tantibus, aut pertinere et spectare de-:bentibus singulis annis quouismodo, seu quauis ratione in locis de Marciaco, et de Bellamarchesio, et quod pro præmis-:sis exequendis, complendis et perficiendis iuxta voluntatem et dispositionem dicti domini testatoris, prædicti executores et executrices dicti sui ultimi testamenti statim, et incontinenti post tamen eius mortem tenerent et reciperent possessio-:nem, seu quasi et emolumenta omnia et singula locorum prædictorum de Mar-:ciaco, et de bello marchesio, ex quibuscum-:que causis prouenientia pacifice, et qu-:iete tam diu donec et quousque dicta debita et legata, contenta, et expressata singulariter et sigillatim in dicto suo ultimo testamento integraliter, et com-:plete fuissent ex soluta suis creditori-:bus et legatarijs eiusdem. Verum et cu in contractu matrimonij pridem deo

permittente contracti, et in facie sanctæ matris Ecclesiæ celebrati inter nobiles
et potentes viros dominum Geraldum de
Armaniaco Dei gratia Comitem pardi-
:aci, et Dominum Baroniarum Bitra-
nesij et Ordanesij et Dominam Annam
de Monteluyduno eadem gratia Comitis-
:sam Pardiacj ac dominam Baronia:
rum prædictarum vitanesij et Ordane-
:sij, Egregius et potens vir dominus Jo-
:hannes de Armaniaco etiam Dei gra-
:tia vicecomes fesensaquelli, Brulhe-
:sij, et freisshelli, dominusque Baroniæ
de Ruppefolio, fauore et contempla-
:tione dicti Matrimonij Contracti, et
Celebrati inter præfatos nobiles dominos
Geraldum de Armaniaco dicta Dei
prouidentia Comitem Pardiacj, et do-
:minum Baroniarum prædictarum
eius filium legitimum et naturalem,
et dominam Annam de Montelædu:
:no eius uxor, et ut præfata Domina
Comitissa et eius amici facilius, et le-
:nius ad consummationem dicti matrimonij

matrimonij inclinarentur pro exoneratione terrae et dictorum locorum dicti condam domini Comitis Pardiaci, et etiam pro exsoluendo legata et honera dictorum executorum dicti Sui testamenti, promisit dare et soluere, et se et bona sua omnia, et singula se efficaciter obligauerit dictis dominis executoribus nomine executorio quo supra, ad soluendum eisdem certis terminis pro dicta terra, et locis praedictis exonerandis, occasione legatorum et honerum dictorum locorum, scilicet quatuor millia franchos auri boni auri, et legitimi ponderis cugni domini nostri Franciae Regis soluendos, videlicet quingentos franchos auri, boni auri et legitimi ponderis post medium annū proximè subsequentem à die solempnisationis matrimonij contracti, et celebrati inter dominos Coniuges memoratos in antea computandum, et post alium medium annum computandū à termino solutionis praedicta alios quingentos franchos auri cugni supradicta

:dicta, et de inde de anno in annum com
:putando, à dicto secundo termino dictæ
solutionis alios quingentos franchos
auri, donec et quousque prædictj qua
:tuor millia franchorum auri plena-
:rie et integre per præfatum dominum
vicecomitem fesen saquelli seu per ali
:um eius nomine dictis executoribus
prædictj testamenti extiterint exsoluti.
Tandem anno et die infrascriptis prop
:terea quæ seguntur apud locum de bira
:no diocesis auxitanensis coram me no
:tario publico, et testibus infrascriptis per
sonaliter constitutj, videlicet nobiles
et Egregia ac potentes domina Geral
:da de Mateleduno Domina terræ feo
:dj martonis Mabillo, de Labrito plen̄
comitissa Comitatus prædictj Pardia
:cj et nobilis Bertrardj Athonj de Mon
teleduno habitator de Birano, execu
:cutrices et conexecutores prædicti testa
:menti dicti quondam dominj Comitis
Pardiacj, habentes, tenentes, et possiden
:tes una cum alijs conexecutoribus suis
dictj

dicti testamenti, ut dixerunt, et ex dicta
ordinatione inde facta per prefatum dominum quondam Comitem Lardiaci
in dicto suo testamento, loca predicta de
Marciaco et bello Marchesio, cum omnibus iuribus et deueriis suis, et emolumentis eorumdem, et possessionem locorum predictorum, seu quasi pacifice
et quiete, omni contradictione et tur-
ba quibuscumque cessantibus, slane
prehabita longeua deliberatione super ag-
endis cum aliis coneexecutoribus suis
ad presens, ut dixerunt, minime huic
uaccare nequentibus, et amicis aliis
predicti dominj quondam testatoris
prouidiantes, dicentes et asserentes pr-
efatas dominas coneexecutrices et coneexe-
cutor memoratos dictos quatuor milia francos currere boni auri et legitimi ponderis magis esse utiles ad recipiendum, saluendum et portandum honera dicti testamenti et dictorum locorum et eciam heredium dicti domini
testatoris attentis terminis solutionum

inde faciendarum de eisdem, quam expectare emolumenta prouenientia, et receptionem eorumdem singulis annis in locis supradictis, ex quibus longius et tardius dicti dominj executores minores sumpmas et quantitates auri haberent et reciperent, pro exhoneran=do, ac soluendo, et complendo contenta in dicto testamento, iuxta voluntatem, dispositionem, et ordinationem predicti dominj quondam testatoris, quam ob=rem premissis omnibus et singulis attentis et consideratis et alijs circa hæc attendendis cum de iure et bona æquitate teneantur utilia rerum ges=tarum et faciendarum, circa huiusmo=di contractus procurare, et in notifice tocis eorum viribus pretermittere et excitare. Et ob hæc predictæ dominæ coheretricites et conexecutor prælibā=ti — ignaris et eorum spontaneis vo=luntatibus non seductæ ab aliquo nec etiam circumuenti, sed potius omni, vi, dolo, metu, et fraude quibus=
    =cumque

cumque penitus cessantibus, ut dicebant, tradiderunt realiter et de facto dicta loca de Marciaco et de Bellomartrio, et earum possessionem, Egregio et potenti viro Domino Geraldo de Armaniaco Dei gratia Comite pardiaci ibidem praesenti et Stipulanti pro se, et eius ordinio iuxta pacta et conuentiones infrascriptas, et ipsis totaliter, saluis et illibatis remanentibus, et eundem Dominum Comitem in possessionem dictorum locorum, seu quasi prout potuerunt cum exercitu omnimoda iurisdictionis, et omnium emolumentorum prouenientium, et exercentium in dictis locis, seu pertinentijs dictorum locorum leuandorum, et recipiendorum, et in eius proprios usus conuertendi et faciendi suas omnimodas voluntates induxerunt per traditionem eiusdem pennae, seu calami mei notarij infrascripti, et etiam per tenorem, et concessionem huius praesentis instrumenti publici nunc et in perpetuum valituri, et voluerunt et expresse concesserunt, et cum eodem patisserunt Stipulatione legitima

interueniente,que, a modo eodem dominus comes eius propria auctoritate nulla
licentia obtenta ab aliquo, possessionem
corporalem et realem dictorum locorum
possit sibi licitum sit recipere, et occu-
pare, et eam seu quasi detinere pro libito
seu voluntate iuxta modum et formã
hic expressatas, recognoscentes loca praedicta et possessionem eorumdem tenere,
et possidere praecario nomine dicti domini comitis, tamdiu et quousque possessionem realem et personalem eorumdem,
per se, vel alios eius nomine nactus fuerit seu occupatus, in qua intrandi et deti-
nendi in antea licentiam dederunt, et
de eadem divestierunt, ut potuerunt, ita
quod a modo in antea praefatus dominus comes et eius officiales nomine eiusdem pro praedictis actionibus utilibus et
directis et alijs quibuscumque de et pro
ipsis in iudicio et extra, agere valeat, et
se tueri in eisdem tanquam verus dominus in rem suam propriam constitutus, in et pro, vt ipsum faciebant antea
vel

aut aliter melius, et utilius prout sibi debebat utilitatem eiusdem Domini Comitis,
et voluerunt insuper dicti Domini execu=
tores, et expresse consentierunt quod loca supradicta, et omnia emolumenta ex eisdem
prouenientia et excrecentia quouismodo, per
dictum dominum Comitem Pardiaci, et eius
nomine teneantur, possideantur, gubern=
entur, regantur, et dicta emolumenta leuen-
tur et recipiantur absque contradictione
aliquali tantum, et quousque de praedictis
emolumentis leuandis, et recipiendis de dictis locis praedicti quatuor millia franchi
auri boni auri, et legitimi ponderis eidem
Domino Comiti, seu eius certo mandato fuerint exsoluti, et integraliter, et complete restituti deductis tamen, et defalcatis
honoribus quibuscumque, et alijs expen=
sis locorum praedictorum, nam ita, et eodem
modo. Actum pactum, et expresse conuen=
tum extitit inter partes praedictas contrahentes ante praesens contractum, et in ipso, ut dixerunt, quibus quatuor millia franchis auri receptis, et leuatis per dictum
Dominum Comitem per modum praedictum

dictus Dominus Comes gratis, et eius spon=
tanea voluntate, et omni vi, dolo, metu, et
fraude quibuscumque penitus cessantib.
ut dixit, sub hipoteca, et obligatione omniū,
et Singulorum bonorum suorum quorum
cumque mobilium, et immobilium praesen=
tium, et futurorum, et sub omni iuris et facti
renuntiatione ad hæc necessaria pariter
et Cautela. Promisit et conuenit firma sti=
pulatione interueniente, dictis Dominis
executoribus dicti ultimi testamenti praefa=
ti Domini quondam Comitis Pardiaci
ibidem praesentibus, et stipulantibus pro
se, et nomine executorio quo supra reddere,
et restituere possessionem dictorum locorū
de Marciaco, et de Bellomarchesio, et per=
ceptionem, et receptionem emolumentorum
omnium locorum praedictorum pro complen=
do, exonerando, et soluendo veram restam
dictorum debitorum, et legatorum contento=
rum, et expressatorum in dicto testamento
dicti quondam Domini Comitis Pardiaci
sæpedicti, vel alias, cum eisdem amicabiliter
conuenire, et concordare ad utilitatem res=
tæ executoriæ praedictæ faciendæ, et exequen=
dæ

dux. Item fuit actum pactum et conuentum
inter dictas partes contrahentes quibus supra
nominibus, pacto expresso, et stipulatione
solempni interueniente, quod si forsan ca=
sus accideret, videlicet quod dicta Domina
anna, Dei gratia Comitissa nunc pardiaci
decederet siue morietur quandocumque si=
ne tamen libero, seu liberis ab ipsa, et a prae=
fato Domino Comite pardiaci eius viro
procreato, seu procreatis, quod in illo casu, et
euentu praedictus Dominus Comes tamdiu
teneat, et possideat pacifice et quiete dicta lo=
ca de Marciaco, et de Bellomarchesio cum
omnj sua causa, et statu integro, et emolumenta
dictorum locorum omnia, et singula recipiat, et
recipere habeat per se, vel per interpositum perso=
nam, et dicta emolumenta faciat et facere pos=
sit, et valeat libere perpetuo sua, donec et quous=
que sibi solutum, et satisfactum fuerit inte=
gualiter, et complete de dictis emolumentis
prouenientibus, leuandis de locis supradictis,
et totum illud, et totum hoc quod dictus Do=
minus, vicecomes Fesensaguelli, Brul=
hesij, et Greisselli legitime satisfecerit et exsol=
uerit, seu reuera reperietur fuisse exsolutum

per eandem præfatis Dominis executoribus dicti testamenti prædicti quondam Dominj Comitis Pardiaci de Summa prædicta dictorum quatuor millia franchorum auri et de omnibus expensis et alijs oneribus dictoru̅ locoru̅, nisi tamen hæredes casu supradicto adueniente præfatæ Dominæ Annæ Comitissæ Pardiaci post eius mortem dicto Domino Comiti, seu eius certo mandato exsoluissent præmissa seu parte̅ prædictorum, ita quod omne id quod reperiretur legitime fuisse exsolutum eidem per hære=des supradictos, vendicet sibi locum, et deduce=tur de Summa supradicta. et si forte aliq=uid dict? Dominus Comes habuit, et receperit ex dictis emolumentis locorum prædictorum ante diem obitus præfatæ dominæ Comitissæ eius uxoris, nihil computetur in sortem restitutio=nis et solutionis dictæ Summæ dictorum quatuor mil=lia francorum auri, nisi du̅taxat ab ipsa die obit? eidem in antea debeat co̅putare cu̅ de iure constante matrio̅nio marito sit, et esse debeat usufructuari rerum dotaliu̅ et b̅o̅norum eidem in dote co̅stitutoru̅ propter honera matrimo̅ij supportanda, et hoc nisi alias reperiretur debere co̅putare. et ex post satisfacto dicto Domi̅o̅ co̅itj Pardiaci de prædicta summa, et de alijs expensis, et honoribus ratione

dictorum

dictorum locorum factis et portatis per
modum prædictum, idem dominus Comes
prout supra gratis, et ex sua certa scientia, et libero animo promisit, et conuenit
dictis dominis executoribus prædicti tes-
tamentj dicti quondam domini Comitis
Pardiacj ibidem præsentibus, et pro se, et
nomine executorio quo supra stipulantibus et accipientibus reddere, et restituere
possessionem locorum prædictorum et emolumenta eorumdem pro complendo, exsoluendo veram restam dictorum debitorum et legatorum contentorum, et expressatorum in prædicto testamento dicti quondam dominj testatoris, nam et a
pactum et conuentum extitit inter partes contrahentes supradictas, quæ si quidem omnia et singula supradicta et
in hoc præsentj publico instrumento
contenta et expressata dictæ partes contrahentes, et earum quælibet nominibus
quibus supra dixerunt, et asseruerunt
se fecisse et concessisse occasione, et ex
causa dictarum questionum, et pactoru̅

prædictorum, et quia magis videbatur
prædictis dominis executoribus dicti testamenti ut dicebant fore utile ad recipiendum dictam summam dictorum quatu-
or millia franchorum auri quam exspe-
ctare et recipere emolumenta dictorum locorum
prædictorum pro exoneranda contenta
in dicto testamento, sic et taliter quod se
tenuerunt pro bene paccata pariter et
contenta, renunciantes super his et in
hoc facto partes prædictæ, et earum quælibet nominibus quibus supra scienter,
et expresse exceptioni dictorum pactorum et conuentionum modo præmisso
non factarum, et dicti contractus non
facti, et non celebrati, et in eorum utilitatem non conuertendi, et exceptioni præmissorum omnium non concessorum,
et dictarum pactionum et conuentionū
per utramque partem alteri legitime
non factarum et non concessarum. Et
dictus dominus comes certificatus de
iure suo, et de facto per me notarium
infra scriptum scienter et expresse re-
nunciauit

:nunciauit beneficio minoris etatis et res:
:titutionis in integrum quo lapsis minori:
:bus subuenitur, et generali Clausulæ quæ
incipit, si qua mihi iusta causa et omnj
alij iuris et factj auxilio, Beneficio, et
defensionj. Et omnes insimul et eorum
quilibet pro se renunciauerunt super
præmissis, et infra scriptis certi de facto,
et de iure, suo plenarie certiorati, ut
dixerunt specialiter et expresse exceptio:
:nj doli, malj, fraudis, deceptionis, et circũ
uentionis cuiuslibet, conditionj indebiti
sine causa, et ob causam et triticariæ ac:
:tionj, de dolo, et in factum subsidiariæ
et generali clausulæ descendenti ex
edicto de maioribus quæ incipit, si qua
mihi iusta causa, et omnibus priui:
:legijs, gratijs, seu respectibus et litteris sta:
:tus concessis, seu concedendis per prin=
cipem, seu eius gentes ratione exercitus
seu bastitarum, vel alias quouismodo,
nec non petitioni libelli, et copiæ huius præ
sentis instrumenti, et cuiuslibet alterius scrip:
:turæ et beneficio cuiuslibet alterius iuris

et priuilegij fori, rationis, tuitionis et de-
fensionis facti, et iuris scripti, vel non s-
cripti Canonici, et Ciuilis omniumque legum et decretalium seu decretorum auxilio, seu suffragio, cum quibus aduersus
predicta et infrascripta, seu eorum aliquod se tueri possent in aliquo deffendere,
vel iuuare, vel ea possent aliqualiter
irratari, seu etiam infirmari, et iuridi-
centj generalem renunciationem non valere, nisi in casibus expressatis iurique
dicentj quod predictis, seu aliquibus
eorum non competit renunciare. quæ
quidem pacta, conuentiones, stipula-
tiones, et omnia vniuersa et singula
supradicta, et infrascripta, et in hoc pre-
sentj instrumento publico contenta, et
expressata, dictæ partes contrahentes
nominibus quibus supra, et earum
quælibet altera alteri sibi ad inuicem, et
vicissim stipulanti solempniter et recipienti, mihique notario infrascripto
tanquam personæ publicæ stipulanti
solempniter et recipienti pro omnibus
illis

illis quorum interest, vel interesse poterit in futurum, attendere, tenere, complere inuiolabiliter, et seruare, et contra
ea vel ex ipsis aliqua non facere, nec venire, nec venienti consentire per se, nec
per interpositas personas aliqua ratione,
siue causa, de iure vel de facto aliquo
tempore, in futurum; volentes etiam et
expresse consentientes partes prædictæ præmissa omnia et singula valere, et roboris firmitatem obtinere, virtute, et auctoritate iurisiurandi infra
præstandi per partes prædictas iuris
ciuilis, vel Canonici rigore in aliquo
non obstante etiam si ipsius iuris Ciuilis rigor propter patriam, potestatem, vel
alias ipsis vel eorum aliquibus reffru-
gari in aliquo videatur hanc formam
et legem sibi interponentes, et in esse volentes, a qua se discedere non posse voluerunt aliquo priuilegio indulto vel in-
dulgendo ab homine, vel à lege. Oblig-
antes et ypotecantes dictæ partes contrahentes ipsarum quælibet vna alteri ad-

inuicem et vicissim Stipulationibus
quibus supra interuenientibus, pro om-
:nibus et singulis supradictis, et in hoc
Instrumento publico contentis, et expres-
:satis tenendis complendis, et inuiolabi-
:liter obseruandis, omnia et singula bona
sua mobilia et immobilia, et dictæ eo_
:rum executoriæ, præsentia et futura
quacumque sint, et etiam vbicumque,
sub omnj iuris et facti renunciatione
ad hæc necessaria, pariter et cautela. Et
in super prædicti dominus Comes Par
diacj, et præfatæ dominæ conexecutrices,
et conexecutor quibus supra nomini-
:bus, et quilibet ipsorum in solidum prout
quemlibet ipsorum tangit et tangere po-
:test in futurum iurauerunt sua sponte
super sancta quatuor Euangelia Dei
eorum manibus dexteris sponte tacta,
præmissa omnia et singula, et in hoc ins=
:trumento publico contenta, et expressata
de puncto ad punctum tenere, comple-
:re et inuiolabiliter obseruare, et contra ea
vel ipsorum aliqua, non facere, nec venire in
in

iudicio, vel extra iudicium aliqua ratione, sive causa de iure, vel de facto, aliquo
tempore in futurum, de quibus omnibus
et singulis supradictis partes praedictae,
et earum quaelibet pro se petierunt sibi
per me notarium infrascriptum ad æter-
nam eorum memoriam duo vel tria
fieri publica instrumenta cuilibet parti unum unius et eiusdem continen-
tiæ et tenoris, consilio sapientis semel
vel pluries, si fuerit necesse ordinanda.
Acta fuerunt hæc omnia et singula
supradicta in dicto loco de Birono diœcesis auxitanensis decima nona die
mensis ianuarij, anno Dominj millesimo trecentesimo septuagesimo nono, regnante illustrissimo principe, et domino domino Karolo franciæ Rege. Dominante, Domino Iohanne Dei
gratia comite Armaniaci, fesenciaci,
et Ruthenæ, vicecomiteque Leomaniæ et altiuillaris, et domino Iohanne
permissione diuina Archiepiscopo auxitanensi, existente instrumenti huius

testes sunt nobilis geraldus de Montelugduno, Dominus de la Baraua,
Bernardus arraqua, Dominus Bernardus de sabasano rector Bitani, et Magister Petrus de Bolbena notarius publicus Baroniarum Bitani et ordanie
et totius terrae dicti dominj nostri comitis
Armaniaci, qui requisitus hoc praesens
instrumentum retinuit, et in suis libris,
seu prothocollis posuit, scripsit, et notauit viceciuus et nomine. Ego arnaldus de Lauspodio clericus Auxensis
Diocesis et imperiali auctoritate crea-
tus substitutus et coadiutor praedicti
magistri Petri, hoc praesens instrumentum a libris siue prothocollis me-
morati notarij abstraxi, et in hanc publicam formam redegi fideliter, ut sc-
iui et potui, veritatis substantia in
aliquo non mutata, Et Ego Petrus de
Bolbena publicus curiae et dictarum
Baronarium notarius, qui hoc praesens publicum instrumentum retinuj,
et facta collatione cum originali me
                                                    subscripsi

subscripsi, et signo meo consueto signavi.
constat de rasuris in quarta linea a
principio computando ubi scribitur, seu,
Item in sexta linea ubi scribitur, deo
permittente, et etiam in tricesima quin=
ta linea ubi scribitur fuisse. Item in
quadragesima septima linea ubi scr=
ibitur, beneficio. Actum ut supra

Extraict et collationné de la grosse trouvée entre les
papiers moslies du tresor des titres des archives de sa
maieste en la ville de Pau de laquelle grosse avec
dautres pieces aussi trouvées entre lesdits papiers moslies
il a este fait une liasse en laquelle lad. grosse est cotée
delettre A. 19. Par lordre et en la presence de messire
Jean de dat conseiller du Roy en sa conseil presidant
en la chambre des comptes de navarre et commissaire depute
par lettres patentes de sa maieste du premier Avril dernier
pour faire recherche dans les archives des Abayes et
autres communautes Ecclesiastiques en suivant de la
province de Guienne des titres concernans les droits de sad.
Maieste ou qui pevent servir a lhistoire, sans faire dire
Extraicte en un quil suivra nos doslaire et les envoyer au
garde de la Bibliotheque Royalle Par moy braham
Capot huissier de lad. chambre par elle commis pour faire
les extraicts dits titres des archives de sa maieste de son
ressort par les ordres des vingt troisieme Juin et neuf
octobre Mil six cent soixante six en greffier doffice en

lad. aumuillon fait a Rodez le douxiesme Aoust
mil six cens dixnause sept

Capot

Contraste insuffisant
NF Z 43-120-14

Reliure serrée

www.ingramcontent.com/pod-product-compliance
Lightning Source LLC
Chambersburg PA
CBHW071200230426
43668CB00009B/1020